La déliaison amoureuse

Serge Chaumier

La déliaison amoureuse

De la fusion romantique au désir d'indépendance

Petite Bibliothèque Payot

REMERCIEMENTS

Que Patrick Baudry, Céline Berthelard, Marie-Claire Habib, Agnès Levillain, Christophe Pacaud, soient remerciés pour leur aide précieuse et l'amitié qu'ils m'ont apporté tout au long de ce travail. Je pense également à Jean-Marc, Sophie et Alex, à l'origine de cette recherche, et à Agnès qui l'a nourrie des années durant. Je dédie plus particulièrement cette excursion au pays d'Aphrodite à la mémoire de ma sœur Isabelle.

INTRODUCTION

> « De trois choses l'une... c'est comme j'ai l'honneur de vous le dire à vous qui prétendez toujours que Dieu et Dieu font trois. »
>
> Jacques PRÉVERT et André POZNER

Chacun, riche de sa propre expérience, possède un savoir et entend exprimer ses propres opinions sur la nature de l'amour, et cela est justice. Parce qu'il est un bien susceptible d'être à tous et qu'il signifie la gratuité de l'existence, parce qu'il représente tout à la fois la transcendance, et l'espoir d'un arrachement de sa seule condition matérielle, l'amour ne saurait être approprié par la seule parole savante. Les artistes, et surtout les écrivains et les cinéastes, en ont fait leur terrain privilégié. Parce qu'ils en explorent les méandres tout en lui conservant son caractère énigmatique, et qu'ils savent laisser place aux mécanismes de projection et aux fantasmes, ils ménagent un espace de liberté dans lequel chacun peut puiser sa part de vérité et sa part d'imaginaire. Surtout, cette littérature n'impose pas un discours de vérité, mais propose une lecture de l'événement. La démarche du scientifique est accueillie plus froidement quand celui-ci prétend marcher sur les plates-bandes de cette

« science » détenue par tout un chacun. Aussi ne s'y aventure-t-il qu'occasionnellement, seulement comme clandestin, au détour d'une réflexion dans un ouvrage consacré à un sujet plus « académique » ou lors d'un essai publié en marge de sa production légitime.

Domaine trop empreint peut-être d'une nécessaire poésie pour être réifié et soumis aux nécessaires taxinomies et aux dépeçages théoriques d'une science balbutiante, l'amour est ainsi ce lieu protégé de la désacralisation inéluctable qui entache la parole du scientifique. La sociologie désenchante, peut-on dire à la suite de Max Weber, elle fait apparaître le commun et le vulgaire là on l'on voulait se convaincre de l'original et du sacré. Aussi la conscience se révolte-t-elle à l'idée d'appréhender l'amour, domaine sacré entre tous dans notre ère culturelle, avec la démarche et le scalpel de l'analyste. Il est un peu méprisable de décrire en termes froids et austères ce que d'autres ont évoqué en termes lyriques [1]. Pourtant, est-il si déplacé de prétendre analyser méthodiquement le phénomène et entreprendre un travail de systématisation ? Faut-il abandonner ce sujet qui préoccupe au moins une fois dans sa vie tout être humain aux moralistes, aux religieux et aux poètes, et inviter les scientifiques à ne se consacrer qu'à des sujets qui, à côté de celui-là, ne peuvent apparaître que futiles ? Pour réconcilier les deux camps, nous soutiendrons que les deux démarches peuvent être complémentaires. Après tout, n'est-ce pas ce à quoi nous invite Platon ?

Le peu d'investigation scientifique dans le domaine des sciences humaines, exception faite de celle, plus fréquente, des historiens, ne contribue pas à contrer les croyances et débusquer les idéologies les plus tenaces. L'amour est un domaine où les lieux communs abondent : ils sont entonnés en chœur par la ménagère comme par le prix Nobel. Chacun y va de son refrain d'idées préconçues, à l'occasion d'une discussion au café du commerce, d'un débat parlementaire sur la famille ou d'un essai... Une conception culturellement limitée de l'amour est soudain universalisée et éternisée avec la conviction la plus absolue, donnant aux faits la certitude de l'évidence. Et le fait que l'univers occidental baigne dans une conception culturellement homogène de l'être amoureux ne contribue pas à relativiser les choses. Ainsi est-il aujourd'hui admis par le plus grand nombre qu'il n'est d'amour humain véritable que conjugal et que celui-ci se concrétise dans la durée. Hormis qu'il considère le plus souvent l'amour comme une donnée de nature, notre contemporain estime néanmoins que son époque est la mieux lotie en la matière. Nous pourrons, au cours de ce livre, observer qu'il n'en a pas été toujours ainsi dans l'histoire et que les formes amoureuses ont pu être beaucoup plus complexes que celles vécues par le commun des mortels en cette fin de XXe siècle.

Avant d'entrer dans le vif du sujet, il faut noter sa porosité qui en fait un terrain d'étude délicat. Il est bien imprudent de prétendre donner une définition de l'amour. Peut-être parviendrait-on à trouver plus aisément un accord avec le lecteur sur ce qui caractérise l'être amoureux, et on se tournera alors vers les fines analyses de Francesco Alberoni [2]. Mais l'amour en soi est un concept beaucoup plus large. Terme polysémique, il recouvre de multiples dimensions, tant profanes que religieuses, qui sont du reste souvent imbriquées. Au terme d'une recherche à son endroit [3], nous avons pu avancer qu'il s'agissait d'un terme générique qui englobait les innombrables théorisations le concernant et les expressions, aussi variées soient-elles, des formes amoureuses. On pourrait par conséquent le définir comme un amalgame de définitions hétéroclites, tant intellectuelles que pragmatiques, ayant rapport au fait d'aimer, c'est-à-dire au fait de se sentir porté vers une altérité, et de dénommer ce mouvement *amour*. Car l'amour a de multiples visages : on aime son père et sa mère, un frère ou un amant, une star ou une idole, un ou des dieux, son chien ou un objet... Et encore Narcisse cherche-t-il l'altérité en lui-même. En réalité, à vouloir définir l'amour on le perd, et peut-être vaut-il mieux y renoncer et procéder comme Georg Simmel [4] en appréhendant l'amour comme un phénomène complexe qui vit d'interrelations, sa compréhension résultant du miroitement de ces différentes facettes. La sagesse commande de se souvenir de Psyché qui, pour avoir voulu découvrir le vrai visage de son amant Éros, le perdit pour toujours.

L'amour s'établit également dans son inévitable dialogue avec la sexualité, c'est-à-dire que les formes amoureuses sont constituées d'un rapport particulier aux choses du sexe. Tout comme l'amour, la sexualité est comprise comme une forme générique de définitions, que celles-ci se présentent sous formes de théories, de représentations ou de pratiques, des formes de la vie sexuelle. La compréhension de l'amour se trouve du même coup chargée des problématiques liées à la sexualité, à l'érotisme, à la pornographie... et plus globalement de celles du rapport au corps. Il n'est pas abusif d'adjoindre à cette réflexion la dimension religieuse du rapport à la transcendance et la dimension philosophique du rapport à l'altérité, sans oublier la dimension morale du rapport à l'Interdit. Autant d'éléments qui, à des degrés divers, impriment une marque spécifique à des formes d'aimer particulières. Il devient par conséquent nécessaire de suivre une démarche anthropologique globale, pour examiner avec lucidité les expressions du sentiment amoureux.

On l'aura compris, le postulat retenu est la variation culturelle des formes de vie amoureuse. Loin de chercher, comme maints auteurs s'y sont essayés au cours de l'histoire, à définir le vrai amour, ou l'amour pur, nous proposons au lecteur de cheminer patiemment au travers des constructions sociales successives de l'amour, afin de repérer leurs influences sur les façons contemporaines d'aimer. Car s'il existe plusieurs types de relations amoureuses, reflétant diverses conceptions de l'amour, elles sont le fruit d'une évolution historique qui a croisé des approches culturelles et amalgamé des courants idéologiques divers. Mais cela signifie du même coup que le modèle de l'amour prévalant dans les sociétés contemporaines n'est pas arrêté, qu'il est soumis également aux changements et aux évolutions. Les historiens nous rappellent combien est récent le mariage d'amour romantique. Au début du siècle encore, il n'était souvent que de pure forme, accordant plus à la raison qu'aux sentiments. Surtout les suites en étaient différentes. L'union des époux subsistait coûte que coûte, une fois l'inclination passée. Il a fallu que s'opère une série de mutations dans le rapport à l'individualité et à la notion de personne pour que l'amour devienne le modèle dominant dans la formation des rapports conjugaux, puis qu'un changement des rapports de sexe, l'émancipation féminine interviennent, pour que l'exigence d'amour survive au mariage. Logiquement les transformations sociales actuelles des modes d'existence influencent également les façons de s'aimer et les font évoluer. Il n'est donc pas surprenant que le sociologue puisse entrevoir des mutations de sensibilité dans la conception contemporaine des rapports amoureux et dans la façon de les vivre.

Des constatations récurrentes dans le domaine de la sociologie de la famille sont observées depuis une trentaine d'années. La progression du concubinage a été fulgurante. 90 % des unions sont commencées hors mariage, contre seulement un quart dans les années 1960. Si le mariage intervient plus tardivement dans la vie du couple, qu'il est « différé », il est suivi une fois sur trois par un divorce. Dans les grandes villes, comme New York ou Paris, c'est le cas de plus d'un mariage sur deux. Le divorce survient, du reste, de plus en plus tôt dans la vie du couple : le point culminant des séparations se trouve vers la quatrième année, selon le démographe Louis Roussel [5]. Les séparations bien évidemment amènent une perturbation du mode de vie familial traditionnel. Au recensement de 1990, on remarquait que le nombre de familles monoparentales avait augmenté de 63 % en vingt ans, dont plus de 40 % depuis 1982. Les parents célibataires ont quadruplé en vingt ans, notamment chez les jeunes puisque 13 % des familles avec enfant(s) de moins de vingt-cinq ans se composent d'un seul parent. En 1990, en France, ce sont plus de deux millions d'enfants qui ne vivent plus avec leurs deux parents « d'origine », ce nombre ayant augmenté de 8 % sur les cinq dernières années. Cependant, tous ne vivent pas dans des familles monoparentales. Les unions sont dites *recomposées*, ce qui génère des nouvelles formes de lien social et des structures familiales originales. La coparentalité se développe et offre parfois des figures curieuses aux relations complexes et souvent enrichissantes. Car au-delà des souffrances et des crises passagères que peuvent entraîner des séparations, souffrances sociales qu'il convient de ne pas sous-estimer, il ne faut pas pour autant dramatiser ces phénomènes et n'y voir, comme certains, qu'un écroulement des structures familiales, un individu en proie à l'anomie et une décadence de la civilisation.

Bien au contraire, il y a dans ce mouvement de recomposition des structures familiales un formidable mouvement dynamique d'invention de nouveaux rapports sociaux. Citons l'exemple exceptionnel, mais symptomatique, de ces deux couples recomposés qui témoignent que des normes ont changé et que des tolérances existent jusque dans l'univers familial, sphère habituellement plutôt livrée aux archaïsmes de la tradition. C'est, au départ, l'histoire banale d'un couple fidèle où le mari s'éprend un jour de la meilleure amie... de sa femme. Découverte dramatique de cette relation adultère, séparation avec fracas et déchirement de ces deux couples. En toute logique, ceux par qui le scandale est arrivé instaurent un nouveau couple, légitime cette fois. Mais les deux laissés-pour-compte, voisinage et souffrance aidant, s'éprennent peu à peu l'un de l'autre. Quelques années plus tard, nous retrouvons ces deux nouveaux couples qui se fréquentent comme de vieux amis, et surtout qui élèvent communément les enfants issus du premier et du second mariage... Ceux-ci sont tantôt chez les uns, tantôt chez les autres. Il arrive même que l'on prenne des vacances ensemble. La belle famille, pourtant croyante et pratiquante, accepte le nouveau visage de la conjugalité. Histoire exemplaire, où la tolérance est sans doute possible par les liens d'amitié qui unissent les personnes avant l'éclosion d'un remaniement conjugal, mais qui dénote aussi que de nouvelles façons de vivre ensemble émergent.

Si le mode de vie communautaire des années 1960 ne semble plus de mise, quelque chose de l'esprit qui l'animait demeure et se diffuse jusque dans les milieux qui en sont les plus éloignés en modifiant profondément les valeurs traditionnelles. Au travers d'expériences diverses et contrastées s'élaborent de nouveaux modèles relationnels, dont l'apparition d'une autre façon d'aimer n'est pas le moindre apport. Ce qui caractérise peut-être notre époque, c'est la multiplicité des formes et l'absence d'un référent unique, ce qui rend toute lecture unidimensionnelle caduque. Ce sont les relations à la parenté, l'éducation des enfants, le rapport à l'espace et à l'habitat, aux relations sociales de voisinage, à la transmission de la mémoire familiale... qui en sont du même coup modifiées. Autant d'éléments qui perturbent en profondeur les structures familiales traditionnelles. Or, si la famille, comme le prétendent tant les conservateurs que les socialistes positivistes, est un élément fondateur de la structure sociale d'une société, on peut émettre l'hypothèse que ces transformations agissent sur l'ensemble du corps social. C'est donc de l'invention d'une nouvelle société qu'il faut traiter. Car il s'agit moins, comme on l'entend dire couramment, d'un délitement du lien familial, ou d'un effondrement des structures familiales, que d'une métamorphose qui invente de nouveaux rapports, de nouvelles façons d'être ensemble, de faire lien et de donner du sens à une commune existence.

Il faut relativiser les bouleversements, en se souvenant que ce qui paraît nouveau pour notre époque n'est peut-être qu'un retour à une juste moyenne des choses. Une lecture anthropologique montre que la structure conjugale concrétisée par le mariage de deux êtres unis pour la vie est, somme toute, loin d'être une constante historique et culturelle. Ainsi avant que l'idéologie bourgeoise ne relaie l'idéal religieux et ne parvienne à imposer ce modèle à l'ensemble du corps social, une partie importante de la société vivait sous la forme du concubinage, de l'amour libre, et d'unions plus ou moins éphémères et successives. Alain Corbin [6] rapporte, par exemple, comment des campagnes de moralisation publique furent menées pour imposer aux classes laborieuses du XIXe siècle de « se conjugaliser ». Dans un univers culturel différent, celui d'un grand nombre de sociétés traditionnelles, Suzanne Lallemand montre que « la famille recomposée est la règle, et non l'exception [7] ». Le fruit des unions successives compose des familles étendues dans lesquelles cohabitent naturellement des enfants, tous nés de pères différents.

Que l'on songe à présent à l'évolution de ces quarante dernières années de la société française : loin est l'époque où l'enfant de divorcé était voué inéluctablement à la vindicte dans la cour d'école. La banalisation du divorce a pour corollaire sa plus grande acceptation. Le discours sur l'inévitable traumatisme engendré par le divorce, tenu à l'époque par maints psychologues, prêterait aujourd'hui à sourire... Pourtant il est encore courant d'entendre plaindre de nos jours les enfants de famille monoparentale. Archaïsme de la pensée qui refuse de considérer qu'un enfant peut être plus malheureux dans un couple dit « normal », si celui-ci n'a rien d'autre à offrir que sa légitimité normative. Argument qui a servi à maintenir des générations de femmes dans la servitude, préférant se sacrifier « pour les enfants ». Comme si l'enfant était un être sourd et aveugle qui ne pâtissait pas des renoncements et des désespoirs. Combien de frustrations, de névroses ou de carapaces doit-on à ce sacro-saint principe qu'une famille normale est constituée d'un couple (bien évidemment hétérosexuel) ? Combien de femmes qui, par contraintes ou par choix, sont amenées à vivre seules avec leur enfant arrive-t-on, encore de nos jours, à culpabiliser avec cette norme naturalisée à souhait ?

Car la crise de la conjugalité ordinaire ne s'exprime pas seulement par un taux record de séparations, ce qu'Irène Théry appelle le démariage [8], et par des unions de plus en plus brèves et successives, des monogamies séquentielles, mais aussi par un taux non négligeable de personnes célibataires. Louis Roussel pronostique que la perspective, d'ici quinze ans, d'un célibat définitif de 25 % de la population ne paraît pas déraisonnable. Aujourd'hui, en France, près de six millions de personnes vivent seules. Or phénomène nouveau, il y a, parmi elles, de plus en plus de personnes qui font ce choix délibérément. C'est de moins en moins un fardeau et de plus en plus un choix de vie, « une philosophie ». Jean-Claude Kaufmann rapporte du reste que les personnes célibataires mènent une vie sociale plus dense que les personnes en couple [9]. Célibat n'est donc pas synonyme d'isolement. Si le célibat était au début du siècle une marque d'échec, et ne pouvait se concevoir que comme momentané, il devient aujourd'hui un mode de vie que l'on choisit, voire que l'on provoque. Le temps n'est plus où l'on demeurait ensemble faute de trouver mieux. L'amour éventé, les partenaires préféreront de plus en plus fréquemment poursuivre seuls le chemin.

Or, il faut considérer cette crise de la conjugalité traditionnelle comme la résultante d'une évolution des modèles socio-affectifs. En effet, si les couples sont plus nombreux à se séparer aujourd'hui, ce n'est pas comme le prétendent certains moralistes parce qu'il y a moins d'amour, que celui-ci est dégradé ou que l'on en a perdu la vraie valeur, mais au contraire, comme le constate Edgar Morin [10], parce que l'exigence d'amour prime sur le reste. La séparation intervient parce qu'on ne s'aime plus, et que l'on veut continuer à aimer. Ce qui pouvait auparavant être « mis en sourdine » est devenu primordial. L'individu ne se résout plus à faire son deuil de l'amour. Mais c'est aussi parce que le modèle romantique de l'amour a convaincu que la réussite amoureuse ne pouvait se vivre que dans l'union légitime. Celle-ci semble tellement l'aboutissement nécessaire de l'amour, que, de plus en plus, les amours adultères mènent au divorce et au remariage. Ce qui pouvait se vivre éventuellement auparavant parallèlement, parfois quasi publiquement, semble aujourd'hui insupportable même dans l'intimité d'une relation secrète. Une relation sans amour est devenue impensable et une relation amoureuse adultère revêt le goût amer de la trahison. Il faut se séparer. Il convient d'officialiser à l'heure où les offices perdent de leur sens. Si on ne passe plus devant M. le maire ou M. le curé, il importe toutefois que l'entourage reconnaisse la relation. Auparavant l'épouse consentait à rester et à ne plus être aimée, de même que la maîtresse pouvait imaginer de demeurer sa vie durant dans l'ombre. Ni l'une, ni l'autre n'acceptent plus ces conditions de soumission. Le changement de statut de la condition féminine a profondément bouleversé les repères affectifs. Les répercussions sociales de ces mutations sont innombrables.

Il est nécessaire, si l'on veut comprendre et pas seulement constater les évolutions dans le domaine de la sociologie de la famille, de prendre en compte le statut du sentiment amoureux dans la constitution du lien conjugal. Il convient de mener une relecture patiente des conditions de productions historiques du sentiment amoureux moderne pour en cerner les évolutions et les conséquences. Pour cela, il nous faudra combattre une idée de sens commun qui lie naturellement l'amour au couple légitime. Rappelons que cette relation est loin d'être une évidence. Dans nombre de sociétés traditionnelles, l'union conjugale ne saurait reposer sur un lien aussi fragile. C'est une conjonction historique qui a fait coïncider le mariage et l'amour. Relégué auparavant dans d'autres sphères, l'amour a pris une place fondamentale dans la constitution de la famille monogamique moderne. Pourtant, cette évolution a été progressive, et l'amour a du reste revêtu à l'intérieur même de ce mariage successivement plusieurs formes. L'évolution plus récente, survenue au cours de la deuxième moitié du XXe siècle, révèle une désinstitutionnalisation de l'amour. Cependant celui-ci demeure plus que jamais lié à l'union conjugale, il accroît même dans un certain sens son pouvoir d'exclusivité sur celle-ci. Car pour la première fois dans l'histoire, l'amour devient plus important que l'union contractée. Le modèle devenu dominant impose de se séparer si l'amour fait défaut. C'est l'exigence d'amour qui compte plus que tout.

Une évolution peut donc être repérée qui va de l'époque médiévale où l'Église propose le modèle du mariage par consentement mutuel, en passant par le mariage bourgeois de l'amour obligatoire comme morale, jusqu'au couple moderne où prime un amour qui doit préexister et perdurer après la cérémonie de mariage, devenue du reste superflue. Plusieurs facteurs interviennent dans cette évolution : montée de l'individualisme, construction de sphères privées et publiques, mutations des sensibilités avec l'émergence du sentiment d'intériorité puis d'authenticité, valorisation de la sentimentalité... Pourtant, les exigences de l'amour ainsi conçu, confrontées à l'affirmation des femmes à devenir sujet de l'histoire dans l'époque contemporaine, débouchent sur une crise insurmontable pour le modèle de l'amour fusionnel romantique. Cette évolution conduit à un changement inéluctable des modèles amoureux. Nous nous attacherons à montrer que la conception duale de l'amour, patiemment mise en place au cours des deux derniers siècles, est en train de connaître progressivement des transformations pour ouvrir le couple à une structure trinitaire.

La lecture sociologique des mutations du sentiment amoureux et de son lien à la conjugalité dans la société contemporaine ne nous semble pouvoir être faite qu'à partir d'une compréhension historique de sa genèse. Il faut par conséquent retracer dans leurs grandes lignes les éléments nécessaires à la production des modèles amoureux qui se sont succédé ou qui ont coexisté. Ces modèles contradictoires ou complémentaires se sont conjugués pour donner naissance à un modèle dominant, aujourd'hui en crise. Sa transformation engage de nouvelles pratiques qui bouleversent les représentations conventionnellement attachées à l'art d'aimer.

PREMIÈRE PARTIE

$1 + 1 = 1$

CHAPITRE PREMIER

Qu'est-ce que l'amour ?

> « Comme le pouvoir des rois, celui de Vénus souffre malaisément le partage. »
>
> OVIDE

L'amour fusionnel comme idéal de l'amour

À écouter dès son plus jeune âge les contes peuplés de princes et de princesses – qui ne manquent pas de tomber amoureux –, l'enfant apprend à rêver d'une vie qui en serait la réalisation effective. Les amants, le plus souvent en proie à un monde hostile ou indifférent, trouvent dans l'élu(e) de leur cœur un refuge et une voie d'accomplissement. L'amour les transforme, la bergère devient princesse, l'affreuse bête un charmant prince, futur roi, qui vaincra ses adversaires en protégeant *ad aeternam* son inspiratrice et sa descendance. L'amour est un univers clos, pour lequel les relations sociales extérieures sont autant de passetemps insipides. Le monde nécessairement hostile présente autant d'épreuves à devoir surmonter : haine de l'envieux, tentation, jalousie, ensorcellement... L'amour constitue une protection contre tous les autres, nécessairement mal intentionnés, car non saisis par le feu d'un amour qui ne peut être que circulaire. Au mieux surgira de ce fantasme amoureux la conception d'un monde « démocratique » constitué de micro-cellules, où chaque couple formé d'un prince et d'une princesse (qui se sont enfin trouvés) est hermétiquement à l'abri de toutes relations affectives avec les cellules avoisinantes. Vision d'une organisation sociale où mari et femme constituent le couple de base d'une société bien compartimentée, sans équivoque. Au pire, il s'agira d'une société où seuls quelques élus, prince et princesse, connaîtraient la félicité, dans un monde de brutes, c'est-à-dire régnant sur un peuple soumis ignorant les lois de l'amour. Des récits initiatiques en content l'ivresse. Chacun espérera alors « tirer le bon numéro » et se languira dans l'attente de la révélation.

Cette vision, à peine exagérée, est la conséquence logique du mythe abouti. Bien sûr, l'histoire s'arrête toujours en deçà. Après la période d'attente, d'espoir, de rêve, la rencontre et la cristallisation inévitable qui entoure un rapport nécessairement sublimé – l'acte sexuel en est la dimension cachée à laquelle les partenaires ne sauraient aussitôt succomber – se concrétisent. La relation se doit d'être d'abord refoulée, réprimée, niée, voire persécutée par l'entourage, ce qui lui donne une vigueur particulière pour s'affirmer à la face du monde et dépasser ainsi le tabou et la honte qui s'attache, dans notre culture, inexorablement au désir. L'attirance peut enfin atteindre à la reconnaissance légitime d'un mariage officialisant l'union. Les deux époux s'appartiennent et ne sauraient être possédés par d'autres. La société, hier tout entière préoccupée par le refoulement des désirs et de la sexualité illégitime, peut soudainement clamer officiellement qu'une vierge sera déflorée. Une grande fête est organisée afin de souder un collectif, menacé d'atomisation par des cellules conjugales mises en parallèle, et plus encore par des désirs demeurés inassouvis. Le nouveau couple aura de nombreux enfants, c'est le fin mot de l'histoire. L'attirance n'est pas gratuite. La sexualité, dont on soupçonne bien quelque part l'existence, sauve la face. Elle est utile à la reproduction du système. Il n'y a pas de dépenses gratuites des énergies, de polymorphismes non encartés à des dimensions utilitaires.

Cendrillon, Blanche-Neige, La Belle au bois dormant, L'Ondine, quel que soit le scénario, l'histoire est toujours la quête de l'amour qui s'achève par le baiser du mariage. Cependant le conte ne nous dit plus rien sur l'au-delà : le quotidien des nouveaux époux, la façon dont l'amour se vit, plutôt qu'il ne se rêve ; plus rien non plus sur ce qui advient de l'amour vieillissant. Il est entendu que celui-ci ne peut que se renforcer, devenir plus vigoureux. L'idéal doit se transformer en preuves tangibles et matérielles. C'est là qu'intervient le modèle chrétien de l'amour qui répète inlassablement que la durée d'une relation est la preuve manifeste d'un amour mature, et que les fruits de l'amour sont nécessairement de petites têtes blondes. Bien des questions, auxquelles le mythe de l'amour du prince et de la princesse n'apporte pas de réponses, pourraient pourtant être posées ! Mais le mythe n'a pas pour habitude d'être un système théorique rationnel qui répond aux objections, ce n'est pas sa fonction. Précisement, quelle est-elle ? Car le lecteur jusqu'ici peut sourire, cette histoire de prince et de princesse est pour le moins caduque, elle n'est qu'une vieille image jaunie de l'amour, tout juste bonne pour le registre des images d'Épinal. Cela est vrai. Et pourtant, il n'est peut-être pas aussi anecdotique que cela de se pencher sur ces vieilles histoires, car elles ont été constitutives d'un modèle de l'art d'aimer qui a forgé des imaginaires, si ce n'est des pratiques, et qui continue de courir en filigrane dans l'époque contemporaine. Au fond, à condition d'ajouter un peu d'érotisme, la majorité des films d'amour racontent-ils une histoire si différente ?

Il s'agit bien toujours de la même romance qui habite le fonds de commerce des vendeurs de rêves amoureux, et ce sont à quelque chose près les mêmes ingrédients qui sont inlassablement resservis. Bien sûr, il sera davantage question de sexe dans les magazines féminins et l'on se préoccupera à peine plus de la réussite sociale dans les téléfilms pour adolescents, mais le rêve en lui-même demeure souvent identique : il s'agit de faire *la* bonne rencontre, de dénicher *le* partenaire idéal avec lequel il n'y aura plus à se poser de questions. Une fois la période de l'idylle amoureuse passée, la réussite de la relation signifie qu'elle débouche inexorablement sur une union heureuse, monogame, fidèle et durable. Un idéal à atteindre est décrit, mais il y manque le mode d'emploi. Chacun s'empresse alors de dévorer les quelques descriptions, sans cesse renouvelées, proposées par la littérature, le cinéma, les essais psychologiques... Mais il n'est pas certain que l'on puisse trouver dans des histoires singulières un remède miracle à un problème qui demeure structurel et collectif.

La découverte d'un être comporte une dimension romantique et érotique plus intense que la description de la vie commune ! À défaut de trouver avec son conjoint(e) l'expression harmonieuse d'un amour enchanteur, on pourra toujours se réfugier dans la sublimation onirique d'une rencontre merveilleuse. Le scénario toujours recommencé de la rencontre permet d'esquiver les questions concernant la vie quotidienne. Il existe une boulimie, une sorte de drogue engendrée d'abord par la littérature, ensuite par le cinéma, pour décrire la rencontre idéale du partenaire rêvé qui nous promet des merveilles. Est-il possible de recenser tous les lieux d'identification imaginaire que l'on propose à l'homme occidental moderne ? Au fond, l'amour n'est-il pas davantage rêvé que vécu ? Hormis le style, le rêve suscité est le même chez le lecteur de la « grande » littérature que chez celui des romans de la collection « Harlequin ». L'un et l'autre redemandent encore et encore de cette mécanique à fantasme. C'est la rencontre qui est palpitante. Et l'on se désintéresse en chœur des suites de la relation. Les problèmes quotidiens du couple sont moins palpitants que les moments fugitifs de la rencontre. Pourtant il y a une ambiguïté car les grands récits enseignent que l'état amoureux s'achève plus souvent dans les larmes et dans la mort que dans un bonheur béat. La passion amoureuse se mue rarement en bonheur conjugal. Peu d'œuvres romanesques décrivent des amours heureuses, au mieux les laissent-elles espérer. Or, le mythe vulgarisé occulte la mort et s'achève sur le *happy end* des amants réunis. Il va de soi qu'une fois nos héros mariés, ils vivront ensemble et auront beaucoup d'enfants, même si cela n'est plus guère de nos jours le signe d'un amour réussi. Ce qui importe est de laisser penser que l'amour est parfait. On ne dit pas comment, cela va de soi. De toute façon, on s'en désintéresse car l'important est de croire au mythe. Mais au fond, l'amour est-il fait pour durer ? Et si oui, comment ?

Une histoire rêvée

Bien sûr, il s'agit là du domaine des représentations sociales de l'amour, des histoires d'amour auxquelles on se réfère et non pas des pratiques : de ce que les gens vivent « vraiment », dans leur vie amoureuse. Cependant, est-il si simple d'opérer la distinction entre ces registres disjoints en apparence ? La façon dont on rêve l'amour n'est-elle pas parfois plus réelle que le rapport physique lui-même ? Est-il si sûr que l'image ne guide pas le geste ?

N'est-ce pas l'imagination de son désir qui lui donne corps ? Maints auteurs ont souligné que l'amour serait né de la création littéraire [1]. Ce n'est pas seulement les troubadours qui donnèrent des idées aux dames de cour, ce sont surtout les romans d'amour populaires dont on dit qu'ils ont fait le succès de l'imprimerie. D'autres, comme Edgar Morin [2], voient dans la démocratisation du modèle amoureux dans les couches populaires du début du siècle l'influence du cinéma... Ces représentations offrent des modèles, des *patterns* selon le langage des sciences sociales. Ceux-ci permettent de rêver, de s'identifier, de s'inspirer pour redéfinir son quotidien et tenter de mettre en acte, à sa façon, les inclinations de son cœur. Un modèle n'est pas un carcan. Chacun, en le recevant, le module, chaque génération en donne sa propre lecture et le réinterprète. C'est une sorte de trame soumise aux variations du chef d'orchestre. Tout en étant souple, le modèle est néanmoins coercitif. Il indique un sens, fournit un cadre au sein duquel il est permis d'imaginer. Indispensables pour appréhender la vie – ne pas être en situation d'*anomie*, dirait le sociologue –, ces repères contribuent à donner du sens à l'expérience et en premier lieu, ils servent à l'orienter.

Un modèle n'est par conséquent jamais innocent, il est porteur d'une vision du monde, d'idéologies, et par là même tend à construire ce monde selon ses propres critères. Bien sûr, le modèle de l'amour dans l'Occident contemporain n'est pas unique : non seulement il diffère sensiblement selon les pays, mais il se joue sur de multiples déclinaisons à l'intérieur d'un même espace culturel. L'idéal d'amour du prince et de la princesse a pour origine des modèles antérieurs qui lui ont donné naissance et lui-même en a généré d'autres. Les confrontations, les amalgames, les croisements entre les archétypes, les approches différentes au cours de l'histoire font que la réalité de l'amour est bien difficile à saisir. L'amour a de multiples visages, dit-on, il est polysémique et il s'exprime de mille et une manières : on baptise amour des choses profondément éloignées, voire antagonistes. Qu'y a-t-il finalement de commun entre l'amour passionné des amants frappés par ce que d'aucuns nomment « un coup de foudre », et qui à l'excès peuvent tout « lâcher », femmes et enfants, pour reconstruire une autre vie, et l'amour raisonnable et réfléchi du bon père de famille envers son épouse, ou sa maîtresse, entretenue dans le plus grand secret et visitée deux fois par semaine ? Quoi de commun entre l'amour passionné et transcendant de François et de Marthe, dans *Le Diable au corps*, et celui de Jacques pour son épouse ? Rien d'identique non plus entre l'amour de Charles pour Emma Bovary et les amours polyphoniques mises en scène par André Gide dans *Les Faux-Monnayeurs*... On pourrait multiplier les exemples, tant la littérature offre de figures contrastées et nuancées d'un sentiment à chaque fois réinventé. La façon dont se vit la relation amoureuse, et plus précisément comment elle s'instaure, révèle d'innombrables liens qui ne partagent que leur dénomination.

À la limite, il serait loisible d'admettre que chaque relation est spécifique et unique : du fait des histoires particulières de chacun des protagonistes, et parce que leur rencontre est elle-même unique, elle ne saurait être une expérience reproductible. Aussi l'amour se réduit-il mal à être un objet de laboratoire et d'expérimentation. Pourtant, il est possible de reconnaître des ressemblances et, ce faisant, d'élaborer des catégories. Faut-il rappeler que l'œuvre de science passe inévitablement par ces classements, par la mise en ordre de données qui en vrac ne sauraient être appréhendées collectivement ? Ce qui constitue très certainement dans la réalité une gradation, par le mélange complexe de sentiments de nature différente, peut être ramené, réduit, à des formes primaires offrant une plus grande lisibilité. Ces idéaux types sont des outils qui permettent de mener un travail d'analyse comparatif dans le cadre d'une sociologie compréhensive. L'élaboration d'une typologie des relations amoureuses a été tentée par de nombreux auteurs qui ont abordé cette question : Platon, pour le plus célèbre, ou plus près de nous Stendhal, Max Scheler ou Georg Simmel. Il paraît difficile de procéder à partir d'une autre méthode, tant l'amour semble multiple dans ses formes, et toute définition donnée *a priori* réductrice et insatisfaisante.

Par conséquent, il s'agit de reconstruire l'amour en formalisant des types qu'il est possible de repérer. Il ne saurait être question de tous les inventorier, bien sûr ; néanmoins, chaque type peut finalement se décomposer en sous-catégories plus affinées, jusqu'à ce que finalement chaque histoire singulière ne se représente elle-même. C'est un problème classique de la sociologie que de devoir penser par regroupement, avec toute la richesse susceptible d'en survenir et tous les risques de déformations encourus pour le travail d'analyse. Ce travail de réduction des particularismes et de généralisation des histoires individuelles peut se révéler décevant ou agaçant dans sa démarche d'objectivation des subjectivités. Pierre Bourdieu [3] avertit que la sociologie agresse son lecteur car elle fait apparaître le commun et le banal, l'acquis et le déterminé, là où l'individu entend apparaître sous le jour du libre arbitre et de l'originalité. L'amour, lieu même des subjectivités et des histoires exemplaires, est un des moyens pour l'individu d'affirmer son unicité, son individualité, voire son humanité, à en croire François de Singly [4]. L'amour est littéralement découverte de soi et de son identité. Ainsi Perceval n'est jamais qu'un « jeune sauvage » avant d'être initié et révélé par Blanchefleur, la Dame de Bel Repaire. Non seulement il se métamorphose en homme, mais son histoire devient exemplaire. Il est indécent de prétendre « classer » cette aventure par nature unique dans une catégorie. Sans doute est-ce la raison pour laquelle on lit avec délectation un roman qui présente avec une extrême finesse sociologique le portrait d'un type d'amour, comme sait si bien le faire Milan Kundera dans ses ouvrages, mais que l'on passe pour agressé par la démarche du sociologue qui tente de juxtaposer cliniquement des catégories.

Notre démarche n'est pas pour autant de proposer une analyse schématique et réductrice de l'amour, comme lieu d'une pratique de distinction socialement différenciée ! Notre ambition est de repérer des modèles et de les reconstruire, afin d'en faire apparaître les composantes, les structures internes. Il nous intéresse de montrer comment l'amour courtois devenu l'amour-passion et confronté entre autres à l'amour chrétien, lui-même influencé par le modèle de l'amour d'amitié, a permis d'élaborer le modèle de l'amour romantique qui, développé ensuite, parallèlement au modèle de l'amour rationnel-positif, a généré nos formes amoureuses contemporaines. Ainsi, au travers des filiations historiques sont repérées des tendances et des formalisations. Les imaginaires sociaux sont donc constitutifs des représentations sociales de l'amour et des discours tenus à son endroit. Ils sont autant de modèles informant les pratiques affectives.

Une romance incarnée

Si l'imaginaire est profondément enraciné dans le réel dont il est une composante, il convient de faire la distinction entre les pratiques et les représentations de l'amour. Source de confusion, l'amalgame est souvent produit entre, d'une part, ce que l'on pense, ce que l'on dit, la mise en scène de l'amour et, d'autre part, ce que l'on vit. Il ne suffit pas de dire pour faire. Et réciproquement. Certaines sociétés traditionnelles interdisent par exemple d'évoquer la question de l'amour, considérée comme un sujet tabou, ce qui ne signifie pas que l'amour est alors absent des rapports humains. Relation ambivalente des discours et des pratiques qui ne sont pas toujours superposables. Fernando Henriquez fait remarquer que l'absence de démonstration n'est pas synonyme d'absence d'émotion[5]. L'expression ostentatoire de l'affectivité peut être taboue, considérée comme impudique, incorrecte, et, pour ces raisons, occasionner des manifestations discrètes. Ce n'est pas seulement le cas dans des sociétés dites primitives, il n'est que de penser au Japon traditionnel, dans lequel un mariage d'amour était parfois déguisé en mariage d'intérêt. Se marier par amour faisait figure d'égoïsme et paraissait honteux, le mariage devant être contracté au bénéfice des familles. L'inclination éventuelle était par conséquent déguisée ! L'éthique romaine était du reste proche de cette conception. Catulle fait scandale en affirmant son amour pour son épouse Claudia !

La logique inverse présidait encore largement au début de ce siècle en Occident, et elle est certainement encore à l'œuvre actuellement dans les familles royales et aristocratiques. Pour les sociétés contemporaines où l'amour est devenu le passage obligé de la reconnaissance sociale de l'individu, il convient au moins de feindre de s'aimer. L'amour-sentiment est obligatoirement lié à la notion d'union entre conjoints, même unis par l'intermédiaire de petites annonces. Autre disjonction, au regard d'un certain nombre d'autres sociétés, l'amour sexuel est omniprésent dans les représentations sociales et les discours, davantage que dans les pratiques réelles. N'en déplaise aux promesses de la libération sexuelle qui semble avoir davantage transformé la façon dont on parle et se représente le sexe, que les pratiques elles-mêmes... L'enquête sur *Les Comportements sexuels des Français* a bien fait apparaître cette partition[6]. Évidemment, il y a une réciprocité circulaire, un feed-back, de l'une à l'autre, mais on s'interdit toute analyse rigoureuse en amalgamant ces domaines qui ont, dans une certaine mesure, une existence autonome. Bien des confusions résultent de cette non-distinction. L'amour et le sexe, les représentations et les pratiques de l'un et de l'autre, ne sont pas superposables. Le fait de discourir sur l'amour et le sexe n'atteste pas d'une vie débridée… les membres du clergé en témoignent, eux qui ont produit une littérature considérable sur les deux sujets !

S'il ne faut pas réduire le rapport des discours aux pratiques à un lien mécanique, et si le critère quantitatif n'est pas transposable d'un domaine à l'autre, il est indéniable qu'un lien existe en terme de contenu. Même sans être des reflets exacts des pratiques, les façons dont on rêve, dont on pense, dont on représente et dont on parle ses amours, ont manifestement un effet sur la façon dont on les vit. Les structures sociales de l'imaginaire, pour reprendre le titre de l'imposant ouvrage de Gilbert Durand[7], sont des cadres qui orientent l'action. Concevoir l'amour à l'instar de l'expression du divin dans le tantrisme, comme moyen de le servir dans la philosophie chrétienne d'un saint Thomas d'Aquin, l'instrumentaliser pour atteindre la longévité dans le taoïsme, ou encore le prendre pour une méthode d'unité de cohésion sociale (le positivisme) ou encore le tenir pour révélateur de son identité dans le romantisme : les formes de l'expérience diffèrent. À l'extrême, la relation se vit en groupe, en relations successives ou plurielles, dans la discipline, dans l'abnégation ou dans la retraite fusionnelle hors du monde. Bien entendu, mille autres possibles, mille autres images, mille autres utopies sociales de l'amour…

Ce relativisme nous rappelle que l'amour est socialement construit, culturellement orienté, qu'il ne saurait être conçu comme une donnée naturelle, éternelle et immuable. Simple constatation qu'il faut réitérer à la face de cette fausse évidence sans cesse resservie de la force d'un amour éternel (naturalisé ou divinisé). Le terme générique peut toujours être rempli à convenance car c'est une structure vide qui prend culturellement une signification en fonction de ce que l'on y place. Pas plus que le mariage, la relation monogame, l'union hétérosexuelle, ou le lien avec la sexualité, ne sont acceptés *a priori* comme principes universels. Pas plus que l'identité sexuelle, la fidélité, la jalousie, le désir de possession, le viol, ou la générosité ne sont des faits de nature : l'anthropologie en témoigne. Si l'amour résulte de la teneur et de la combinaison de ces constructions culturelles, et qu'il est par conséquent difficile à cerner car toujours changeant, il est fort heureusement ouvert à tous les possibles, à de nouvelles formes restant à inventer.

Il ne faut pas sous-estimer le rôle de l'imaginaire dans l'invention de nouveaux rapports qui, par l'intermédiaire des représentations sociales, fournissent des cadres, des *patterns amoureux*. L'amour moderne est un va-et-vient constant entre le réel et l'imaginaire. Bien décrite par Stendhal dans *De l'amour*, la cristallisation – c'est-à-dire le fait d'idéaliser autrui pour parvenir à l'aimer, sorte d'excroissance du sentiment spontané – est devenue le synonyme de l'amour en Occident. Cet amour romantique suppose qu'il y ait une possibilité empêchée, que l'amour soit possible mais retenu. C'est l'idéalisation d'un autre inconnu, mais conforme à ces rêves, qui va être le moteur de l'état amoureux. Cet idéal sera confronté aux principes de réalité au fur et à mesure de la relation amoureuse, ce qui nécessitera des ajustements successifs. Quoi qu'il en soit, l'idéal préexistant oriente ce que l'on entend vivre au niveau relationnel. L'imaginaire construit une représentation des modes d'aimer. Bien évidemment, l'individu n'invente pas ces modèles, même s'il ne faut pas négliger qu'il puisse les réinterpréter et se les approprier. Toutefois, ce sont grossièrement les modèles préconstruits par une tradition culturelle de l'art d'aimer qui orientent ses désirs.

On n'éprouve jamais l'amour pour la première fois, on se le rappelle toujours, prévient Danilo Martuccelli [8], pour qui le véritable organe de l'amour n'est ni le cœur, ni le sexe, mais l'imagination. L'amour serait-il un pur produit de l'imaginaire ? Amour et littérature, au sens large parole, discours, semblent liés. On retrouve cette relation dans toutes les littératures, orientale, musulmane, hindoue, etc. Pensons aux *Contes des mille et une nuits*. Parce que l'amour est communication intersubjective, il semble que le plaisir d'amour soit d'abord un plaisir de bouche. De celle-ci s'échappent la parole, le baiser, le souffle (la communion des âmes), la morsure… Le premier des plaisirs est celui de la conversation, comme le montre *Le Banquet*. Parole et amour sont mêlés, depuis les plus ancestraux poèmes de Sumer et de Babylone dont parle Jean Bottero, jusqu'à l'amour courtois qui entretient avec la littérature, la poésie, le chant, un lien évident. Érato est muse de la poésie érotique. On trouve également ce lien dans les sociétés traditionnelles : en Polynésie, faire la cour et faire l'amour ne sauraient être possibles sans de belles paroles. Au point que l'Occidental y était d'abord perçu comme un rustre car il ne parlait pas pendant l'acte d'amour [9] ! Enfin, dans la littérature érotique et populaire, parler signifie faire l'amour : de nombreuses expressions rendent compte de ce lien [10]. La parole est première et oriente l'acte. Le sentiment amoureux moderne va ainsi s'élaborer à partir de récits qui lui fournissent des modèles particuliers.

Pour Niklas Luhmann [11], qui analyse la littérature des XVIIe-XVIIIe siècles à partir d'une théorie de la communication et des systèmes, l'apprentissage de l'amour s'opère au travers des romans, des lettres, de jeux de société sur l'amour, des *écoles d'amour* et des justices ou *cours d'amour*, qui codifient des lois propres à l'art d'aimer. La formalisation la plus célèbre demeure à cet égard la *Carte du Tendre* proposée par Madeleine de Scudéry dans *Clélie, histoire romaine*. Bien d'autres récits y participent. S'établit une sémantique de l'amour-passion et de l'amour romantique qui devient un code d'échange, fonctionnel pour l'intégration de l'individu dans l'espace social. L'amour est un code symbolique qui règle la communication dans la sphère des relations autorisant une interpénétration des systèmes personnels. Les subjectivités sont par là reconnues. Ces codes fondent la possibilité d'échange en permettant de « voir le monde avec les yeux de l'autre ». L'amour apparaît comme une réponse à l'anonymat et à la nouvelle perception de l'individu comme entité unique. L'amour-passion est d'abord élitiste, avant de se populariser avec l'amour romantique. C'est un moyen, un mode de communication qui permet de créer du lien dans une société qui s'individualise. La littérature moderne vulgarise ainsi un modèle singulier de relation amoureuse. Lié à l'art épistolaire et romanesque, le modèle de l'art d'aimer s'incarne dans des trajectoires biographiques et l'on ne saurait départager ce que la fiction et la réalité se doivent l'une l'autre. Le vécu romantique lui-même est un récit, une histoire particulière non échangeable, et en cela on a eu raison d'établir un lien étroit entre cette forme d'amour et la littérature. Chaque histoire d'amour est unique, comme un roman, même si l'on peut repérer des tendances communes. Il y a une unicité forte des individus et de leur histoire d'amour dans chaque relation moderne. Nés de grands récits mythiques qui génèrent des histoires singulières, les comportements amoureux s'insèrent dans une symbolique sociale historiquement située. Luhmann dénie toute pertinence à l'idée qu'une constante anthropologique puisse fonder le sentiment amoureux. L'amour est construit au travers de récits et fournit des modèles à chaque fois renouvelés.

Le modèle dominant des sociétés contemporaines occidentales est celui de l'amour romantique. Il est cependant soumis à des tonalités et des variations. Nous proposons d'en décrire les quelques traits marquants, notamment au travers des « croyances obligatoires » s'y rapportant, avant de proposer des pistes explicatives au sujet de son émergence et de son développement historique, puis de retracer les facteurs sociologiques présentement à l'œuvre qui contribuent à le transformer.

CHAPITRE II

Les mythes et croyances de l'amour romantique

« En toute occasion où ma réflexion s'applique à l'amour, je ne retiens que contradiction. »

Sören KIERKEGAARD

Bien qu'une lecture historique montre que la famille ne se construit sur une inclination amoureuse que depuis fort peu de temps, au mieux un siècle pour la majeure partie des ménages, et que ce modèle est loin d'être adopté sur l'ensemble de la planète, l'amour est cependant la plupart du temps considéré comme une donnée universelle et anhistorique par une grande partie de nos contemporains. Il convient de se demander dans quel cadre et à quelles occasions celui-ci est à même de se manifester. Poser cette question, c'est à coup sûr relativiser les valeurs communément admises comme évidentes et considérées comme faits de nature. Si des manifestations de sentiments amoureux, parfois très proches d'une conception romantique, pour risquer l'anachronisme, s'expriment dans les manuscrits sumériens, dans la poésie de Sapho de Lesbos, dans le *Lysis* de Platon ou encore dans *Les Argonautiques* d'Apollonios de Rhodes, elles ne doivent pas occulter que ce sont des cas marginaux qui ne s'actualisent pas dans le cadre de la conjugalité. Le sentiment amoureux s'affirme en dehors de l'union maritale constitutive de la famille et prend des formes et des fonctions différentes de celui connu actuellement.

Nous verrons dans la deuxième partie de cet ouvrage comment l'amour est devenu progressivement une composante de la famille moderne. Paul Veyne rappelle que pendant des siècles, l'amour est demeuré en dehors des stratégies familiales [1]. L'illustration la plus célèbre en est la relation de l'erastre et de l'éromène dans la Grèce antique, relation pédérastique s'exprimant en dehors du mariage hétérosexuel à visée reproductionnelle. L'amour courtois sera également, à son origine, une expression extraconjugale. L'amour peut se retrouver ou non dans diverses sphères selon les critères que l'on retient pour le repérer. Il s'agit cependant rarement d'une forme d'amour romantique telle qu'on l'appréhende dans les sociétés modernes. L'amour n'est universel que dans la mesure où l'on accepte de donner des définitions différentes à ce terme. On pourrait du reste faire la même remarque en ce qui concerne le concept de couple ou de famille.

L'amour est-il moderne ?

Comme les sociétés traditionnelles semblent régir les unions matrimoniales des individus en les organisant plus ou moins autoritairement, il est possible de penser que le mariage d'amour est une caractéristique occidentale. Georg Simmel fait remarquer que dans les cultures antérieures, le mariage n'a en principe aucune signification érotique, il est seulement une institution socio-économique à laquelle les désirs d'amour ne sont qu'accidentellement liés [2]. Sauf exception, il n'est pas conclu sur la base de l'attirance individuelle, mais sur celle des relations familiales, des rapports de travail ou de la descendance. Le lien matrimonial est l'affaire du groupe, non pas des simples individus. Pourtant, le fait que l'amour soit peu considéré dans les études d'anthropologie ne signifie pas nécessairement qu'il est inexistant dans les sociétés traditionnelles, mais que les systèmes de relations conjugales sont différents et que leurs maintiens ne dépendent pas nécessairement de l'amour. La différence se situe dans l'interprétation de la signification de l'amour pour la stabilité du système. En Occident, l'amour est fonctionnel, et vise le maintien de l'union monogame ; dans d'autres sociétés au contraire, l'amour est considéré comme dangereux à l'égard de la solidarité clanique. Il peut être présent sans avoir pour autant valeur de ciment conjugal : être valorisé ou au contraire rejeté socialement. S'il n'y a pas de mariage d'amour proprement dit, il peut s'exprimer en dehors, à la marge du lien matrimonial.

Les notions étant autonomes, l'amour peut alors prendre des formes diverses hors de l'institution de la famille. William Goode prévient qu'il ne faut pas confondre l'absence d'amour et son encadrement ou son refoulement [3]. La transhistoricité et la transculturalité de l'amour se vérifient au travers d'exemples littéraires présents partout : en Inde, au Japon, dans les pays arabes... D'après lui, l'amour romantique existe également dans les sociétés traditionnelles, seulement des éléments socio-structurels conduisent les sociétés à contrôler et orienter différemment la sexualité et l'affectivité. Il existe, pour l'auteur, un *continuum* entre amour romantique et amour conjugal et non une opposition binaire. Parce que l'amour est une menace pour l'ordre existant, toute société développe des mécanismes de contrôle. Ils se manifestent principalement en cinq points : le mariage et les enfants, les règles de la parenté qui déterminent le choix du conjoint, l'isolement des adolescents de sexe opposé, la supervision du choix du conjoint par la parenté proche, l'intervention suggestive et subtile du milieu environnemental immédiat. Les mécanismes de contrôle étant développés différemment selon les sociétés, aussi s'agit-il de réfléchir sur la répression et la sublimation des pulsions. Plus une société est coercitive, plus ces mécanismes sont développés et plus l'autorité de l'homme est affirmée sur les femmes et les enfants. Cependant, même dans l'ethnie Baruya, où la violence des rapports entre les sexes est extrême, des comportements amoureux existent, il y a place pour une certaine tendresse, de l'affection et même de la passion [4]. « Il suffit de se reporter au Manuel de volupté de la Chine ancienne, aux vases érotiques de la Grèce ancienne, aux "Mille et une nuits", aux fabliaux sortis de la vieille Europe, et, partout, à la poésie errante », pour admettre, avec Jean Duvignaud [5], que l'amour existe même s'il s'exprime sous d'autres formes et dans d'autres lieux. Si dans notre culture moderne il est la valeur fondamentale qui sous-tend l'institution du mariage monogame, il s'exprime autrement ailleurs. Robert Flacelière pense que l'amour connaît des formes analogues mais avec des tonalités différentes selon l'histoire et les sociétés [6]. La tribu américaine des Nashuas ne possédait pas de mot pour le concept d'amour. En revanche, chez les anciens Péruviens, en quetchua, on trouve 600 variations pour le verbe aimer ! Dans l'Antiquité également, de nombreuses expressions caractérisaient l'amour [7]. Le registre permettant de qualifier différentes formes y est souvent plus riche que celui dont nous disposons de nos jours.

Bernard Murstein adopte la même position que Goode dans son ouvrage sur l'histoire de l'amour, mais il soutient que c'est l'individualisme moderne lié aux valeurs bourgeoises qui a permis à l'amour de s'affirmer [8]. Ce point de vue, largement étayé par l'étude des textes, conduit Paul Veyne à remarquer que si la passion amoureuse est connue dans l'Antiquité romaine, elle y est socialement refoulée. « Quand un Romain tombait amoureux fou, ses amis et lui-même considéraient ou bien qu'il avait perdu la tête pour une femmelette par excès de sensualité, ou bien qu'il était tombé moralement en esclavage : et docilement, en bon esclave, notre amoureux offrait à sa maîtresse de mourir, si elle le lui ordonnait. Ces excès avaient la noire magnificence de la honte... [9] » Cet amour, décrit par l'auteur, est proche de l'amour dit « romantique » ; seulement, au lieu d'être érigé en modèle, il est réprimé socialement et considéré comme honteux. Il est donc impossible d'admettre que cette forme d'amour soit inconnue et limitée à une invention de la modernité. Octavio Paz avoue ne plus croire que l'amour soit le propre de notre société [10]. Partout, atteste-t-il, on trouve des traces de poésie amoureuse, et il en donne maints exemples, aussi bien à Babylone qu'en Grèce. Pensons également à la littérature arabe, persane, chinoise, japonaise... *Le Cantique des cantiques* dans ses accents érotiques révèle également une tendresse amoureuse. Mais si l'amour en tant qu'attirance sentimentale appartient à tous les temps et à tous les lieux, au contraire, l'idée qu'une société se fait de l'amour, elle, est relative. Ainsi peut-il être magnifié comme dans les sociétés modernes et servir de base au mariage, ou, au contraire, être refoulé, rejeté, comme dangereux, canalisé hors de l'institution matrimoniale. Il peut encore être une hantise, un imaginaire refoulé, un véritable tabou... La réflexion sur l'amour peut se convertir en idéologie d'une société, devenir une éthique, une esthétique, une étiquette, une courtoisie : celle-ci est alors évidemment spécifique. La conception préalable de l'amour contribue à construire l'expérience que l'on en a.

Une plasticité des prédispositions

À la suite de ses observations chez les Trobriandais, Bronislaw Malinowski publie un ouvrage remarqué sur la sexualité où il admet une prédisposition innée pour un petit nombre de systèmes, tels que l'amour et la haine chez l'homme [11]. Ce sont les cadres à l'intérieur desquels l'amour s'exprime qui diffèrent, selon l'auteur, et qui sont sociaux. Si l'amour est universel, les formes suivant lesquelles il se manifeste divergent en fonction des cultures. Il y a une certaine plasticité des instincts déterminés par des facteurs culturels. C'est la conception que la société propose de l'amour qui oriente les formes que revêt la vie sociale. Par exemple, pour Malinowski, l'amour romantique, qui consiste à idéaliser l'autre et notamment la femme, est un modèle d'amour proprement occidental. Il y a, selon lui, une forme d'amour dans les sociétés traditionnelles mais elle n'est pas obligatoirement romantique. Le Trobriandais « n'éprouvera ni le sentiment de mystère ni le désir d'adorer à distance [12] ». Dans la société occidentale, les obstacles, l'évitement, le refoulement, la mauvaise conscience, le passage à l'acte différé, donnent lieu à l'amour romantique et à l'idéalisation. « La tendance amoureuse des primitifs est relativement faible et n'atteint jamais l'intensité que nous sommes habitués à lui voir chez les hommes civilisés [13] », dit Freud. Comme il y a peu d'obstacles à l'assouvissement sexuel, la sublimation, nécessaire à la passion romantique, se dilue. Beaucoup de peuples n'expriment leurs sentiments qu'à contrecœur, ce qui ne doit pas être pris pour une absence d'émotion [14]. L'expression ostentatoire de l'affectivité peut être taboue, considérée comme impudique, incorrecte, et pour ces raisons les manifestations en sont discrètes. L'absence des formes de l'amour romantique ne signifie pas que l'affectif n'existe pas. Chez les Trobriandais, notamment, il n'est simplement pas cristallisé et *romantisé* dans une attente langoureuse. La demande est vite formulée, et si elle aboutit il ne s'écoule guère de temps entre l'intention et la « consommation ». De même, si le jeune est débouté dans ses intrigues, il prend rarement la chose au tragique : d'autres aventures plus heureuses l'attendent. On ne constate pas une forme d'affectivité à l'occidentale, un attachement « platonique » est inconcevable. Mais ceci ne veut pas dire qu'il n'y ait pas d'émotions amoureuses, comme le rappelait Malinowski [15]. C'est le statut conféré à l'individu qui explique sans doute ces différences.

Il est généralement admis que dans les sociétés traditionnelles, l'homme fasse corps avec la nature et que l'individualisme y soit minimisé. L'homme habite un monde imprégné de forces, de puissances, de « mana ». Il fait Un avec le Tout. Leenhardt utilise le terme de « cosmomorphie » par opposition à l'anthropomorphie [16]. L'individu ne se conçoit pas comme être séparé de son groupe [17]. Il ne se perçoit que socialement [18]. Pour Malinowski, l'amour est y présent mais ne s'exprime pas sous une forme individualisée. Margaret Mead précise également que l'amour romantique tel qu'il est connu en Occident, « avec son cortège d'idées sur la monogamie, les exclusives, les jalousies, la fidélité inaltérable, est inconnu à Samoa [19] ». Elle ne conteste pas qu'il y ait de l'amour, mais celui-ci s'exprime sous des formes qui ne sont pas identiques à celles de nos sociétés. Si l'amour-romance est peu connu car il y a peu de sublimation, en revanche l'amour-passion existe dans ces sociétés, mais l'expression de ces sentiments n'est pas valorisée, elle peut même dans certains cas être interdite. Ainsi Georges Devereux [s.d.] fait remarquer avec justesse que si l'amour intensif était inconnu des Murias, ils ne prendraient pas des mesures pour empêcher qu'il se produise. Henriquez en vient même à soutenir que l'amour-sentiment existe quoique les époux ne se soient pas choisis [20]. Il définit l'amour comme un attachement prolongé et mutuel, spirituel et sexuel à la fois entre deux personnes et affirme l'existence objective et universelle de l'amour-sentiment. Pour François Fournier au contraire, l'amour n'existe pas du tout dans ces sociétés, car il n'y a pas de relation d'individu à individu [21]. L'expression des sentiments est collective et médiatisée par des rituels. Il nous semble que la position médiane de Malinowski d'un amour existant, mais qui s'exprime sous des formes différentes, ou refoulées, soit plus satisfaisante. Il ne faut pas confondre mariage, mariage d'amour et relation amoureuse ; ces éléments peuvent exister séparément.

Plusieurs types d'amour

Le terme d'amour est polysémique. Contre son hétérogénéité, on n'en a de cesse qu'il en soit donné une définition restrictive. L'amour dans la société contemporaine est le plus souvent associé à l'amour romantique. Ce qui s'en éloigne est dévalorisé comme non-amour, amour sexuel, amour intéressé. Car ce qui semble distinguer le vrai du faux amour passe par un critère dialectique de désintéressement *versus* égoïsme. Ce manichéisme, hérité de l'opposition chrétienne entre Agapè et Éros, est commode. D'un côté, un amour bon, véritable, spirituel, tout entier empreint de don et de générosité ; de l'autre un amour faux, trompeur, intéressé, égoïste, et par extension sexuel. Cette schématisation permet de repérer, séparer, cloisonner. Conception que l'on voit s'exprimer dans maints discours sur l'amour, qui procure des repères simples, simplistes en réalité. Car la réalité est autrement plus confuse. Il est bien difficile de définir l'amour vrai ou l'amour parfait, car l'on perçoit des traces d'égoïsme jusque dans l'amour en apparence entièrement dévoué, comme le remarquait justement saint Augustin, et l'on constate des formes de don et de bonté en fréquentant les femmes publiques, à en croire Georges Brassens ! Du reste, la théologie a dû complexifier l'opposition en repérant des formes intermédiaires : *philia*, *caritas*, amour conjugal... Freud, en montrant la profonde ambivalence du sentiment amoureux, n'a jamais révoqué cette classification binaire. La gradation des formes amoureuses est infiniment plus complexe. Il n'est plus possible de tenir un discours univoque à son sujet. Le sociologue doit plutôt s'employer à repérer une pluralité de formes.

Le critère de la durée imprègne profondément la conception de l'amour dans la culture moderne. Critère distinctif qui sélectionne ce qui est de l'amour de ce qui n'en est pas. Cette division profondément chrétienne imprègne les conceptions, y compris celles profondément laïques, de l'amour. Ainsi ce n'est pas là seulement le point de vue de Jean Guitton mais aussi celui d'Auguste Comte ou d'André Breton. Il y a pourtant lieu de s'interroger sur cette affirmation. En quoi un moment de grâce où deux altérités échangent lors d'une rencontre éphémère a-t-il moins de valeur ou de profondeur amoureuse que la relation accumulant le nombre des années ? La conception occidentale en la matière paraîtrait bien curieuse à de nombreuses autres cultures, celles des Murias comme des Trobriandais, pour ne citer que les exemples les plus célèbres de la littérature ethnologique. La distinction est reprise sans autre forme de procès par les enquêtes sociologiques les plus rigoureuses [22]. Certes, il s'agit d'un critère qui permet d'objectiver aisément les clivages. Cependant, il faut poser la question de sa pertinence. On conviendra qu'il puisse exister parfois davantage de tendresse, de compréhension mutuelle, d'intensité intersubjective, dans une relation temporaire que dans nombre de relations régies par la durée. Bien sûr il ne s'agit pas là d'une règle, mais cela signifie que la quantité de temps ne saurait être une mesure d'un rapport qui a fondamentalement à voir avec la qualité relationnelle. Demeurer ensemble longtemps ne suffit pas à prouver l'intensité de son amour.

Ainsi, le paramètre chrétien manque de spiritualité. Le dogmatisme des Églises a profondément marqué la conception amoureuse de l'Occident en lui inculquant cette temporalité. Critère quantitatif retenu essentiellement par peur d'un manque de repère qui amènerait à confondre tous types de relations et à autoriser tous les excès. L'angoisse d'une sexualité débridée et débordante a eu pour effet de construire un dualisme réducteur. D'un côté, l'amour qui dure, de l'autre, la sexualité qui cherche un exutoire. Division mystificatrice qui occulte tous les intermédiaires et jette un voile pudique sur les unions inavouables. L'Église a toujours préféré les mariages de raison où l'amour est simulé aux amours vagabondes non institutionnalisées. Il y a à cela plusieurs raisons. Le fait que la sexualité soit souvent plus présente et intense dans « les amours de cœur que dans les amours de tête » n'y est pas étranger. La haine du corps, le rejet des sens, et la grande négation des émotions dans la culture occidentale s'y expriment également [23]. Du reste, si l'Église chrétienne s'est longtemps opposée à la séparation des époux, c'est moins par respect envers une conception spécifique de la relation d'amour que pour des questions théologiques, le mariage représentant sur terre l'union du Christ et de son Église, ainsi que pour des questions de contrôle de l'ordre social. Il est donc logique que l'Église ait longtemps conseillé aux femmes de prendre sur elles plutôt que de quitter un foyer d'où l'amour avait disparu. Les moyens de vérifier l'authenticité des sentiments, l'énergie en présence, la qualité des relations, n'ayant jamais été trouvés, seul le critère de la durée a été retenu comme moyen de classification. Cette conception normative, dictée par un souci de contrôle des relations, imprègne profondément la culture occidentale, au point d'en constituer un paradigme en la matière. Ainsi des interviews menées de nos jours avec des jeunes éloignés de toute influence religieuse exprimeront également ce critère de la durée comme décisif d'une intensité de relation et surtout comme idéal d'une relation réussie [24].

À l'intérieur même du modèle romantique coexistent plusieurs variantes. Si certaines formes procèdent plutôt d'un amour infantile (*mon bébé*), d'autres sont plutôt mystiques (*ma chère âme*), voire cosmiques (*tu es mon Tout*)... Edgar Morin fait remarquer que peu d'unions parviennent à une totalité syncrétique de l'expérience amoureuse, accomplissant la synthèse de toutes les dimensions [25]. Le rapport amoureux est catharsis, mais il n'y a pas de couple réalisant la totalité des expériences. Pourtant la volonté de concilier les différents éléments en un seul amour est symptomatique de la modernité. L'idéal est de concentrer toute expérience en une seule et unique relation. L'accomplissement de cet idéal d'autosuffisance constitue même le point commun des amours modernes. Nous l'avons dit, l'amour est multiforme. Le terme générique recouvre une multiplicité d'expressions. Ainsi on parlera d'amour pour les jeunes amants, comme pour le couple d'âge mûr. Il est pourtant visible que le vocable ne recouvre pas le même vécu. Il y a évolution par des séries de transformations successives du sentiment, tant et si bien que l'amour des seconds n'a plus rien à voir avec celui des premiers. L'amalgame n'aurait-il pas alors une justification idéologique ? Les uns et les autres peuvent s'illusionner à souhait de la pérennité du sentiment. Ainsi verra-t-on ce vieux couple pérorer comme des tourterelles. Il a pour corollaire « ces amoureux des bancs publics qui ne savent pas encore qu'ils passent là un de leurs meilleurs moments ».

L'illusion d'un amour infini, d'un sentiment invariable, est tenace. Chacun entend croire coûte que coûte au caractère exceptionnel de son histoire particulière, en dépit des preuves évidentes d'évolution du sentiment amoureux chez les autres. Le terme générique permet de ne pas trop s'interroger sur ces évolutions, et d'occulter les éventuelles pertes ou dégradations d'un sentiment initial. L'amour doit être éternel pour être véritable. Pourtant, il est possible de repérer des évolutions types et de dessiner les tendances générales du cheminement amoureux des amants dans la société contemporaine.

Héphaïstos demande aux hommes : « L'objet de vos vœux n'est-il pas de vous rapprocher autant que possible l'un de l'autre, au point de ne vous quitter ni nuit, ni jour ? Si c'est là ce que vous désirez, je vais vous fondre et vous souder ensemble, de sorte que de deux vous ne fassiez plus qu'un, et qu'après votre mort, là-bas, chez Hadès, vous ne soyez pas deux, mais un seul, étant morts d'une commune mort [26]. » Ce rêve de ne vivre qu'une seule et même destinée se retrouve interprété de diverses manières. C'est Baucis et Philémon qui, changés en arbres, peuvent vieillir sans craindre de se quitter. À l'excès, c'est la figure romantique des amants qui choisissent la mort à la séparation éventuelle et qui peuplent les livrets des plus beaux opéras : Roméo et Juliette en étant la figure de proue. L'amour est d'autant plus violent qu'il est contrarié, comme l'enseignent les plus belles tragédies. Le désir de marier à jamais ses destinées, de les confondre en une même entité, de voir son union durer pour longtemps, si ce n'est « pour toujours », est lié au désir de fusion. L'amour consisterait en une envie irrépressible de se fondre, soit de s'approprier l'autre au point de vouloir le dévorer pour ne plus faire qu'une seule chair, soit de disparaître en lui, mais de parvenir à ne plus exister comme être séparé.

En cela, les psychanalystes ont noté le caractère

immature, infantile, de ce sentiment qui vise à retrouver les conditions de l'être non séparé, encore uni au ventre de la terre-mère. La fusion a de toute façon à voir avec la mort. Il s'agit d'annuler la séparation qui fait de chaque être un individu autonome. Si ce désir de mort était légitime dans la recherche courtoise d'un lien à la transcendance, il devient problématique avec l'avènement de l'individualisme contemporain. En effet, si l'individu s'arrache aux déterminismes qui le liaient à sa communauté, et conquiert le droit de se marier seul, sans être soumis aux exigences de son entourage, s'il affirme son individualité irréductible et proclame les exigences d'un ego à nul autre pareil, c'est pour abandonner aussitôt son émancipation au désir de se fondre et de disparaître dans un projet de vie commun. Nous verrons que ces deux idéaux contradictoires sont devenus antinomiques au point de métamorphoser ce désir de fusion. Si le désir de fusion demeure le plus souvent au niveau des représentations et des imaginaires de la relation amoureuse, dans la société contemporaine, l'idéal de vie auquel on se réfère s'en écarte, lui, résolument. On ne veut plus guère vivre la fusion, mais seulement la rêver.

Le désir de fusion est à relier à l'idée toute romantique de prédestination. Le destin des individus à se rencontrer est inscrit *a priori*, dans les étoiles, et non *a posteriori*, comme rencontre fortuite au carrefour de l'existence [27]. Certes, l'origine se trouve dans le mythe d'Aristophane, pour qui l'amour est une recherche de sa moitié perdue. Les êtres originels, ayant été dédoublés, partent en quête de leur moitié complémentaire afin de reconstituer leur unité primitive. Edgar Morin, à la suite d'Aristophane, trace un portrait idéal du couple comme la réunion de ces deux moitiés complémentaires [28]. L'avant et l'après représentent la norme, celui d'un être complet qui n'est autre que le couple. La conception positiviste d'un couple constitutif de l'unité sociale n'en est pas éloignée. L'individu isolé est un être incomplet, inachevé. C'est dire qu'une fois le couple reconstitué, il s'en tient là, il ne saurait être question d'aller au-delà. Idéologie fortement normative puisqu'elle n'est pas sans rabaisser le célibat, mais aussi sans condamner toute relation extraconjugale. Durkheim, héritier de cette conception positive, considère que la relation adultère est immorale car perturbatrice de l'ordre social et du devoir conjugal. C'est pourquoi il condamne le divorce. Quand les amants se sont (re)trouvés, ils ne se quittent plus. Ils n'ont plus de raisons de le faire puisque l'union constitue un être parfait, entier. L'idée de prédestination est une idée calviniste développée par Rousseau, et qui va être largement reprise et amplifiée par le romantisme. Fantasme qui continue à opérer dans les représentations de l'amour moderne.

Mystification qui vise à faire croire que l'amour parfait est possible, « le grand amour », « l'homme ou la femme de sa vie », et qui par définition augure un amour sans problème et sans conflit, merveilleusement harmonieux, puisque répondant à une nécessité de l'ontogenèse, une quasi-volonté divine. L'état constant de bonheur, une sorte de fusion mystico-amoureuse monogamique [29], attendu par la croyance dans le mythe, par l'investissement fantasmatique dans les représentations sociales de l'amour fusionnel véhiculées par les productions culturelles, suscitera nécessairement quelques déceptions. L'amour *n'est pas un long fleuve tranquille*, pourrait-on dire, il nécessite quelques ajustements, et rares sont les individus qui s'emboîtent parfaitement, comme deux mécaniques faites l'une pour l'autre. Parce que la vie n'est pas programmable, les individus ne sont pas des machines, même savantes, n'en déplaise à Descartes. L'idéalisation du partenaire comme étant « le bon numéro », et l'échec manifeste à vivre le mythe dans la réalité ne peut qu'entraîner les désillusions... « Ce qu'on demande à l'amour est total, absolu, permanent, alors que tout évolue, s'use, se désenchante », remarque Edgar Morin [30]. La croyance dans un amour fou, qui dure, est particulièrement forte. Chacun veut croire en l'existence possible du couple parfait, composé d'amants qui se sont trouvés et qui ont incarné les valeurs du mythe : celles de s'aimer pour toujours avec la force de la première jeunesse de leur amour. Certains se convaincront de le vivre, tandis que d'autres en romanceront interminablement l'histoire au grand bonheur de lecteurs avides qu'on leur raconte encore une fois l'histoire de cette bergère qui tomba amoureuse d'un beau prince... L'analyste critique s'attirera le plus profond mépris en mettant en doute l'existence réelle de tels joyaux. La négation du caractère toujours raté, par essence, de l'amour romantique est des plus ancrées dans la culture moderne. L'envie de croire dans le mythe est tenace. Il permet de s'identifier aux figures emblématiques des productions symboliques, même si tout un chacun ne se nourrit pas toujours de toutes les illusions d'expérimenter aussitôt l'histoire incarnée. Le fait de vivre la romance par délégation est déjà une réassurance du bien-fondé à croire et à investir dans cet idéal.

Non seulement le mythe nourrit l'illusion d'un amour parfait qui dure, où deux êtres fusionnent dans un destin commun, mais aussi et surtout d'un amour exclusif, autosuffisant. La symbiose parfaite suppose l'autarcie sentimentale du couple. Il s'agit de ne faire qu'un et de s'en tenir là. On a beaucoup chanté, en Occident, la grandeur de cet amour. L'idée repose sur une mathématique primaire qui impose que l'amour soit concentré sur un seul objet. « L'homme ne dispose que d'un pouvoir affectif limité, d'autant plus efficace qu'il s'attache à un seul objet », dit Benjamin Peret [31], qui parle d'un « sacrifice indispensable ».

Disant cela, il indique qu'il y a bien une renonciation, *un reste*, et que les choses ne vont pas d'elles-mêmes en ce sens. Il faut tailler l'arbre exubérant du désir, à commencer par les branches les plus basses, conseille-t-il. L'amour sublime, c'est l'amour castré de toutes ces excroissances et qui, tel l'arbre taillé, se concentre sur un seul but. « Qui trop embrasse mal étreint », prétend le proverbe. L'individu possède un capital affectif pour la vie qui, en se divisant, se perdrait dans l'insignifiance mais qui, uni, atteindrait à la magnificence. En découle la conception dominante en Occident : « On ne peut aimer qu'une personne à la fois », « Il faut choisir »... et pour laquelle le tiers ne peut être que menaçant et voleur. C'est celui qui vient prendre l'amour, le détourner, le dérober. Conception contradictoire avec maintes pensées des sociétés traditionnelles qui affirment au contraire que l'amour s'apprend et qu'il faut beaucoup aimer pour savoir aimer, ainsi qu'avec la sexologie qui montre que plus on fait l'amour plus on a envie de faire l'amour. Dans la conception romantique, le couple réserve jalousement son amour et tout dépassement constitue une trahison. L'exclusivité devient même un critère pour estimer la qualité et la grandeur de l'amour que les amants se portent. Parce qu'une relation extraconjugale est symptomatique d'un échec ou d'un moindre engagement, les relations adultérines, autrefois courantes, deviennent difficiles à concevoir dans le cadre d'un mariage d'amour. Certes cet autisme conjugal présente un certain nombre de gageures et de contradictions difficiles à résoudre et des compromis doivent être trouvés pour ménager des espaces de rencontre avec le tiers, au risque de voir le désir s'évaporer.

La jalousie comme preuve d'amour

La logique romantique développe une conception de la fidélité des corps au détriment d'une conception plus large d'une fidélité des esprits. L'importance primordiale donnée au caractère réservé de l'amour impose une exclusivité qui prend le pas sur le contenu de l'échange. Le plus important est de se réserver à son conjoint quel qu'en soit le prix. Est liée à cette conception l'idée que la jalousie est « naturelle », instinctive, inévitable, et qu'elle est preuve d'amour [32]. C'est là l'idéal romantique, mis en scène notamment dans le film *Amoureuse*, de Jacques Doillon. Les amants y sont fiers de la jalousie manifestée par leur partenaire. Émile Durkheim, dans *Les Règles de la méthode sociologique*, mettait en doute cette évidence de sens commun : « On a considéré comme inné à l'homme un certain sentiment de religiosité, un certain minimum de jalousie sexuelle, de piété filiale, d'amour paternel, etc., et c'est par là que l'on a voulu expliquer la religion, le mariage, la famille. Mais l'histoire montre que ces inclinations, loin d'être inhérentes à la nature humaine, ou bien font totalement défaut dans certaines circonstances sociales, ou bien, d'une société à l'autre, présentent de telles variations que le résidu que l'on obtient en éliminant toutes ces différences, et qui seul peut être considéré comme d'origine psychologique, se réduit à quelque chose de vague et de schématique qui laisse à une distance infinie les faits qu'il s'agit d'expliquer. C'est donc que ces sentiments résultent de l'organisation collective, loin d'en être la base [33]. » La jalousie semble pourtant être de ces éléments irréductibles, dont les contre-exemples culturels désamorcent difficilement l'impression qu'il s'agit là de quelque chose de « naturel ». Chose étrange, puisque l'amour serait à ce titre une dimension exceptionnelle, le tiers signifiant échange pluriel et enrichissement dans toutes les autres sphères de la vie sociale.

Nous pourrions citer de nombreuses sociétés qui ignorent ce sentiment [34]. Chez les Naurus, il n'y a pas de jalousie exprimée ; les plaisanteries et les taquineries sont des moyens de protection [35]. Chez les Aruntas d'Australie, l'accouplement peut se produire avec n'importe quelle femme du groupe du moment que le mari l'autorise, de même que chez les Murngins d'Australie, les Lobis d'Afrique occidentale, les Sirionos de Bolivie, les Inuits, etc. La jalousie se plie aux coutumes, elle est plus ou moins développée. Elle est avant tout une réaction apprise, relevant de comportements culturels. Aux îles Marquises, où la jalousie est ridicule et dégradante, on « prête sa femme » ; comme chez les Todas de l'Inde, les Massims de Nouvelle-Guinée… Chez les Lepchas de l'Inde, on fait appel à un époux supplémentaire quand on est débordé de travail et la seule condition est qu'il n'y ait pas d'engendrement (contrairement aux Marquises où c'est justement ce qui est recherché). Enfin, il existe des formes de jalousie qui sont collectives : chez les Koriaks de Sibérie, il y a échange des épouses dans un groupe, mais jalousie vis-à-vis de l'extérieur du groupe. La jalousie n'est donc pas inhérente à la condition humaine et de nombreuses sociétés tolèrent les relations extraconjugales, même s'il y a toujours des modalités précises pour les vivre [36]. Précisant son caractère culturel, Ruth Benedict montre que la jalousie est à lier à l'émergence du sentiment de propriété dans l'histoire [37], l'amour et la propriété étant les deux choses les plus sacrées dans notre société, selon Robert Brain [38]. Ce que Daniel Vander Gutht désigne sous le terme de l'*ethos du propriétaire* [39] continue à demeurer le fondement de notre système socioculturel. Rappelons que dans le Code civil, le contrat de mariage fait partie du chapitre relatif aux contrats de propriété. Le refus de partager l'amour signifie qu'il est possédé par quelqu'un qui en a la jouissance exclusive, qui se l'approprie au détriment des autres : c'est, en premier lieu, le cas du père [40].

Il y a, du reste, des individus qui ne ressentent pas ou guère de jalousie et que le discours idéologique de l'amour romantique culpabilise lorsqu'il prétend qu'il est nécessaire d'être jaloux pour aimer. Pour le psychologue, il s'agit de cas pathologiques, le postulat étant que l'amour est possessif et jaloux par nature. Pour Max Marcuse, la jalousie est un symptôme d'homosexualité inconsciente, mais l'auteur précise que l'absence de jalousie est également un signe d'homosexualité inconsciente [41] ! Convenons donc que toute relation met toujours en scène une relation homosexuelle, même inconsciente, obscure, qu'il y ait ou non passage à l'acte. Constatation logique à partir du moment où l'on admet que la jalousie est un rapport au tiers et implique, donc, nécessairement au moins un rapport homosexuel. La jalousie est une peur du tiers : « Une voix vous crie : ce plaisir si charmant, c'est ton rival qui en jouira », ironise Stendhal [42]. On exagère le bonheur du rival et on s'enfonce ainsi dans le comble du tourment, malheur pourtant illusoire car ce que l'on trouve désirable ne l'est pas nécessairement pour autrui. Le jaloux est jaloux de la jouissance d'autrui. Il est dans la peur du manque et dans le fantasme d'une jouissance demeurée jusque-là inaccessible. Il faut y voir un lien avec le désir de possession (« avoir le droit de jouissance », écrit-on dans les contrats de propriété). « La jalousie est une équation à trois termes permutables (indécidables) : on est toujours jaloux de deux personnes à la fois : je suis jaloux de qui j'aime et de qui l'aime. L'*odiosamato* ("rival" en italien) est *aussi* aimé de moi : il m'intéresse, m'intrigue, m'appelle (voir *L'Éternel Mari*, de Dostoïevski) [43] », commente Roland Barthes. Car si la jalousie est toujours un rapport avec le tiers, c'est le mécanisme même du désir qui est en cause. Le désir est désir du désir d'autrui, selon René Girard, et la jalousie manifeste le comportement ambigu de l'envie [44]. La peur du tiers est une peur manifestée envers le désir. Envers le désir d'autrui comme envers son propre désir. « Je désire qu'il te désire pour te désirer et par conséquent je désire son désir. » Limite trouble qui appelle l'emportement passionnel d'une extrême violence, s'actualisant parfois dans l'amour, plus souvent dans le rejet, dans une culture où le tiers doit demeurer exclu.

Pour Nena et George O'Neill, c'est le contrat du mariage clos, et la promesse d'exclusivité, qui crée la jalousie [45]. Sans la possession préalable, il n'y a pas de jalousie. L'idéal d'autosuffisance des amants (« Je serai tout pour toi et tu seras tout pour moi », énoncé par la Loi) génère la jalousie. Ceci est amplifié par le manque de confiance en soi et le sentiment d'insécurité, par la peur de ne pas « être à la hauteur » ou concurrencé par un rival plus audacieux et plus expérimenté, notamment sur le plan sexuel. Ceci d'autant plus que la relation est ancienne et épuisée. Francesco Alberoni précise que la jalousie survient à la fin de l'état amoureux, avec l'institutionnalisation de la relation [46]. La jalousie n'est pas le signe de l'amour, mais une marque de l'insécurité et de la dépendance. Elle est liée au projet du couple construit sur un idéal de fermeture : quand on n'existe que par l'autre, le moindre détournement du regard est une négation de son identité [47]. Les sociétés qui ne reposent pas sur le modèle de l'amour romantique, comme les Murias [48], évitent la dégénérescence de la relation et, par conséquent, n'ont pas à faire face à cette peur souterraine. La sexualité muria n'a rien de secret et de dangereux car elle ne connaît pas ces excès, dans l'hypersensualité passionnelle, pas plus que dans la mécanique génitale d'un coït sans âme. Surtout, la sexualité ne possède pas un tel degré de mystère, à partir du moment où elle peut s'exprimer publiquement. Pour d'autres, comme le sexologue Albert Ellis, c'est la monogamie qui, en donnant pour modèle idéal l'exclusivité, favorise la jalousie. Certains groupes ou certaines personnes sont délivrés du sentiment de jalousie, non parce qu'ils n'éprouvent aucun sentiment ou aucun attachement, mais parce qu'ils se sentent en sécurité et accordent autant d'importance au plaisir de leur partenaire qu'à leur propre plaisir, les deux étant pour eux intimement liés [49].

La jalousie a pris tellement d'importance avec le couple romantique qu'une véritable phobie de l'adultère a vu le jour. Alain Corbin [50], Laure Adler [51], Jean Borie [52] ont bien montré comment le XIXe siècle développe la hantise du célibataire porteur de risque : « autant la famille consolide l'édifice social, autant le célibataire est un agent actif de destruction [53] ». Le célibataire est un danger de tous les instants : « l'épée du célibat vous perce de part en part », dit Balzac aux maris. Pour l'écrivain, il y a trois temps dans le mariage d'amour : la lune de miel, l'infidélité et la paix conjugale. Entre l'état naissant et la conjugalité instituée, c'est donc la deuxième période qui est problématique. La *Physiologie du mariage* est une sorte de manuel d'anti-adultère, composé de conseils donnés aux maris pour se protéger contre ce mal qui les menace. Tout entier axé sur cette peur, il met en scène le souci du bourgeois du XIXe siècle, traquer l'adultère. Ainsi, Balzac donne des conseils d'ordre pratique : pour l'aménagement de son appartement, il convient de faire murer les placards vides et profonds, car des amants s'y cacheront inévitablement, etc.

Cette problématique de la jalousie dépend de la conception de la fidélité. Être fidèle, ce peut être se forcer à l'être à force de volonté, ou ça peut être le ressentir, comme le note Vladimir Jankélévitch [54]. Pour lui, dans la lignée de Gabriel Marcel, la fidélité n'est pas un volontarisme protestant, une éthique à la

Kierkegaard, c'est être fidèle à ce que l'on aime par amour, non par conduite, par contrainte ou ascèse. Ce n'est pas être fidèle parce qu'on l'a promis ou parce que c'est moral, mais du fait de ce que l'on ressent. S'obliger à être fidèle, c'est finalement être infidèle. L'amour ne peut pas être immobilisé : « en nous agrippant ou cramponnant au choix déjà choisi nous renions l'acte innovateur par lequel nous avons juré fidélité à la chose élue », précise le philosophe. L'amour sincère, tant qu'il est manifeste et spontané, n'a pas lieu d'être volontaire. Quand on se force à l'être, c'est que l'amour est parti. C'est donc trahir l'amour que de se forcer à être fidèle. La fidélité peut se comprendre *selon l'espace* : être fidèle à mon conjoint partout où je vais, et s'exprime alors physiquement, ou bien *selon le critère du temps* : c'est-à-dire ne pas renier une personne que l'on aime, lui conserver son amour, ne serait-ce que pour la beauté des moments échangés. La fidélité, dans la deuxième acception du terme, peut alors être multiple, elle consiste à ne pas tromper par le mensonge, et à ne pas renier. Elle ne s'actualise pas sur le plan physique mais au niveau moral, spirituel. Ainsi, la fidélité telle qu'elle est couramment entendue pousse les partenaires à être fidèles un certain temps, puis à se désavouer en passant par des unions successives. Ils sont fidèles selon l'espace, non selon le temps. C'est ce qui faisait dire à Fourier que la civilisation ne connaît que la fidélité simple (union successive), qui est une conduite assez méprisable. « En harmonie », l'homme connaîtra la fidélité composée faite d'amours multiples. Il affirmait avec justesse que les hommes les moins fidèles sont souvent les monogames qui oublient les amours passées [55]. « Ne pas trahir, c'est cela la fidélité : je te jure, non de t'aimer toujours, mais de demeurer fidèle toujours à cet amour que nous vivons, de ne pas trahir le passé en le reniant. » L'amour infidèle, c'est l'amour oublieux, l'amour renégat, ajoute André Comte-Sponville [56]. La fidélité ne se réduit pas au monopartenariat, il existe une fidélité physique et une fidélité émotionnelle [57].

C'est la souffrance liée au sentiment d'abandon qui provoque la jalousie. Cette dernière serait une marque de l'exclusivité et du caractère inégalitaire du sentiment amoureux, d'une distribution injuste, non équitable. Celui qui se sent floué en se confrontant à un refus devient jaloux. Le choix signifie l'exclusion et la jalousie. Ce n'est pas le fait d'aimer, mais d'être trompé qui entraîne une réaction violente ou et de souffrance. Léon Blum attire l'attention sur ce mot de « tromper » qui désigne la connexion idéologique entre l'infidélité et le mensonge : « Dans l'acception courante du terme, un mari qui connaît l'amant de sa femme, à qui la naissance et le développement de cette liaison adultère furent confiés jour à jour, qui la toléra, qui l'approuva même, n'en est pas moins un mari trompé, tant cette attitude est jugée anormale, tant elle est contraire aux relations courantes et communes qu'expriment les mots. Et pourtant si nous retirions des infidélités amoureuses et conjugales l'habitude de mensonge et de dissimulation qu'elles impliquent habituellement, n'aurions-nous pas éliminé l'élément le plus amer, le plus toxique du mélange [58] ? » Le langage traduit une idéologie de l'amour : *avoir eu sa confiance flouée, l'impression du reniement d'un passé commun, entraîne la négation du moi.* Ainsi, la réaction de l'Inuit face à l'adultère est de donner la mort alors que s'il y a accord préalable avec le tiers, la relation n'entraîne pas de souffrance. Pour sortir de l'adultère, il faut donner sa bénédiction à l'amour avec le tiers ! Un acte franc d'infidélité physique que l'on constate de visu est moins traumatisant que celui que l'on suspecte et que l'on amplifie par l'imagination, dont les répercussions sont alors plus néfastes, affirme Gay Talese [59]. Il faut insister sur le rôle prédominant de l'imaginaire. C'est l'image des partenaires « qui trompent » qui fait le plus de mal. L'imagination a souvent, à ce titre, un rôle prédominant dans les ruptures. « On s'imagine des choses extraordinaires » qui font souffrir. La découverte d'une relation cachée, des mensonges et dissimulations sont des éléments qui manifestent une trahison des sentiments échangés. L'adultère va à l'encontre du désir de transparence, de partage et de fusion contenu dans l'idéal romantique. C'est pourquoi la relation adultère est, elle, difficilement supportable.

Le problème est le risque d'abandon, de fixation et de reniement du fait de notre culture de l'amour qui impose comme modèle l'attachement, la jalousie et le refuge dans l'autre. La jalousie est le plus souvent liée à la crainte de perdre l'autre, à des sentiments de possessivité, à l'envie de contrôler le partenaire [60]. Parfois c'est l'échec d'une première relation, « ouverte » au tiers, qui a tué la confiance et induit une méfiance plus grande envers celui qui vient « voler » l'amour. De la jalousie est alors ressentie à son égard [61]. Parce que le tiers vient renouveler des énergies, apporter un nouveau souffle, mais parce qu'il peut aussi exprimer un autre plan que celui vécu par le couple, il signifie la perte et le danger potentiel. Il est une menace par la découverte qu'il fait connaître à l'autre. Parce qu'il est exclu de la relation entretenue par les deux êtres qu'il chérit le plus, Lancelot et Guenièvre, Arthur va jusqu'à se servir de son épée de justice, Excalibur, pour manifester sa souffrance et exprimer l'injustice de la situation. Le nouveau couple ressent, par contrecoup, de la culpabilité. L'exclusion et la culpabilité engendrent les douleurs et les conséquences destructrices dans les relations amoureuses de rapport triangulaire. Le concept de pulsion « anti-Excalibur » désigne cette souffrance qui résulte du sentiment d'exclusion, d'abandon, et de trahison*. C'est ce sentiment qui fait souffrir et qui rend jaloux et possessif.

Jean-Jacques Rousseau entérine le modèle classique qui conçoit le sexe comme confrontation avec l'altérité, tout de suite placé dans la rivalité, la compétition et, ce faisant, la jalousie. Dans l'*Émile*, il affirme : « Pour être préféré, il faut se rendre plus aimable qu'un autre, plus aimable que tout autre, au moins aux yeux de l'objet aimé. De là les premiers regards sur ses semblables ; de là les premières comparaisons avec eux ; de là l'émulation, les rivalités, la jalousie. » La psychanalyse tend à laisser penser que la relation exclusive est inhérente au projet amoureux, de par ses origines infantiles. La première jalousie est, chez la petite fille, la prétendue envie de pénis [62]. La relation amoureuse exclusive serait liée à la structuration psychique humaine, donc naturelle et inéluctable. Le couple serait condamné à faire de la fusion ratée, à être en position de rivalité, les partenaires immanquablement « jaloux » du tiers. Pourtant, la jalousie n'est peut-être pas tant un aspect naturel du comportement humain qu'une conséquence de la situation œdipienne, d'exclusion et de refus d'amour. Le modèle amoureux étant toujours exclusif, depuis l'œdipe, il va de soi de penser et de vivre l'amour sous le signe du dilemme. Ce conditionnement amène l'individu à opérer systématiquement un choix. Si je suis amoureux de C, je quitte A. Ce qui n'est bien sûr pas le cas dans le domaine strictement affectif : des amis peuvent coexister sans qu'il n'y ait socialement rien à redire. Si l'exclusivité était

* Guy-Claude Burger l'appelle plus simplement « Excalibur ». Il nous paraît plus explicite de nommer « Excalibur » la pulsion qui tend à inclure le tiers, l'amour qui se porte sur le tiers choisi par le partenaire, et « anti-Excalibur » celle qui résulte du sentiment d'exclusion.

naturellement de mise sur le plan amoureux, il ne devrait pas y avoir de tentative ou de fantasme pour intégrer le tiers. Pourtant, un fantasme de non-exclusion amoureuse existe dans l'imaginaire social, contredit par la puissance des modèles sociaux normatifs intégrés depuis l'enfance. Cette différence explique également que d'autres sociétés n'ayant pas développé les mêmes dispositifs psychiques, les mêmes modèles parentaux et les mêmes schémas d'exclusivité amoureuse puissent ne pas manifester de ressentiment dans le cadre de leurs amours multiples.

Au contraire, l'idéal d'amour moderne considère la jalousie comme naturelle et comme le signe de l'existence de l'amour. Mais la jalousie n'a pas de limite et elle peut atteindre des extrêmes, qu'Othello incarne. Le normal se transforme en manifestations visiblement pathologiques sans qu'il soit possible de tracer des frontières, si ce n'est conventionnelles, entre les deux univers. *L'Enfer*, film de Claude Chabrol, met habilement en scène ce glissement entre ce qui est encore une preuve d'amour et qui flatte le narcissisme de l'être aimé, et la plus pure folie qui peut conduire au meurtre pour s'assurer de la fidélité de son partenaire. François devient simplement jaloux de la beauté de celle qu'il ne parvient pas à s'approprier totalement. À défaut de fusionner, il est pris de crise de jalousie, dont il perçoit bien le caractère maladif, mais sans que son entourage en discerne les logiques. Le glissement est progressif entre l'univers de l'amour et celui de la démence. Dans les deux cas, il s'agit de possession. Jean Baudrillard a su évoquer qu'au plus fort du désir demeurait une part d'inatteignable[63]. Irréductibilité de l'être qui fait que celui-ci ne peut jamais être totalement réifié. L'objet échappe toujours et ne saurait être approprié dans l'absolu. C'est parce qu'il ne peut s'assurer totalement de posséder son aimée, d'en contrôler les pensées et les désirs, que la folie gagne un François fou des désirs d'autrui.

Dans la même logique, les Pères de l'Église estimaient non seulement que l'adultère commence en pensée, mais que les femmes devaient être tenues pour responsables de la convoitise qu'elles éveillaient chez autrui. Au Moyen Âge, l'Église discuta de la pertinence de les voiler. Il s'agissait alors d'éviter les péchés. Hélas pour nos saint Antoine, postulants à la sainteté, plus on se protège des tentations, plus elles deviennent obsédantes. Aussi, même réfugiés au cœur des plus lointains déserts, les pensées coupables et les images perverses ne faisaient que se décupler. On ne sait si après des siècles d'isolement, les moines du mont Athos sont devenus saints ou fous... Dans la logique romantique, la canalisation du désir ne doit pas se concentrer sur Dieu mais sur son partenaire ; cependant, le pari est difficile à tenir. S'il est possible de refréner ses propres désirs pour autrui, il est impossible de contrôler les envies de son partenaire et encore moins ceux qu'ils feraient naître. Or, la phobie de la sexualité qui est attachée à l'idéal sentimental romantique conduit à ressentir comme une agression, un salissement, le désir exprimé par un tiers envers celui que l'on a sacralisé. François, comme nos pères puritains, est assailli d'images. Il doit donc enfermer sa femme pour que l'on ne lui dérobe pas la pureté qu'il a idéalisée. Mais même recluse, elle demeure, comme le racontent toutes les histoires de harem, forcément perverse, prête à succomber, toujours plus encline à s'échapper. Car il ne s'agit plus de réalité, mais d'obsessions fantasmatiques. Seule, semble-t-il, la mort peut résoudre le dilemme et permettre d'atteindre, peut-être, à la fidélité absolue, à l'appropriation totale. Il s'agit bien sûr d'une ultime illusion, car la mort venue, on pourra toujours l'imaginer, comme sur ces gravures d'Hans Baldung Grien, la main dans la culotte... Parce qu'elle n'a pas de limite naturelle, seule la raison parvient à maintenir les délires de la jalousie dans des limites socialement acceptables. Elle n'est « naturelle » que dans le cadre de l'amour romantique ; ailleurs, elle paraît bien incongrue. Si l'engrenage de l'exclusivité n'est pas mis en mouvement, le désir de possession pas plus que la jalousie ou la fidélité des corps ne sont de mise. Il est alors possible de concevoir autre chose qui échappe aux référents culturels de l'amour romantique. Les relations développées dans d'autres cultures nous en offrent des exemples.

Les idéologies de la fusion

L'un des credo de la conception romantique de l'amour est de prétendre que les sacrifices sont nécessaires. Forts d'une théorie fusionnelle, les deux amants doivent trouver des terrains d'entente pour fondre leur désir dans une commune unanimité. Ce qui est futile et insignifiant dans un état amoureux incandescent devient plus problématique quand celui-ci prend de l'âge. Le couple doit soit renoncer, partiellement au moins, à son idéal fusionnel, soit accepter de faire des compromis qui dérapent trop souvent en compromissions. Rarement équitables, les sacrifices sont plus souvent le fait d'un des deux partenaires qui se plie au désir du pôle dominant, généralement masculin. Nous verrons que cette exigence est de plus en plus controversée. L'idéal de fusion remis en cause permet d'entrevoir des relations plus épanouies. Cependant, l'idée que l'amour nécessite des sacrifices et que celui qui refuse *a priori* de devoir en assumer est un égoïste persiste.

Une autre occultation, produite par la croyance dans le mythe de l'amour éternel, concerne les suites de l'état amoureux. Que celui-ci soit l'effet d'un coup de foudre – la rencontre romantique par excellence –, ou d'une mise en amour progressive, il ne subsiste pas éternellement, et il doit se commuer en relation instituée, fondatrice éventuellement d'une famille. Or, comme le note très justement André Gide, si les phénomènes de cristallisation ont été bien étudiés, les effets de la lente décristallisation demeurent le plus souvent plongés dans une obscurité profonde [64]. L'occultation de la dégénérescence de l'état amoureux permet d'escamoter un débat posant le problème d'un modèle idéal qui ne tient pas ses promesses. Élaboré sur une conception de fusion éternelle, il faut bien convenir que la vie quotidienne ne peut s'en satisfaire, et qu'un autre modèle doit lui être substitué. Il est intéressant de remarquer que cet état amoureux dont tout le monde rêve, plus ou moins secrètement, est alors discrédité au profit d'un modèle dit « adulte » de l'amour qui sait renoncer aux illusions de l'état naissant. Ce qui était porté aux nues devient un signe d'immaturité pour justifier que la relation s'inscrive dans la durée.

La superposition de l'amour et du couple dans l'idéologie contemporaine, comme s'ils devaient aller obligatoirement de concert, impose de masquer un certain nombre de contradictions et de faiblesses de l'idéal à s'incarner dans la réalité. Pour la première fois dans l'histoire, le romantisme est parvenu à imposer à Éros de se marier avec Hyménée et de faire accroire qu'il n'y avait pas d'autres choix possibles. L'enfermement de l'amour dans le couple n'a pas eu seulement pour effet de faire se confondre l'amour et l'hétérosexualité – au point que l'homosexualité, pour acquérir une visibilité sociale, revendique à son tour le droit de vivre en couple sur ce modèle –, mais surtout d'imposer la croyance que le couple était à l'avantage des femmes. Celles-ci trouveraient dans le mariage d'amour la sécurité protectrice du couple et verraient exaucé leur plus ardent désir, celui de se consacrer à l'amour. Cette argutie repose sur l'idée répandue qui veut que les femmes soient portées vers l'amour, et les hommes vers le sexe. Cette idéologie différentialiste, héritée de la tradition chrétienne, repose sur des *a priori* antisexuels et sur la phobie d'une nature menaçante et agressive qu'il conviendrait de contenir. Ainsi les femmes trouveraient protection dans le mariage qui leur donnerait un moyen de domination. À défaut d'être appropriées par un homme, elles seraient sous la menace de tous. Les hommes ayant, par nature, des besoins sexuels plus forts que les femmes constitueraient des menaces pour celles qui se verraient isolées. Il y a là l'idée chrétienne, comme durkheimienne, d'une nature menaçante qu'il faut contenir. L'homme est considéré comme penchant vers la polygamie, alors que l'amour de la femme tend naturellement au conjugal, comme le rapporte Suzanne Lilar [65]. Cette idéologie permet de faire peser sur celles-ci une menace de viol qui vise à les persuader que c'est dans leur intérêt que d'être appropriées et au service d'un seul. Pendant longtemps, les femmes seules ont été suspectes par définition. Idéologie qui permet à la fois de maintenir l'ordre social, de les convaincre de l'intérêt qu'elles ont à investir dans le mariage, quand tout viserait à démontrer l'inverse, et à leur faire croire que la sexualité n'est pas fondamentalement dans leur nature. Il est étonnant à ce titre de constater les changements dans le monde chrétien qui, au départ, manifestait une grande peur de la sexualité débordante des femmes, jusqu'à ce que le XIXe siècle en vienne à se demander s'il existait une sexualité féminine ! C'est au XVIIIe siècle que se produit l'inversion, où l'irrépressibilité devient une affaire masculine. L'angoisse des « fureurs utérines » de la femme, de son insatiabilité, va de pair avec la peur qu'elle inspire et la tentative pour la désexualiser. L'image d'une sexualité de la femme, tenue pour intense et débordante, inapaisable, demeure une composante de la culture masculine, notamment érotique. On retrouve également ces deux théories, l'une explicite et l'autre implicite, dans l'Islam. La théorie explicite veut que les hommes aient une sexualité agressive et que les femmes en soient protégées ; la théorie implicite suggère que ce sont les femmes qui sont insatiables, et qu'elles doivent, pour cette raison, être contrôlées. Dans les deux cas, la réponse se trouve dans l'aliénation par le mariage.

La catégorisation qui spécifie des natures psychologiques différentes aux hommes et aux femmes est idéologique. Elle parvient toujours à instituer des rôles sociaux particuliers pour chacun. Le discours de la différence entre les sexes nie les genres, c'est-à-dire les constructions culturelles des disparités et, comme le montre Colette Guillaumin, renvoie toujours à une opposition nature-culture qui vient justifier *in fine* un rapport de pouvoir [66]. Durant des siècles, l'appropriation des femmes s'est faite massivement par le biais de l'institution du mariage. Or, quand la tradition ne suffit plus à justifier la reproduction du système, la collusion historique de l'amour et du mariage permet de le faire perdurer. La contrainte à la reproduction qui a été longtemps assignée aux femmes est remplacée par une contrainte à aimer dans le couple. Cependant, les notions de couple, de reproduction et d'amour ne sont pas superposables, contrairement à ce qu'édicte l'idéologie chrétienne. Si l'amour romantique a permis d'autonomiser les concepts d'amour et de reproduction, de disjoindre ce qui était lié dans l'idéologie religieuse, en revanche, la notion d'amour a été plus que jamais adjointe à celle de couple. Ce dernier n'implique pas la nécessité de la reproduction, pas plus que celle-ci n'exige celui-là. Ces dimensions sont vouées à connaître une autonomie croissante avec l'émergence des structures familiales nouvelles et les techniques de procréation médicalement assistée. Une séparation demeure pourtant à opérer entre l'amour et le couple, termes encore le plus souvent compris comme inséparables. Si les injonctions religieuses sont en voie d'être dépassées, l'influence romantique qui rend synonymes ces deux notions est encore tenace. Une prise de conscience prochaine de l'autonomie de ces deux dimensions est prévisible. Ce sera l'objet de notre troisième partie.

CHAPITRE III

Les étapes de l'effusion

> « Hélas ! cette misère de l'âme à deux ! Hélas ! Cette ordure de l'âme à deux ! Hélas ! Ce pitoyable bien-être à deux ! »
>
> NIETZSCHE

Dans de belles analyses, Francesco Alberoni décrit ce qu'il nomme *l'état naissant* de l'amour. Notre propos n'est pas de procéder à une semblable description, le lecteur se reportera avec profit à ses ouvrages. Nous insisterons plutôt sur l'évolution de l'état amoureux, son institutionnalisation. Propre à l'amour romantique, généralisé par un modèle littéraire de l'art d'aimer, l'état naissant est par nature précaire et transitoire. Il se développe à l'origine de la relation amoureuse et contribue à sa concrétisation. Il fait suite à une rencontre où, pour différentes raisons cumulées, et que nous n'explorerons pas ici – courant de sympathie réciproque, vibration énergétique, état affectif dépressif, accointances culturelles, *habitus* partagé, homogamie sociale… –, deux êtres se charment l'un l'autre. Bien sûr, la prise de conscience de cette relation à venir est plus ou moins subite. Les conditions d'origine de cette rencontre peuvent donner lieu à une typologie spécifique, et déterminent dans une certaine mesure la forme et la force de l'état amoureux. Ainsi la concrétisation amoureuse d'une vieille amitié n'a pas la même teneur affective qu'une relation de drague qui évolue en relation amoureuse. Si ce sont les deux cas extrêmes, le cas médian est celui de deux êtres qui se rencontrent, se découvrent progressivement et « tombent amoureux » malgré eux. C'est-à-dire qu'ils se laissent aller à ressentir un sentiment qui les dépasse, dont ils rêvent sans doute, mais dont ils ne peuvent être les commanditaires. La volonté de tomber amoureux représente en effet plutôt un obstacle en la matière. On tombe amoureux malgré soi, même si cela peut correspondre à un désir inconscient. Le philtre d'amour ou le coup de foudre traduisent cette marque du destin.

Toutes les relations affectives ne suivent pas cependant le schéma de l'état naissant. Il existe également les alliances de séduction, de drague, de connivence, mais aussi des relations rationnelles, arrangées, d'intérêt ou de raisons qui peuvent donner lieu à une forme de sentimentalité. Nous y reviendrons. Ces types de liaisons sont peu constitutives d'unions conjugales dans la société contemporaine, où elles ne représentent assurément pas les cas dominants. Elles existent plutôt en marge de l'union fondatrice du couple légitime. Si les relations non romantiques sont largement objets de fantasmes, c'est dans le cadre de relations passagères, d'aventures, le plus souvent sexuelles, mais aussi parfois par désir d'affection et de tendresse. Elles sont rarement des modèles retenus en vue de la constitution d'un couple. Opposé à ces relations déconsidérées, l'état naissant résulte du processus de cristallisation, décrit par Stendhal. L'évitement du passage à l'acte sexuel a pour effet d'accroître l'idéalisation. Ainsi malgré un mariage où l'amour est réduit à la reconnaissance, la princesse de Clèves excelle dans l'art de maintenir la flamme du duc de Nemours sans jamais devoir lui céder. C'est également le choix que suit madame de Mortsauf, châtelaine de Clochegourde, envers Félix, dans *Le Lys dans la vallée*. Sans aller dans ces excès, décrits par madame de La Fayette ou par Balzac, il est certain que l'attente stimule l'imagination, les promesses de concrétisation semblant d'autant plus douces qu'elles sont différées.

Malinowski notait que la grande simplicité avec laquelle les Trobriandais réglaient leur vie amoureuse ne permettait pas une amplification de la sentimentalité [1]. C'est parce que l'amour est empêché qu'il devient indispensable. En ce sens, il est logique que les exemples d'idéalisation amoureuse se rencontrent d'abord dans la sphère de l'adultère et des amours illégitimes, comme le faisait remarquer avec justesse Denis de Rougemont, à propos de l'amour courtois [2]. Le constat demeure valable pour les sociétés traditionnelles. On remarque qu'historiquement le degré d'idéalisation le plus élevé ayant atteint des extrêmes confinant à la pathologie, et menant parfois aux conduites hystériques (à la folie et au suicide), a coïncidé avec les périodes de refoulement sexuel les plus extrêmes, telles que dans les classes bourgeoises du XIXe siècle. Dans la seconde partie du XXe siècle, la sexualité devenant moins problématique, les unions se concrétisent toujours en passant par un stade d'idéalisation, mais plus tempéré, moins exacerbé, et trouvant une résolution moins souvent tragique. Les formes hyperboliques de la sentimentalité romantique demeurent le lot des amours adolescentes ou adultères, bref possédant un fort potentiel de transgression.

Une métamorphose

Dans l'état de l'amour naissant, l'individu se trouve submergé par une illumination qui transforme sa perception sur son entourage. Il voit soudain ce qu'il ne voyait pas, comprend ce qui lui échappait. En contrepartie, ce qui lui paraissait essentiel devient dérisoire et superflu. L'individu connaît une véritable métamorphose qui le rend à la fois plus humain, car plus sensible à l'objet chéri, et plus cruel, car plus indifférent à ce qui l'en éloigne. Il pourra abandonner d'un coup ce qui constituait jusque-là le tout de sa vie, car les choses lui paraissent soudain évidentes. Pourtant son ancien entourage s'évertue à ne pas comprendre et continue à ne pas voir ce qui le frappe. Des réactions d'hostilité pourront alors se déchaîner contre ce nouvel amour perturbateur des anciennes relations instituées et légitimes. L'amour paraîtra alors asocial, voire immoral. Contre ce danger d'anarchie pour l'ordre des familles, les sociétés traditionnelles se protègent souvent en proscrivant les relations romantiques, en les encadrant dans une période de la vie, ou en en canalisant l'expression dans des secteurs déterminés. L'amour devient pour l'individu l'acte de naissance d'une nouvelle vie, à moins que les forces sociales ne soient les plus fortes et ne brisent cet élan. Dans l'état amoureux, le désir de connaissance d'une étrangeté intime crée chez les amants la volonté de se fondre l'un l'autre, de tenter de se rejoindre par l'amphimixie, c'est-à-dire par l'essai de mélange des substances des deux individus [3]. Bien sûr, la fusion est toujours par nature manquée ; cependant, ce sont des éclairs qui créent des convergences et des liens exceptionnels car les partages vécus ensemble sont alors toujours uniques et indépassables. L'expérience éprouvée par le jeune Werther envers Lotte ne peut pas être revécue à l'identique. La psychanalyse peut nous démontrer que l'on revit toujours les mêmes histoires, cela est vrai, et pourtant ce ne sont jamais les mêmes ressentis. L'expérience conditionne l'expérience et par là même la construit toujours différemment.

L'être idéalisé revêt un caractère sacré. Ses gestes

sont magiques, ses paroles fascinantes, le moindre de ses actes est entouré d'une dimension religieuse. Ainsi ses habits, sa photographie, comme ses lettres sont des reliques attestant d'un espace sacré auquel l'amant a accès. De petits riens constituent des preuves irréfutables. La relation est littéralement accès à la transcendance [4]. Toute profanation de cet espace sacré par un tiers devient intolérable. L'état amoureux consacre alors véritablement un lieu d'exclusivité, dans lequel son propre désir pour un tiers est désamorcé. La femme amoureuse d'un nouvel amant ne désire plus son mari, et les conquêtes faciles apparaissent ternes et sans intérêt à l'ancien Don Juan. Cependant, bien souvent, l'exclusivité demeure à l'heure où l'état amoureux s'esquive. La fidélité du corps est alors imposée au partenaire sans réciprocité. Tant que subsiste l'état que Francisco Alberoni qualifie *énamourement*, l'adultère est impossible ou ne peut résulter que d'un défi. Dans *L'Insoutenable Légèreté de l'être*, que Philip Kaufman a adapté du roman de Milan Kundera, Tereza se force au supplice de tromper son amour. Non seulement elle n'y prend aucun plaisir, mais s'interdit même d'en prendre en choisissant justement celui-là même qui sera incapable de lui en donner. Pourquoi entreprend-elle cette démarche, en apparence stupide, de s'offrir à contrecœur à un étranger pour lequel elle ne ressent au mieux que de l'indifférence ? Pour comprendre. Et c'est là que les choses se compliquent. Car si Tereza ressent pour Thomas un amour romantique, éperdu et exclusif, autosuffisant, lui manifeste une autre dimension de l'amour. Contrairement à ce que pourraient affirmer un peu rapidement des lecteurs soucieux de conforter leur idéologie de l'amour, Thomas aime Tereza. Il l'aime même avec bonheur, passion et emportement. Mais son amour résulte d'une autre façon d'aimer. Il s'agit d'un amour non exclusif, non romantique. Son amour pour Tereza est d'une autre nature que celui qu'il porte à Sabina, lui-même différent de celui qu'il porte à telle ou telle aventure passagère... Il apparaît sous la figure d'un libertin, mais d'un libertin aimant. Il aime profondément aimer, au point que non seulement ses relations ne s'excluent pas les unes les autres, mais qu'au contraire elles prennent une force sans pareil en se jouant de mille reflets. Les énergies qui circulent sont alors démultipliées plutôt que confinées à la sphère privée d'une relation circulaire.

Ces dimensions du mode d'aimer sont à la source de bien des différends et des incompréhensions entre conjoints. Parce que les relations amoureuses sont comprises sous un même nom, et réduites à n'exister que sous un seul jour, toutes les confusions sont possibles. Une idéologie de l'amour tend à faire croire qu'il n'existe qu'une seule et unique façon d'aimer. Il y aurait d'un côté une bonne façon, sentimentale et exclusive, et de l'autre une mauvaise façon, intéressée, libertine et sexuelle. La tyrannie du modèle romantique impose de croire à cette bipartition des modes d'aimer. Les discours religieux visent à renforcer ces croyances manichéennes qui opposent le bon amour conjugal altruiste à la concupiscence perverse d'un égoïsme captatif. Cette façon de penser simpliste imprègne les conceptions du monde d'une bonne partie de nos contemporains. Ainsi Thomas cherchera-t-il à s'excuser et à se trouver des justifications dont on sent bien qu'elles sont aussi erronées qu'insultantes pour ses autres amours. Il prétend que le sexe est une occupation, comme pour d'autres le football. Il est finalement culpabilisé de ressentir d'autres désirs, comme Jean le sera par Laura dans *Les Nuits fauves*. Celui-ci finira par faire son *mea culpa*. Pourtant l'un et l'autre ne sont pas des amants égoïstes. En parfaits chrétiens, ils jouissent de la jouissance d'autrui ! La question qu'ils nous posent, au-delà de celle de l'exclusivité, est celle du rapport que le couple entretient avec le tiers. Si le couple est amené à instaurer un dialogue avec ce qui représente son altérité, alors il faut se demander dans quelle mesure et avec quelles limites ce tiers peut être convoqué dans l'espace conjugal.

La plupart des histoires d'amour, et notamment des représentations fictionnelles qui sont formulées de manières archétypiques, visent à résoudre le décalage entre différentes conceptions de l'amour chez des protagonistes qui ne partagent pas, en réalité, les mêmes idéaux en la matière. La plupart du temps inconscient, ce décalage se manifeste au travers de dérivatifs et de conflits qui ne font qu'embrouiller les incompréhensions. L'idéologie de l'amour romantique est devenue dans notre société contemporaine si puissante qu'il est impossible de prétendre ne pas la partager. En effet les caractéristiques de l'amour romantique représentent le tout de l'amour, et affirmer une autre voie, c'est révéler son inhumanité, puisque cela est synonyme d'incapacité à aimer. L'injonction à aimer selon les credo du romantisme est telle que tout comportement qui vise à s'en écarter est aussitôt rejeté dans les affres du libertinage le plus vil. Pourtant la réalité est autrement plus complexe, et au-delà des discours de principe, les individus aspirent à des modes d'aimer fort divergents. Il n'y a pas deux façons d'aimer (la bonne et la mauvaise...), mais de multiples voies le plus souvent inconscientes. C'est souvent parce que les amoureux ne disposent pas de concepts et de réflexions préalables pour exprimer leurs vues que les lendemains déchantent. L'amour qu'ils partageaient n'était pas le même. Et chacun de s'accuser de ne pas savoir aimer. En fait, l'idéologie de l'amour romantique est historiquement assez récente, elle s'est construite progressivement et s'est diffusée et popularisée rapidement depuis un siècle. Cependant, les modes d'aimer changent même si les discours et les idéaux demeurent, ce qui provoque de nouvelles contradictions. Des modèles sont repérables, qui sont autant de variations de l'art d'aimer. Mais, revenons, avant d'évoquer ces évolutions, aux caractéristiques de l'amour romantique.

Variations sur un même thème

L'amour romantique, ou « amour frénétique », dispose de caractéristiques bien repérables [5]. Ainsi, l'adoration fait partie intégrante des valeurs de l'amour romantique, et peut aller jusqu'à l'idolâtrie, faisant de l'autre un prince ou une reine... Amour qui tend à diviniser l'autre qui devient plus abstraitement un dieu, une déesse, ou une étoile... L'amoureux lyrique joue de l'hyperbole, s'amusant à élever l'objet de son attention autant qu'il se rabaisse lui-même. Une des figures célèbres et exemplaires est celle de Cyrano de Bergerac d'Edmond Rostand dont l'amour pour Roxane n'ose même se révéler. Il aimera excessivement, pratiquant un amour hors limite : comme cela ne s'est jamais vu ! Amour confinant à la démence, à la folie... L'amant est ce fou éperdu, prêt à tous les dangers, toutes les imprudences, aimant avec frénésie, pris des convulsions des possédés. Les amoureuses du XVIIIe siècle nous en offrent des représentations touchantes. Elles se nomment Manon Lescaut dont la folle passion demeure ambiguë et trop simulée, *Julie ou La Nouvelle Héloïse* dont la sincérité ne fait pas de doute, ou elles prennent corps, et c'est Julie de Lespinasse qui se meurt pour le comte de Guibert, ou encore Sophie de Monnier refusant le mariage imposé en prenant la fuite avec Mirabeau fils, tous deux poursuivis de la vindicte paternelle.

Ou bien l'amoureux est transi par la puissance de cette force qui le dépasse et se laisse mourir d'amour, il se languit à en mourir. L'amour romantique domine au XIXe siècle. C'est Eugénie Grandet qui attend

Charles, c'est la passion de Frédéric pour Madame Arnoux dans *L'Éducation sentimentale* ; c'est l'idylle de René et d'Atala ; ce sont les déchirements d'Adolphe et Élénore, ou les rêves de Gérard de Nerval envers Sylvie… Qu'il soit actif et prêt à aimer jusqu'au meurtre, à la dévoration, ou plus passif et cherchant davantage à se perdre dans un amour de fusion, l'amoureux est prêt à tout, prêt à se bannir, à vendre son âme, parce qu'il s'agit d'un amour fatal, irrésistible, qui lui fait perdre la tête et ses moyens… Amour sans limite, c'est un amour totalisant, une religion. Cependant la condition de survivance de celle-ci exige, pour que l'on sacrifie à ses rites, que l'actualisation du désir soit différée, empêchée par la mort, comme il arrive à Auguste Comte. Il faut bien reconnaître que cette forme de passion amoureuse confinant au délire n'a plus guère cours dans nos sociétés contemporaines et présente un visage certes sympathique, mais désuet. Le quotidien partagé s'accorde mal du passionnel frénétique. Le passage à l'acte, la sexualisation du désir, s'il est regretté par quelques nostalgiques apôtres du refoulement, apparaît comme plus sain socialement.

L'idéalisation-divinisation de l'être aimé, et plus particulièrement de la femme dans le discours des hommes, s'approche parfois d'une démarche quasi mystique. En descendance de l'amour courtois, *via* Dante, l'idéalisation peut tourner à la vénération, l'obsession de l'autre se transformer en fétichisme. Une autre voie de l'amour romantique, plus humaine, va rechercher, au contraire, sur le modèle de l'amitié, à connaître l'autre jusqu'à le pénétrer intimement, à partager le même sang et la même âme (être lié charnellement et spirituellement). Si ce modèle semble moins névrotique que le précédent, il est toutefois ambigu, puisqu'il rêve d'une transparence des sentiments, malheureusement trop souvent ennemie du désir. L'amour dans *Paul et Virginie*, de Bernardin de

Saint-Pierre, en est le prototype. Un petit garçon et une petite fille sont élevés comme frère et sœur sur une île de l'océan Indien. En grandissant, leur affection mutuelle se transforme en amour. Le romantisme va forger le concept « d'âme sœur ». « Mon enfant, ma sœur », écrit Baudelaire dans *L'Invitation au voyage*. L'amour pur que porte René à sa sœur Amélie devient le symbole même de l'âme romantique, décrite par Chateaubriand. Peut-être la sœur est-elle la seule personne honorable de l'autre sexe qu'il est possible de connaître intimement dans le milieu bourgeois du XIXe siècle, explique Alain Corbin [6]. Les sexes étant traditionnellement séparés, les autres femmes sont rejetées du côté du radicalement autre : les prostituées. La sœur, au contraire, est moins femme qu'amie. Il ne faut pas minimiser l'importance de cette innovation amoureuse, c'est là une façon de transcender le clivage traditionnel de la dualité des sexes et de parier que la communication est possible, de former l'union des âmes [7]. Il n'y a soudain plus deux camps, deux genres qui se font la guerre, mais deux personnes, et peu importe leur sexe (une certaine homosexualité pourra prendre ce modèle), qui peuvent avoir des relations d'amitié amoureuse. Le paradigme est bien évidemment opposé au modèle libertin fait de stratégie et de duplicité, ainsi qu'au modèle traditionnel d'antagonisme de classe des sexes. C'est le cas de Rousseau qui parie sur la réciprocité des affects et la totale transparence des sentiments.

L'amour romantique, puisqu'il signifie l'Amour avec un grand A, et parce qu'il présente un certain nombre de spécificités envoûtantes, fait rêver tout un chacun. Cette flèche décochée par Éros, chacun de ceux qui n'en sont pas ou plus atteints rêve plus ou moins secrètement d'en être frappé, ce qui fait le succès des producteurs de rêve. Tous frémissent cependant à l'idée que leur conjoint le soit. Car ce qui est bon pour moi ne l'est pas pour toi, l'amour romantique étant profondément exclusif. C'est là un de ces paradoxes. Il se partage mal avec un tiers. L'esprit de possession, de jalousie, légitimé par une idéologie qui en fait le synonyme de l'amour, s'incarne alors dans la durée de la vie conjugale. Francesco Alberoni a bien montré qu'il ne fallait pas confondre l'état naissant de l'amour, celui où deux êtres tombent amoureux et vivent dans la félicité d'une rencontre transcendante (une illumination), et l'état conjugal qui s'ensuivait. Même si nombre de couples s'estiment encore « amoureux » comme au premier jour, c'est le plus souvent parce qu'ils ont oublié ce qu'ils ressentaient au premier jour ! Il y a un travail de reconstruction permanente de la mémoire et une faculté de l'individu à oublier qui apparaît phénoménale. L'individu qui tombe amoureux découvre toujours pour la première fois des sensations, des frissons, des émotions, des emportements qui s'estompent incidemment. Le couple vit le plus souvent une petite phase dépressive entre l'état naissant et son institutionnalisation, mais le passage progressif demeure, la plupart du temps, inconscient. L'individu se croit encore amoureux, mais redécouvre progressivement des désirs pour autrui, qu'il se doit de réprimer aussitôt pour demeurer en phase avec sa conception idéalisée de l'amour. Un certain nombre de dimensions présentes au moment de l'état amoureux demeurent et s'inscrivent dans la permanence de l'état conjugal. Il en va ainsi de l'exclusivité.

La phase d'isolement

> « La vie de ménage marié, ou de couple, est l'insociabilité réduite à sa plus simple expression. »
>
> Charles FOURIER

Les nouveaux amants, pour se rapprocher et construire un nouveau couple, vivront durant un temps un isolement social. Leur seul désir sera d'être ensemble, loin du monde, et de se découvrir en toute quiétude : un processus de mise en couple se déroule. Chacun apprend à connaître et reconnaître l'autre. Un mimétisme s'opère qui va s'accentuant avec le temps où les deux ne tendent, comme le veut leur idéal, à ne faire qu'un. Les amoureux dans leur souci d'épanouissement réciproque manifestent une tendance à se désintéresser du monde. Les nouveaux amants ont même tendance à cacher leur relation un certain temps aux autres. L'isolement social des amoureux se concrétise tant par un repli égocentrique que par un retrait physique : une recherche d'intimité, un repli sur soi. La relation doit se suffire à elle-même. « L'élaboration d'une relation amoureuse devient un problème qui est résolu en se mettant à l'écart du "social", affirme Kruithof qui décrit cette période de la lune de miel et ses fonctions dans l'institutionnalisation de la relation [8]. Chantal Akermann raconte bien cette dimension en installant le jeune couple de *Nuit et Jour* dans un grand appartement absolument vide. L'amour y suffit et le couple peut y vivre en autarcie. Il y a de multiples dimensions à explorer quand deux étrangers s'offrent leur intimité en partage. Il en résulte une grande joie. « Quand une relation amoureuse est à son point culminant, il n'y a pas de place pour quelque intérêt que ce soit pour l'entourage, un couple d'amoureux se suffit à lui-même », remarque Sigmund Freud [9]. Le caractère autarcique de la relation amoureuse permet la construction d'une identité propre : un égoïsme à deux… « On forme une alliance contre le monde et cet égoïsme à deux est confondu avec l'amour et l'intimité [10] », ajoute Éric Fromm. L'état amoureux est lié à l'incertitude. Dans la phase d'isolement, les amants ont besoin de s'isoler égocentriquement, et chacun d'observer pendant un temps le sentiment amoureux chez l'autre et chez soi. C'est un processus de reconnaissance réciproque.

Il est compréhensible que dans un premier temps les amoureux cherchent à s'exclure, à se mettre à l'écart de la vie sociale pour vivre leur passion. Les psychologues y lisent de façon normative un signe d'immaturité et de régression infantile, une tendance égocentrique. Pour eux l'amour mature, en tant que relation actualisée, implique dans les rapports entre les personnes concernées une stabilité structurelle que l'état amoureux n'apporte pas. Ceci représente l'une des contradictions de l'amour moderne qui repose sur la nature fusionnelle et asociale de l'amour confronté à la nécessaire vie sociale à laquelle la conjugalité familiale doit répondre. Christiane Olivier s'est étonnée que l'union constitutive de la famille moderne repose sur une relation qui idéalise la régression infantile [11]. L'autre devient « mon canard », « mon bisounours », « mon bébé adoré que je veux manger ! », voire, comme nous l'avons déjà entendu, « ma petite crotte ». Les amants rêvent de se perdre en l'autre, de se confondre pour littéralement se fondre en une nouvelle entité durant l'état amoureux. Une fois celui-ci dissipé, il reste quelques réflexes un peu puérils pour un observateur extérieur, qui perdurent dans une relation où le désir d'autonomie est redevenu prioritaire. C'est le caractère incertain et instable de la relation qui lui donne, par sa fragilité même, sa force, mais qui dicte également aux amants ce besoin de s'isoler pour stabiliser et solidifier leurs relations. L'état amoureux est limité dans le temps. Ce qui n'est d'abord qu'isolement pour la construction de la relation affective devient peu à peu *habitus* du couple, son histoire. Michel Bozon parle de « mise en couple [12] ». Elle génère par la suite l'exclusion du tiers de façon systématique. Pour Freud, « l'amour sexuel est une relation entre deux individus dans laquelle une tierce personne ne peut être que superflue ou déranger, alors que la civilisation dépend de relations entre un nombre considérable d'individus [13] ». On pourra objecter qu'il s'agit là de l'amour romantique et non de l'amour sexuel en soi, comme le prétend Freud. Son rejet de l'homosexualité explique sa pensée confortée par une idéologie reproductionnelle. Car la tierce personne n'est pas automatiquement superflue ! Les sociétés orientales nous offrent des exemples nombreux de l'amour sexuel vécu à plusieurs. Il n'y a donc pas, à nos yeux, antinomie entre l'amour et la civilisation, mais entre l'état amoureux romantique et le reste de la société.

Dans un premier temps, le couple s'isole pour vivre un état de grâce. Tristan et Yseult, amants, se retirent du monde dans la forêt du Morois et vivent là en bêtes traquées, dans le non-culturel, nous signifiant que l'amour est asocial. L'amour appelle un milieu d'amour : une « érosphère [14] ». Durant ce temps d'isolement, les couples vont reconstruire la réalité, réactualiser leurs mémoires. Le couple se construit une nouvelle vision du monde. Peter Berger et Peter Kellner Hansfried montrent que les deux vies distinctes, telles qu'elles sont subjectivement saisies par les deux individus qui les ont vécues, sont réorganisées et réinterprétées [15]. Le couple reconstruit aussi bien la réalité présente que la réalité passée. L'entrée en couple est un processus de réorganisation du patrimoine identitaire incorporé, de mise en sommeil de certains schémas ou au contraire d'activations, d'inventions d'autres [16]. Cet isolement sera poursuivi quand l'état amoureux se dissipe pour laisser place à l'institutionnalisation. Le couple continue alors à rejeter le tiers, ressenti à présent comme une menace. « Ce que je veux, c'est un petit cosmos (avec son temps, sa logique), habité seulement par "nous deux" (titre d'un magazine sentimental). Tout ce qui vient de l'extérieur est une menace », pastiche Roland Barthes [17]. Moins la passion est forte entre deux individus, plus l'un d'entre eux est susceptible d'aller la vivre ailleurs. Comme le note très justement Francesco Alberoni, on devient jaloux à partir du moment où l'état amoureux s'est dissipé. Quand apparaît la jalousie, c'est que l'état amoureux a fait place à l'institué. Pendant celui-ci, on est tellement « transporté » qu'aucune menace ne trouble l'euphorie amoureuse. On ne craint pas le tiers, on s'en passe seulement car il est jugé superflu, ennuyeux. « On a besoin de se retrouver seul », pour se trouver avant tout : se connaître, se découvrir.

Les signes d'angoisse vis-à-vis du tiers ne viennent qu'ensuite. Ils peuvent être des critères pour analyser l'évolution de l'état amoureux : sa dégénérescence et l'institutionnalisation de la mise en couple. Être en couple nécessite d'une façon ou d'une autre « de faire son deuil » du tiers et des relations qu'il nous promet, de « renoncer », « d'enterrer sa vie de garçon, de célibataire »... Pourtant, ce travail de deuil n'est jamais totalement abouti, réalisé. S'il l'est un jour, c'est la mort du couple lui-même. Le couple a besoin du tiers pour réactiver le désir. Celui-ci assure un rôle de médiateur du désir au moins au niveau fantasmatique. Il y a donc, selon les couples, des contrats, souvent implicites, qui laissent une place plus ou moins grande au tiers, à son actualisation. Le sentiment de propriété sur l'autre ne fait d'ailleurs qu'exacerber le désir vers autrui. « Chacun est jaloux de l'autre, veut se l'approprier, et plus il est possessif et jaloux, plus il engendre chez l'autre le désir de le tromper, plus il succombe à son propre et obscur désir d'être trompé [18]. » La spirale d'enfermement dans le couple et de coupure envers le tiers l'invite et le refuse dans le même temps. Le tiers devient l'interdit fascinant. La transgression peut alors s'organiser dans l'adultère.

Les limites de l'amour fou

Quatre éléments structurent le récit amoureux romantique : négation du temps, peur de l'altérité, fragilité du moi, impératif fusionnel. « L'amour est un moment qui se veut éternel : le couple n'admet jamais le déroulement du temps [19]. » Ceci est vrai, rappelons-le, de l'amour romantique, non de l'amour contractuel, rationnel, ou conjugal... : certaines formes relationnelles délimitent un temps de relation défini, « on est ensemble pour un bout de chemin », à l'image de ces formes de mariage temporaire des sociétés traditionnelles du Haut Atlas. Beaucoup d'amours de vacances sous-entendent également que « l'aventure est sans lendemain ». Ce que certains auteurs appellent l'amour tout court est cet amour romantique, fusionnel, au caractère asocial, celui que les surréalistes ont tenté de dresser en idéal ultime. André Breton cherche à établir un amour réciproque, amour-mystère où la femme serait médiatrice. La femme perdue doit être retrouvée. Cette idéalisation de la femme qui s'oppose à la dualité corps-esprit, et qui affirme que l'érotisme et l'amour doivent être indissociablement unis, ne rompt pas avec l'amour romantique. Ce n'est pas une apologie de l'érotisme, telle que peut la faire Georges Bataille. André Breton représente l'anti-bordel : pour lui le libertinage est contraire à l'amour [20]. Ce n'est pas la jouissance qu'il recherche, mais la communication des cœurs et des âmes. Il décrit l'amour oblatif, celui dans lequel érotisme et amour ne font qu'un.

Pourtant André Breton est obligé de convenir de l'échec de l'*Amour fou* face à la quotidienneté. « L'arrière-goût amer » de l'amour n'est pas réductible aux effets du capitalisme qui pervertit les relations, à l'idée chrétienne du péché, ou aux effets du mariage d'intérêt, etc. L'état amoureux, même s'il est idéalisé, ne peut s'éterniser au risque de dégénérer dans les affres du sado-masochisme. Les huis clos, même amoureux, se finissent en combat de mantes religieuses ! Réitérant le mythe des amants maudits en fuite, Solal et Ariane – dans *Belle du Seigneur* d'Albert Cohen – vivent une passion amoureuse transcendante qui va pourtant s'asphyxier dans l'autodestruction. Le suicide apparaît l'unique solution pour résoudre la déchéance de leur histoire. L'isolement, contrairement à ce que laisse espérer le mythe, n'est pas fait pour durer. La conception trop élevée de l'amour dans le romantisme le rend difficilement conciliable avec le mariage. Aussi la mort est-elle parfois la seule voie possible pour ne pas renier la force de la rencontre : dans *Axel*, de Villiers de L'Isle – Adam, les amants, plutôt que de voir leur amour sublime s'épuiser, choisissent la mort.

L'amour qui règne dans le couple institué est d'une autre nature que celui dont il est pourtant issu et qui régit l'état amoureux, même s'il en conserve certains traits. L'énamourement n'est pas assimilable à l'amour conjugal, il y a passage progressif de l'un à l'autre. Or, cette transition, peu étudiée, est une sorte de point aveugle des discours sur l'amour, comme si tout un chacun préférait ne pas s'attarder sur une période souvent entachée d'état dépressif pour des individus qui sentent confusément que quelque chose change et s'enfuit irrémédiablement. Le couple s'institutionnalise par phases d'ajustements successifs, comme l'ont bien montré Peter Berger et Hansfried Kellner, ou encore Jean-Claude Kaufmann [21]. Le couple met en place une autorégulation fonctionnelle, dans laquelle chacun des membres tient un rôle complémentaire par rapport à son conjoint. C'est l'interaction des deux individualités qui crée une nouvelle dimension toute spécifique, représentant l'histoire de la relation. Cependant, au-delà des spécificités individuelles, des tendances récurrentes sont observables parmi les couples constitués à partir d'un état amoureux initial. Il y a surtout une série de paradoxes et de contradictions auxquels ces derniers se voient confrontés et qu'ils doivent dépasser.

Si pour certains, fidèles au positivisme, le couple représente l'unité de base, l'union symbolique de la perfection [22], on peut néanmoins montrer que non seulement le couple est une entité qui recouvre des réalités différentes, mais qu'il ne se suffit jamais. Il est toujours incomplet, inachevé par essence. Si dans l'état amoureux les amants prétendent s'autosuffire et atteindre à une perfection unitaire, le caractère inachevé et irrémédiablement manqué de la fusion les contraint à retourner à la rencontre des autres, ce malgré leur idéal. L'éloignement du monde ne peut avoir qu'un caractère transitoire : vient immanquablement le temps où le couple revient progressivement à la vie sociale, légitimé comme couple institué cette fois. L'état amoureux a duré environ six mois, et le couple transgressif a glissé progressivement sans en avoir pleinement conscience à l'état de couple institué. Les reconstructions successives du souvenir par le travail de la mémoire permettent de ne se rendre compte de rien, c'est-à-dire généralement de taire les changements inévitables qui s'opèrent dans le couple et hors de celui-ci. L'état amoureux est oublié lorsque dépassé, le couple se persuadant la plupart du temps qu'il baigne toujours dans cet état, alors qu'il s'est manifestement évaporé. Les représentations de l'amour romantique montrent les amants comme autosuffisants et l'amour comme une union asociale. Cette association à deux contre le monde entier doit théoriquement aboutir à une fusion totale de deux égoïsmes en un seul [23]. Mais ce but est par nature manqué.

Le couple construit une histoire individualisante et distinctive qui le rend unique et qui bloque tout échange avec l'extérieur. Cependant, il arrive un moment où, l'état amoureux s'estompant, la rencontre des autres devient nécessaire, vitale même pour ne pas frôler l'asphyxie. Les amants de *Nuit et Jour* qui se passaient avec délice de toute relation se découvrent des amis, prennent en compte un voisinage de plus en plus omniprésent et s'équipent du téléphone. C'est dans cette période que les relations sont redéfinies et que le couple dessine la carte de ces échanges. Certaines choses, certains savoirs, certains gestes, pourront être partagés, ou bien au contraire demeureront comme des biens propres au couple, confiné à une relation exclusive, intime, et contribueront à lui donner son identité. Ainsi dans cette phase d'ouverture aux tiers, le couple ajuste ce qu'il croit possible de partager ou au contraire de conserver pour lui seul. Ce travail crée parfois des tensions et nécessite des adaptations pour que les deux partenaires s'entendent sur ce qui appartient au couple et ce qui est propre à chacun. L'un sera parfois plus exclusif que l'autre, accordera davantage d'importance à un fait demeurant pour l'autre insignifiant. Pour que le couple survive, un consensus doit être trouvé. « Le couple fait état d'un savoir spécifique qui clive l'univers en ce qui est proprement leur couple et en ce qui s'en trouve exclu », remarque Philippe Caillé [24]. Le clivage perdure dans l'*habitus* du couple délimitant les frontières de l'intime et du public. Car si tous les couples doivent à un moment rouvrir les portes vers l'extérieur et renouer des relations sociales avec des tiers, chacun en définira de façon particulière les conditions et les enjeux. La relation avec le tiers sera implicitement définie. Une fois le consensus trouvé, le couple le fera perdurer en le remettant peu en question. Pourtant, il est évident que certaines choses seront considérées comme possibles dans un couple et inimaginables dans d'autres, créant parfois des tensions entre couples d'amis. Les limites dessinées entre ce qui appartient au privé du couple et ce qui peut être partagé avec autrui ne concernent pas uniquement l'échange sexuel ou amoureux, mais aussi la tendresse, les confidences, les relations amicales, des gestes ou des regards, des activités de loisirs ou même le seul fait de se trouver seul à seul... Ce qui est expliqué comme résultant d'un esprit de possession ou de jalousie plus ou moins affirmé traduit une éthique du couple où se joue le rapport du couple à l'altérité, c'est-à-dire au tiers.

Le tiers, c'est donc d'abord l'ensemble des relations sociales que le couple doit entretenir, mais c'est aussi un tiers plus intime qui interroge le contrat d'exclusivité affective du couple. Celui de *Nuit et Jour*, après s'être découvert, sort de son isolement. Mais au-delà des relations de voisinage au demeurant assez insipides, il doit « affronter » un tiers plus insistant. Celui-ci apparaît sous le jour d'un Lancelot moderne, double démon du légitime qui vient raviver les feux de l'amour refroidi. Son désir affirmé vient interroger un couple qui mue inconsciemment ses transgressions en habitudes. L'institution fait suite à l'énamourement, comme le nouvel ordre social à la Révolution. L'exclusivité ressentie fait place à une exclusivité de principe. Le couple n'osera pas se poser directement la question. Il vivra dans le non-dit une relation illégitime qui représente la face cachée de la relation légitime. Selon les types de couples constitués, les rapports au tiers sont plus ou moins proscrits, possibles ou permis. Les conséquences d'un désir vers autrui seront en conséquence sublimées, refoulées, vécues dans l'adultère ou dans la plus ou moins grande transparence. À l'intérieur des relations de couple, des contrats implicites ou explicites sont passés entre les partenaires sur la gestion de leur rapport à autrui. Plusieurs types de contrats conjugaux sont donc à ce titre repérables. Il y a le couple qui, fidèle à l'idéal romantique d'autosuffisance, cherche à maintenir une logique d'exclusivité dans tous les domaines. Le couple cherche alors à satisfaire tous ses besoins de manière interne. Aucune autonomie n'existe de la part du partenaire vis-à-vis de son conjoint. Toutes les activités sont partagées et la notion de fidélité dépasse largement la sphère de l'intimité affective et sexuelle. Le moindre accroc à cette morale commune serait vécu dramatiquement. Le couple ne s'ouvre sur l'extérieur que ponctuellement et parce qu'il y est contraint pour continuer à mener une existence sociale. À l'opposé de ce modèle existe le couple où il est permis à chacun de vivre ses désirs en toute autonomie. La mutation de l'état où, amoureux, les deux ne cherchaient qu'à s'isoler du monde a été pleinement assumée vers la reconnaissance de projet de vie distinct. Entre les deux, tous les intermédiaires sont possibles. Réjean Tremblay résume ces possibilités et montre que quatre idéaux, qui sont autant d'affirmations théoriques, peuvent être repérés qui se déclinent en *jamais*, *peut-être*, *bien sûr* et *obligatoirement*[25]. Ils entraînent quatre résolutions possibles qui ne sont pas, pour autant, en continuité avec la pétition de principe. La séparation ou l'acceptation peuvent se combiner pareillement aux quatre idéaux, soit au total seize modes de gestion du rapport au tiers qui ne sont pas à lire de façon linéaire, car toutes les combinaisons sont envisageables. Ainsi, le couple peut avoir au départ un idéal de fidélité exclusive et se promettre de ne « jamais se tromper » ou de se séparer, mais finalement renégocier son contrat si une aventure survient et que l'un des deux partenaires passe à l'acte. Le cas inverse peut également se produire.

> « On parle sans cesse de la brusque cristallisation de l'amour. La lente *décristallisation*, dont je n'entends jamais parler, est un phénomène psychologique qui m'intéresse bien davantage. J'estime qu'on le peut observer, au bout d'un temps plus ou moins long dans tous les mariages d'amour. »
>
> André GIDE [26]

Louis Roussel observe les évolutions contemporaines et montre que les attentes dans le couple moderne ont changé : « Mes grands-parents constituaient des couples apparemment réussis, mais leurs attentes réciproques étaient limitées : ils n'espéraient pas être pour l'autre les révélateurs d'une identité jusque-là cachée, d'être à la fois l'amant et l'époux, le confident et le consolateur, le parent et l'enfant. Ils avaient des attentes beaucoup plus précises et accessibles [27]. » La vie sexuelle et affective change avec l'évolution sociale. L'intensité et la qualité de la relation priment sur la durée [28]. L'union était liée auparavant à la lignée, à la maison, à la transmission de traditions, à la reproduction. Le mariage était une institution qui venait s'ajouter à un monde social organisé et préexistant. Hier le mariage de raison liait des intérêts de personnes issues d'un même milieu. À présent, l'amour fonde le couple et se substitue au lien social du mariage, bien que les théories de l'homogamie sociale montrent que derrière le sentiment amoureux on retrouve également des associations entre personnes issues d'une même classe. Le mariage de raison est simplement plus joliment habillé, ironise Louis Roussel [29].

En fait, l'homogamie résulte d'un *habitus* commun des partenaires. Les affinités jouent parfois une fonction conservatrice, le mariage de raison se cachant inconsciemment derrière le mariage d'amour. Ce que disait déjà Claire Demar : « Au sortir de la lune de miel, le mariage d'amour, d'inclination, fondé sur des sympathies presque toujours mal étudiées, ressemble, à s'y tromper, au mariage de convenance [30]. » Cependant, l'union est avant tout conjugale, donc une relation interpersonnelle. La parentèle n'y joue plus un rôle majeur. L'affectif et la réussite d'une communication à deux en deviennent l'enjeu premier. La perte de la sécurité que donnait l'enracinement est compensée par une valorisation et une intensification de l'intimité [31]. Cependant, si le couple était autrefois réglé par un fonctionnement traditionnel, il doit à présent se construire sur d'autres bases. La tractation devient le passage obligé dans le couple moderne pour définir des règles qui ne le sont plus une fois pour toutes. Le couple moderne devient un espace de négociation permanente, où tout doit être négocié par ajustement plutôt que par répartition traditionnelle des rôles.

Si dans le couple d'après-guerre chacun connaissait sa place, les rôles étant encore conditionnés par une répartition sexuée, l'éthique romantique du couple impose de tout partager et de se fondre dans un intérêt commun. L'amour conjugal est synonyme d'expériences communes. Les rôles traditionnels sont par conséquent bousculés par cette indistinction idéalisée. Bien que le partage se réalise plus souvent au bénéfice des hommes que des femmes, théoriquement les intérêts se doivent d'être communs. Une famille, par définition unie, entreprend tout de concert. Ainsi voit-on ces épouses suivre fidèlement leurs maris, qui au match de football, qui à la pêche, qui au concert… sans en éprouver toujours une envie irrésistible ! L'infidélité commence en éprouvant un désir d'autonomie et une volonté de conserver un espace à soi. La mise en couple suppose de renoncer à une vie individualisée. Mais ce mouvement de fusion dans le désir de l'autre s'accompagne d'une nouvelle exigence : celui d'exister par l'autre. Car paradoxalement, chacun est supposé se découvrir une nouvelle identité en parfaite adéquation avec celle de son conjoint. Se met en place dans ce type de relation une structure qui deviendra tyrannique dans ses excès contemporains, à savoir l'attente que l'autre nous révèle à nous-même. L'identité jusque-là mal affirmée de chacun, voire en attente de se découvrir, doit par la relation amoureuse s'épanouir. Les adolescents sont particulièrement en attente de cette révélation, les filles notamment sont enclines, par une socialisation qui les rend plus malléables, à attendre de la relation amoureuse qu'elle les oriente vers des désirs et des choix de vie particuliers.

L'attente des partenaires vis-à-vis du couple n'est plus celle de leurs grands-parents : « Nous attendons beaucoup plus du couple. L'enjeu est plus élevé, et comme il en va souvent ainsi, la probabilité de gagner en est d'autant plus faible. Il ne s'agit plus en effet de survie, mais de félicité ; plus seulement de bonne entente, mais de fusion ; plus seulement de dialogue, mais de transparence ; plus seulement de satisfaction, mais de salut [32]. » On attend surtout du couple une révélation de son moi profond. On demande à l'amour d'être un révélateur de soi-même et de l'autre. « Aujourd'hui il semble que l'on rentre dans la vie de couple comme dans la recherche d'un moi idéal, enchanté que l'autre seul peut nous donner et que seul l'on peut donner à l'autre [33]. » C'est une démarche quasi psychanalytique de reconnaissance de l'intériorité au moyen d'une rencontre intersubjective. Ceci ne peut donc se faire que dans une rencontre unique et par conséquent irremplaçable, exclusive. « L'autre est tout pour moi, à la fois le révélateur de mon identité la plus profonde et à la fois l'être révélé. Cette union doit donner sens à notre vie commune. » Ce mouvement fusionnel qui réclame à l'amour d'être le révélateur du sens même de son existence est cependant contrebalancé par un mouvement inverse. L'individualisme et l'exigence d'autonomie du sujet supposent une plus grande prise en charge de son destin et par conséquent le refus de le confier entièrement à autrui, fût-ce par amour. L'amour moderne met l'accent sur le danger d'être avalé, englouti dans l'autre et d'y perdre son autonomie, sa personnalité, son identité. Le sentiment d'identité donne sens à la relation amoureuse moderne, mais il est devenu tellement important qu'il en entrave aussitôt l'expression. L'identité, la personnalité ne doivent pas se consumer dans un processus fusionnel qui ferait disparaître l'unicité des partenaires. C'est surtout l'exigence des femmes à une plus grande autonomie, du fait de la prise de conscience féministe, qui vient contrebalancer la tendance à se fondre et s'oublier en l'autre. Le mouvement historique d'individualisation qui a permis à l'amour romantique de voir le jour au sein de la structure conjugale se poursuit avec l'exigence de reconnaissance des individualités de chacun des partenaires, et vient tempérer cet amour fusionnel.

On exige du couple l'intensité de la fusion et du partage sans réserve – conduisant à ne faire qu'*un* –, en même temps que s'exprime la volonté de conserver une part d'autonomie et de ne pas disparaître en tant que personne dans un projet commun. Il y a à la fois un objectif d'intensité et de disponibilité. La crainte d'une dépendance affective qui rendrait captif de l'autre devient de plus en plus marquée et refrène tant les investissements trop passionnels que les vies trop liées à l'existence d'autrui. Désormais, il apparaît socialement dangereux pour une femme de se consacrer trop exclusivement à son amour. La jeune fille romantique peut encore rêver d'une rencontre avec le prince charmant, espérer même qu'il lui fasse découvrir le sens de son existence, mais la réserve lui impose de se ménager dans ses élans. Il n'est plus question pour elle de s'adonner entièrement à lui car elle entend conserver son autonomie « pour vivre sa vie ». Les représentations de l'amour encore omniprésentes qui réclament la fusion et la durée entrent en conflit avec des exigences sociologiques qui imposent l'égalité des rôles et l'autonomie des histoires de vie. Il y a là donc une évolution ambivalente de l'amour romantique dans la société contemporaine. Les partenaires du couple sont encore déchirés entre ces deux tendances : socialisés d'une part avec des représentations et des modèles parentaux de l'amour fusionnel, sécurisants certes, mais insupportables à vivre, et confrontés d'autre part aux exigences contemporaines de liberté et de partage limité. Bien des crises de couple résultent de ce désir de concilier ces aspects contraires. Face à ce dilemme, les couples apportent des réponses en terme de contrats, qui s'échelonnent du couple se référant encore au modèle fusionnel à celui qui a remis consciemment en question ce modèle, et limite étroitement le désir de fusion. Trois instances d'organisation des conduites s'affrontent désormais : le *nous conjugal*, le *nous familial* quand il y a des enfants, et le *je* individuel. Les types de relations varient en fonction de l'importance donnée à ces trois niveaux, à leurs hiérarchies, leurs autonomies et leurs interactions respectives [34].

Les changements dans le domaine affectif ont connu des mutations rapides d'une génération à l'autre. Si le couple était davantage fusionnel dans les années d'après-guerre, il tend à concéder une autonomie de plus en plus grande aux partenaires. La mise en couple se fait progressivement. On ne passe plus de la famille d'appartenance à la fondation d'une nouvelle famille par un rite de mariage. L'entrée dans la vie familiale est progressive et plus incertaine. La naissance d'un enfant n'est plus la suite logique du mariage, et celui-ci n'est plus la condition préalable de celle-là. Le couple se forme par étapes, et chacun conserve son quant-à-soi. Si le sentiment amoureux est devenu primordial à la fondation d'une union, l'exigence d'égalité de condition des conjoints, les nouveaux modes de vie urbains et les exigences du monde du travail, où les femmes sont désormais partie prenante, rendent le couple fusionnel plus difficile à mettre en œuvre. Ainsi le modèle romanesque subit un éclatement dans les nouveaux couples.

Des formes nouvelles

Louis Roussel distingue historiquement et socialement plusieurs types de famille liés au processus d'individualisation [35]. Elles sont corrélatives au développement d'une union qui accorde au sentiment amoureux une place déterminante, mais celui-ci n'a ni la même place, ni le même sens. La famille dite moderne est une famille attachée aux régulations institutionnelles. Elle est à la recherche de l'amour par l'intermédiaire du mariage. Le sens de l'union se bâtit autour des enfants. L'amour est synonyme d'une vie familiale modèle, où les rôles traditionnels de chacun sont respectés. Elle connaît pas ou peu de divorces. C'est l'union dominante jusqu'au milieu du siècle. La famille fusionnelle s'est développée après la Seconde Guerre mondiale, sans doute sous l'influence des romances devenues accessibles à un plus large public. Elle donne priorité au sentiment. C'est le type d'union inspirée directement de l'idéal d'amour romantique : « ne faire qu'un, si possible pour la vie ». C'est la recherche d'une voie où l'on s'investit dans un partage, une identité commune. Le prix à payer est souvent le renoncement, au moins par l'un des partenaires, à son identité. Le couple, auquel s'adjoindra l'enfant, formera une famille fusionnelle qui n'a de sens possible qu'unie : « tous ensemble », sinon le divorce survient. Le mariage est devenu anecdotique dans ce type d'alliance, il représente même une barrière pour les sentiments amoureux, mais les valeurs demeurent identiques. Le couple peut vivre d'abord en union libre puis se marier éventuellement plus tard. L'enfant y est désiré. La famille fusionnelle consiste à ne pas se résigner devant la perte du sentiment amoureux, à réagir face à son affaiblissement. Cependant, ce type de liaison se heurte à « l'usure du temps », et au fait que la fusion est intenable face aux exigences d'égalité et d'autonomie des partenaires. Soit l'union se dissout, soit elle se transforme en association heureuse. Le sentiment amoureux doit, en effet, se satisfaire des exigences et contraintes, des dépendances imposées par la vie à deux. L'état amoureux ne « durant que ce que durent les roses », il s'ensuit une relation plus ou moins durable selon les résignations qu'accepte chacun au regard de l'idéal de départ. La séparation survient plus facilement si les principes fusionnels sont remis en cause ou se révèlent trop pesants.

Dans la famille-club, modèle qui se développe depuis les années 1960, c'est au contraire le refus de la fusion amoureuse et de ses échecs qui prédomine. C'est une sorte de contrat raisonnable qui pose des limites à la confusion des destins. L'autonomie est mise en avant, avec l'idée d'une comptabilité des services rendus. Il y a un quant-à-soi qui fait que l'on s'investit, mais avec modération. « On s'unit pour un temps », « on fait un bout de chemin ensemble ». Le souci de disponibilité préside à une association qui se veut limitée, résiliable et réservant une certaine marge d'autonomie aux partenaires. On pourra dans ce type d'union davantage garder une possibilité d'accepter pour soi et pour l'autre des écarts, des aventures, voire des relations durables avec un tiers. Ce type de couple est donc plus fragile. Ce modèle de couple, « à la solidarité en apparence plus légère », se développe en réaction au modèle fusionnel et au constat de ses échecs. Il donne lieu à un idéal de famille associative.

Face à la dégénérescence de l'état amoureux, deux solutions se présentent : les couples multipliant les aventures pour impulser de la nouveauté et ceux, prudents, qui veulent vivre au moindre risque demeurant dans l'immobilisme, ceux que Louis Roussel désigne comme des unions mortes, des couples dont l'encéphalogramme affectif est devenu définitivement « plat[36] ». Ces deux types qu'associe Louis Roussel sont cependant très différents, voire opposés. Relation plus mature, où la solidarité repose sur une union plus rationnelle et un respect plus grand de l'égalité des partenaires, cet état de chose peut aussi présenter un visage plus stratégique, où chacun conserve sa liberté de retirer son engagement si d'autres investissements paraissent plus prometteurs. Ces couples non-fusionnels auront davantage tendance à se séparer que ceux des modèles précédents. À un moment donné, un événement venant déchirer le couple, briser son histoire, chacun repart de son côté. Ces différents types de contrat de couple dans la société contemporaine et les contradictions qu'ils engendrent sont mis en scène avec humour dans *La Crise* de Coline Serreau. La mère de famille, jusque-là dévouée et effacée, entend vivre sa vie et s'échapper d'un ménage institué et ronronnant. Ses enfants entendent vivre eux-mêmes une liaison où l'autonomie est de mise. Pourtant, ils acceptent mal que leur mère revendique un mode de vie non fusionnel qui s'éloigne trop du schéma parental et de leur conception traditionnelle de la famille. Le télescopage entre différentes visions du couple est bien mis en avant.

L'autonomie de l'individu dans le couple est liée à l'affirmation des femmes à s'émanciper. Cependant, cette volonté d'un nouveau mode relationnel se confronte également au désir de conserver les aspects attachants de la relation romantique. Du fait des représentations sociales fusionnelles qui correspondent à des désirs archaïques de confusion demeure bien souvent la nostalgie du grand amour où l'on partagerait tout, où l'on pourrait disparaître dans l'autre tout en y révélant sa véritable identité. Un amour qui transformerait en prince ou en princesse. L'idéal de l'amour romantique survit bien souvent même chez ceux qui vivent une union associative. Les problèmes sont supprimés quand l'un des deux accepte de se fusionner dans l'individualité, le projet de l'autre. Il peut alors y avoir fusion, presque accomplie ou du moins mythifiée, si l'un des deux consent à minimiser son individualité pour s'asservir à celle de l'autre, s'engloutir dans l'autre. En général, c'est l'individualité de la femme qui se fond dans celle de l'homme. Cette fusion supprime effectivement des problèmes puisque l'un des deux est dominé par l'autre. Il n'y a pas d'antagonismes entre deux individualités qui s'affirment. Mais c'est aussi ce qui fait mourir l'amour. Ce désir de fusion est une demande encore forte, y compris chez les femmes.

Dans la société contemporaine, il y a mélange de différents types de relations amoureuses, héritage d'une histoire contradictoire. Des tentatives pour vivre de nouveaux modèles s'affirment, hésitent, s'effacent, rendant les choses confuses et difficiles à saisir. Christine Castelain-Meunier rappelle qu'auparavant les couples vivaient moins dans la fusion. C'était le cas seulement des grandes passions célèbres qui se déployaient hors du cadre du mariage. « Le but n'était pas de faire tout ensemble, chacun avait ses domaines [37] », rapporte-t-elle. Le domaine de la femme était le domestique qui la confinait et la neutralisait ; la femme chinoise aux pieds bandés constitue l'archétype. L'espace extérieur à la famille était ainsi généralement réservé à l'homme. Les relations amoureuses entre les hommes et les femmes se sont ensuite inscrites, dans la période moderne, à l'intérieur même du mariage et de la famille, en prenant pour exemple le modèle fusionnel. Ceci a conduit à une confusion des destins, et à pérenniser l'inégalité des statuts.

Arrive le temps où ce modèle fusionnel est en train d'être dépassé et émerge un nouveau modèle, associatif. La double tension entre un idéal égalitaire entre les sexes et une réalité inégalitaire, et entre un idéal romantique de fusion amoureuse et une exigence d'autonomie des individus, conduit à modifier la relation amoureuse. Après l'échec du couple fusionnel-passionnel s'opère un retour au modèle du « chacun pour soi », mais sur un plan plus égalitaire. La solidarité y est plus mature, car assumée par des êtres pleinement libres de s'investir et plus autonomes dans leurs destinées. L'ouverture du couple vers l'altérité permet de redonner à chacun une part de liberté pour composer avec le tiers. « Peut-être en effet, la passion exclusive n'est-elle qu'un produit transitoire de la mauvaise histoire des hommes [38] », commentaient déjà Pascal Bruckner et Alain Finkielkraut à la fin des années 1970. Il importe de suivre les cheminements historiques de constitution des modèles amoureux pour comprendre comment ceux-ci se sont formés et donc sous quelles conditions ils peuvent évoluer, ce qu'il en subsiste et ce qui se modifie, saisissant ainsi les enjeux et les mutations à l'œuvre dans la société contemporaine.

DEUXIÈME PARTIE

1 + 1 = 2

CHAPITRE IV

Une autonomie affective et sexuelle

« Manger toujours la même sauce enlève l'appétit. »

Proverbe indien

« On se dégoûte à la longue de la nourriture la plus exquise. »

Lou ANDREAS-SALOMÉ [1]

Que ce soit du fait des relations affectives ou plus immédiatement sexuelles, on constate que le mariage n'est pas synonyme d'exclusivité pendant une période fort longue de l'histoire. Dans notre aire de civilisation, l'amour apparaît et s'institutionnalise même en dehors de ce lien. Ce n'est que sous l'influence concordante de la religion et de l'éthique bourgeoise qu'un double mouvement est opéré, confinant la relation amoureuse au sein de l'union conjugale et interdisant à celle-ci de se ressourcer à l'extérieur, du moins publiquement. Les deux partenaires sont condamnés à se suffire. Le tiers devient superflu, pire, menaçant pour l'union légitime. À un ordre ouvert sur le trinitaire, où chacun des partenaires dispose de son autonomie théorique se substitue un monde unaire, dans lequel la fusion des conjoints devient le point nodal de la vie de couple. À la possibilité d'être deux dans un couple, dont l'union n'est pas le tout de l'existence, succède l'injonction de ne faire qu'un. Nous pourrons repérer au cours de ce chapitre une évolution historique de la référence 1 + 1 = 2 au modèle fusionnel 1 + 1 = 1.

L'idéal amoureux et la façon de vivre la relation amoureuse, spécifique de la modernité, se sont mis en place progressivement en se constituant à partir de modèles antérieurs. Il a fallu que des transformations surviennent dans l'organisation familiale et conjugale, mais aussi dans le rapport des individus entre eux, et à eux-mêmes, que des mutations s'opèrent dans l'appréhension de la notion de personne, pour que l'amour, d'abord relégué en dehors du couple légitime, change de forme et se superpose bientôt à ce dernier. Ces évolutions sont intéressantes à retracer pour comprendre les logiques de constitution du modèle amoureux mais aussi certaines des caractéristiques dont il a hérité. Nous verrons dans la troisième partie de quelle manière cette évolution se poursuit et tend à transformer la relation amoureuse et conjugale dans la société contemporaine et comment émerge le paradigme 1 + 1 = 3.

Le détour par l'histoire n'est donc pas fortuit, il est commandé par le souci d'appréhender les structures constitutives des liens affectifs. Au préalable, il est utile, pour relativiser le dogme incontournable du couple romantique représentant la totalité de l'Amour, de rappeler comment les relations affectives connaissent des actualisations diverses selon les cultures.

À l'origine une relation non conjugale

Il faut considérer le problème des relations affectives et des relations conjugales à partir de deux points de vue car ces notions n'ont pas toujours été concordantes. L'amour s'est trouvé durant une longue période historique, et encore de nos jours dans de nombreuses sociétés, relégué en dehors de la sphère conjugale ; il faut ensuite observer que l'union conjugale n'est pas autosuffisante en matière d'affectivité et de sexualité. Les relations avec ce que l'on appelle globalement le tiers sont omniprésentes et pas toujours honteuses. Deux perspectives qui obligent à relativiser la permanence et la suffisance du couple dual. Afin de pérenniser un ordre social stable, les sociétés traditionnelles ont le plus souvent refoulé ou canalisé les tendances amoureuses en dehors de l'union matrimoniale. Dans *Les Structures élémentaires de la parenté*, Lévi-Strauss expose le rôle premier de la sexualité dans le passage de la nature à la culture comme sexualité réglementée, domaine central des interdits et des règles [2]. C'est avec la mise en ordre des relations sexuelles en relations sociales organisées avec des règles matrimoniales précises que la société se structure.

Trois types d'unions traditionnelles qui organisent couramment les relations matrimoniales sont repérables. Tout d'abord, celui qui obéit aux *liens de parenté* et à leurs organisations complexes. Celles-ci édictent quelles personnes sont autorisées ou proscrites pour le mariage. À partir de là, la société ordonne pour l'enfant, à un âge variable, qui devra être épousé. Le futur époux ou l'épouse peut, comme c'est le cas chez les Murias en Inde, être désigné par le groupe à la naissance de l'enfant. Plus rare, *l'union rituelle* est dictée par des coutumes et des croyances qui font que l'individu est marié par avance avec une personne précise, comme le veut la tradition, parfois même avec une divinité, une personnalité, un chaman, un chef… Enfin, on peut repérer *le mariage imposé*, beaucoup plus courant. Moins formalisé, il échappe toujours à l'individu concerné : c'est la communauté, la famille, qui décide avec qui il devra être uni. Le mariage dicté par les liens de parenté s'établit dans l'optique de la filiation et du lignage ; le mariage rituel est conditionné par des traditions et des croyances, alors que le mariage imposé se contracte, le plus souvent, dans l'intérêt économique du groupe. Dans ces trois formes, c'est de toute façon l'intérêt de la communauté qui est primordial. L'amour en semble absent. La société paraît se protéger de tout désordre en prenant en charge le destin affectif des individus. Il faut malgré cela se garder d'une lecture trop rapide. Certes, l'organisation sociale met en ordre le destin matrimonial des individus et se prémunit ainsi des bouleversements dans les lignages. Cependant, bien que les filiations soient assurées et avec elles la survie matérielle de la société, la vie affective de l'individu ne s'arrête pas à ces unions. S'il y a lieu de s'interroger sur la place réelle accordée à l'amour dans les sociétés régies par l'union traditionnelle, remarquons que l'affectif peut, le plus souvent, s'exprimer à l'extérieur de la cellule conjugale.

Il n'est pas rare que ces unions offrent de nombreuses possibilités de transgression ou plus simplement d'ouvertures socialement permises vers un tiers. La relation extraconjugale est possible, encouragée, exceptionnelle, ou clandestine, mais les relations sont de toute façon rarement monogames et exclusives. Des relations affectives et sexuelles peuvent s'exprimer indépendamment des relations matrimoniales codifiées socialement. Parce qu'elles n'étaient pas constitutives de l'organisation sociale, qu'elles relevaient davantage de la gratuité que d'un fonctionnalisme, ou encore qu'elles paraissaient immorales, elles ont été peu observées ou plus facilement passées sous silence dans la littérature ethnologique. Pourtant, elles attestent le plus souvent qu'une forme d'amour existe bien dans ces sociétés, mais qu'elle ne s'exprime pas toujours au sein des liens conjugaux. L'expression de l'amour est, selon les sociétés, plus ou moins permissive, valorisée ou refoulée, canalisée ou réprimée, ne s'énonçant pleinement qu'en dehors du mariage, dans la transgression ou bien encore taboue et non verbalisée. C'est le statut conféré à l'individu qui en détermine les formes.

Morgan fut l'un des premiers à noter que les liens de parenté sont à la base des relations sociales et que de celles-ci sont induites les relations de pouvoir et de propriété. Pourtant, ces règles offrent plus ou moins de variations dans leurs expressions. En marge, parallèlement aux structures sociales fondatrices de la parenté, s'expriment des relations, certes codifiées, mais pas nécessairement insérées dans le carcan de l'institutionnalisation. Les sociétés les laissent s'exprimer plus ou moins ouvertement. Ainsi la « commodité sexuelle » dans l'Atlas permet aux infidélités des épouses d'être le plus souvent tues, ignorées [3]. Les sociétés rendent même parfois possible une vie affective ouvertement indépendante des liens matrimoniaux. Si le terme de « liberté sexuelle » ne veut rien dire dans l'absolu – toute sexualité est socialisée –, il serait trop facile de le réfuter pour cette seule raison. La liberté est relative, elle est plus ou moins grande, il y a des sociétés prosexuelles ou antisexuelles : il est d'ailleurs possible de les classer suivant le critère de permissivité. Dans les sociétés prosexuelles, l'acte sexuel accompli sans violence n'entraîne aucune réprobation sociale. Van Ussel indique que sur cette échelle, les sociétés industrielles prendraient une place presque unique tant le refoulement y est important [4]. Raisonner seulement en terme de conjugalité, c'est se restreindre à un concept qui semble ne correspondre qu'approximativement à la réalité ethnologique. Toute relation affective ou sexuelle n'est pas estampillée par un rituel ou légitimée par une institution. Elle n'est pas toujours l'apanage d'un couple exclusif. Certes, les relations de parenté règlent le problème du choix dans le mariage, mais il existe à côté, parallèlement, d'autres types de relations. Ce n'est que récemment, sous l'influence des historiens, de l'anthropologie anglo-saxonne, de la sexologie américaine et du féminisme, que la sociologie entreprend de réfléchir aux vécus sexuels et affectifs, et pas exclusivement aux structures.

Si Éros est le Dieu de l'amour, il ne faut pas oublier que c'est Hyménée, la déesse du mariage. L'idéologie moderne tend à considérer le mariage d'amour comme modèle matrimonial dominant. Elle sous-entend comme de l'ordre de l'évidence que l'amour ou la sexualité sont des domaines réservés ou délimités au couple ou idéalement à un seul partenaire. De nombreux exemples viennent pourtant contredire ces opinions de sens commun [5]. À l'intérieur même du mariage, les partenaires peuvent être multiples. Si dans les sociétés polygames, encore fort nombreuses, la femme est le plus souvent asservie à la volonté masculine, les relations entre les femmes ne sont pas pour autant toujours conflictuelles [6]. Il faut penser aux relations entre ces femmes qui peuvent être autres que ne l'imaginent les Occidentaux. La relation polygame n'est pas toujours perçue négativement par les femmes qui peuvent avoir entre elles de fortes relations affectives. Les relations ne sont pas nécessairement antagonistes, faites de haine et de jalousie : parfois une complicité s'instaure. Les combinaisons relationnelles sont multiples. Certes, ces unions sont le plus souvent inégalitaires, mais il en existe d'autres formes, polyandriques, telles que les rapporte Cai Hua chez les Na de Chine, multipartenariales, composées de plusieurs hommes et de plusieurs femmes, ou encore, et plus fréquemment, non institutionnelles [7]. Les relations se développent alors en dehors du mariage, avec l'assentiment ou non des conjoints. Ainsi la relation de l'Indien qui, se mariant avec une femme, doit faire l'amour également à ses sœurs est difficilement interprétable avec nos conceptions. On trouve ce cas également chez les Todas de l'Inde. Toutes les sociétés réglementent les amours, mais il s'agit en premier lieu de la sexualité reproductionnelle. Edward Westermack effectue un recensement comparatif des situations matrimoniales, et sa passionnante histoire du mariage apporte des exemples nombreux où le tiers intervient dans une relation de base, et ce de diverses manières [8]. Il recense des cas de mariages temporaires qui peuvent durer d'une semaine à plusieurs années ! Ainsi, chez les musulmans de la secte Shî'a en Perse et en Arabie, le mariage, le *mu'tah*, peut être contracté pour une période déterminée : un jour, une semaine, un mois, un an, etc. Le mariage temporaire a encore cours chez les musulmans chi'ites [9]. On comprendra que l'on puisse difficilement comparer ce type d'union avec celles qui se veulent strictement fidèles et éternelles. L'ouvrage de Westermack offre des situations tellement hétéroclites que le mot même de mariage, appliqué à ces cas, semble abusif [10].

Ce n'est du reste pas seulement ou nécessairement de relation affective ou sexuelle adultère qu'il est question, mais plus largement de relation physique dans laquelle une part de ces composantes intervient. Comment faut-il interpréter les multiples occasions où le jeu avec la séduction, le désir, la tendresse, le corps à corps témoigne d'une sexualité polymorphe ? Les récits ethnologiques nous en offrent des figures variées [11]. N'est-ce pas s'enfermer dans une lecture restrictive de la vie affective et sexuelle que de la restreindre à la seule génitalité ? Ce faisant, on découvre l'étendue des rapports où quelque chose de l'ordre du rapport affectif ou physique est convoqué. L'union conjugale apparaît alors d'autant plus poreuse et en constante relation avec les tiers. Pensons aux danses, aux techniques du corps, aux jeux, dont la part d'érotisme révèle une vie sociale polymorphe. Pensons, à l'extrême, aux concours de masturbation de Nauru, où des couples non légitimes doivent se caresser le plus longtemps possible [12] ! Évoquons également les relations homosexuelles vécues ou non en marge du mariage traditionnel. Si Nicole-Claude Mathieu présente des types de mariages entre femmes [13], il existe aussi des mariages entre hommes d'où la sexualité est parfois absente : il convient donc de disjoindre également mariage et sexualité qui ne vont pas toujours de pair. Car ce ne sont pas que les formes visibles de la sexualité et de l'érotisme qui peuvent être partagées, mais aussi l'inclination, l'amitié, la tendresse, la compassion… Ces formes « primitives » d'échanges contribuent à relier le groupe menacé d'atomisation par la conjugalité. Elles permettent aussi de faire circuler une énergie nécessaire à un principe de vitalité sociale.

Les amours antiques

Tout au long de l'histoire de l'Occident, et jusqu'à une période récente, la majeure partie des unions se sont formées pour de tout autres motifs que des inclinations amoureuses. Trois grandes catégories de mariages sont à répertorier. D'abord, *le mariage arrangé* qui vise à la transmission d'un héritage, le plus souvent un capital foncier. Puis, *le mariage d'intérêt* qui permet à l'un des conjoints d'évoluer dans l'espace social, par exemple d'acquérir la profession du père en épousant la fille, ou encore d'accroître son capital économique. Enfin, *le mariage de raison* ou *de convenance* qui sauve les apparences, comme lors d'une grossesse malencontreuse, ou encore en vue d'éviter un célibat définitif. Les relations dites « arrangées », d'intérêt ou de raison, c'est-à-dire décidées dans l'intérêt privatisé des familles, ne sont pas exclusives elles non plus de relations affectives plus ou moins publiques, avouées, reconnues socialement. L'affectif et la sexualité peuvent donc se vivre, là encore, en marge de l'institution conjugale. Traditionnellement, le mariage n'est pas l'affaire des individus mais des familles. L'intérêt préside aux unions conjugales et il n'y est pas question d'amour dans la plupart des cas [14]. Michel Foucault démontre que le mariage relève alors davantage de l'instrumental que de l'affectif [15]. Ce ne sont pas les sentiments qui sont au cœur du projet conjugal, mais les droits et les devoirs, notamment ceux entourant la procréation. « Pourquoi t'ai-je épousée et pourquoi tes parents t'ont-ils donnée à moi ? Parce que nous avons réfléchi, moi pour mon propre compte, et tes parents pour le tien, au meilleur associé que nous pourrions nous adjoindre pour notre maison et nos enfants », dit Xénophon. Ce type de relation est celui qui perdure jusqu'à l'époque moderne.

Si le couple est à la base de la société en Grèce ancienne, il est toutefois loin de ressembler au couple moderne. Il s'agit de deux formes différentes de conjugalité et il est quasiment abusif d'employer le même terme pour désigner ces deux formes de rapport. Si la relation hétérosexuelle existe comme base de la famille, elle s'accompagne néanmoins de multiples relations, homosexuelles le plus souvent, mais pas nécessairement [16]. Les individus ont deux sexualités : l'une hétérosexuelle silencieuse ; l'autre homosexuelle qui valorise socialement l'individu. Si Hestia est déesse du feu du foyer, les dieux protégeant le mariage sont nombreux : Junon (déesse du mariage) ; Jupiter (gardien des pactes) ; Fides (la foi déifiée) ; Diane (déesse lunaire protectrice du cycle des femmes et de la maternité). Ils ne se confondent pas avec d'autres dieux et déesses protecteurs de l'amour, comme Vénus ou Aphrodite… Démosthène énonce : « Nous avons des épouses pour faire des enfants, des hétaïres pour nous distraire, des esclaves pour en jouir. » Les trois dimensions sont alors dissociées, la femme est utilisée dans les trois cas, mais avec à chaque fois des rôles spécifiques. Vivre en couple, se marier, ne signifie pas alors, pour l'homme, renoncer à toutes relations amoureuses ou sexuelles en dehors de cette union. Coexistent chez Platon une sexualité fonctionnelle de reproduction et une sexualité de plaisir ou spirituelle. Il ne faudrait pas en conclure, pour autant, que les hommes grecs ne trouvaient aucun plaisir avec les femmes. Il arrive même à Hérodote, Xénophon, ou Aristote de parler de mariage d'amour. Mais au IIe siècle, Plutarque, dont l'ouvrage *Eroticos* se déroule à Thespies, au moment des érotides (la fête de l'amour), est tout à fait marginal, en faisant l'apologie de l'amour conjugal.

Pendant longtemps amour et mariage ont été incompatibles et ont fonctionné en parallèle. L'affectif, les sentiments, sont généralement réservés aux unions non institutionnelles. L'apport d'énergie est possible, mais vécu à l'extérieur, et non limité aux seules liaisons homosexuelles. Il n'y a pas alors « d'orientation sexuelle » tranchée. « Quant à notre distinction moderne entre les hommes qui sont fidèles à leurs épouses et ceux qui ne le sont pas, elle était tout simplement inexistante dans la Grèce classique ; de même, on ne faisait pas la moindre différence entre les hétérosexuels, les bisexuels et les homosexuels [17]. » Les rapports entre les sexes étaient différents, la bisexualité des Grecs allait de soi. Ils n'opposent pas des choix exclusifs comme résultant de deux types de comportements radicalement différents [18]. La distinction s'opérait davantage en fonction de la catégorie aristotélicienne du mâle actif qui agit sur la femelle passive. Ces catégories étant liées à la position sociale et non au genre de la personne.

Évoquant la Grèce, Lawrence Stone fait remarquer pudiquement que l'abondance des indices qui subsistent en matière de sexualité est carrément embarrassante [19]. Comme les conduites sexuelles de l'Antiquité gênaient la modernité et les mœurs contemporaines, les traces des mœurs passées ont été dissimulées. Vilfredo Pareto affirme de ce fait qu'il est faux de croire que le sexe a toujours été tabou [20]. Il faudrait également évoquer l'Empire romain plus prude, au moins dans le discours, mais dont Ovide a consigné les mœurs dans son *Art d'aimer* [21]. Au cours des deux siècles les plus florissants de l'Empire romain, il n'y aurait eu qu'un seul empereur, Claude, à n'être pas bisexuel [22]. Ce qui suppose la non-exclusivité amoureuse. Les autres empereurs ne cachaient pas leurs unions et Adrien fit élever dans tout l'Empire des statues dédiées à son jeune amant, Antinoüs. À Pompéi, on a retrouvé des fresques évoquant des scènes difficiles à admettre pour la morale conjugale moderne et dont le musée de Naples conserve jalousement les secrets [23]. Les prostituées jouent un grand rôle dans l'Antiquité. Ajoutons que la fidélité de l'homme est limitée aux murs de la maison, c'est-à-dire qu'elle englobe serviteurs homme et femme et n'est donc pas restreinte au lit conjugal [24].

Cependant, la morale devient progressivement plus pudibonde et peu à peu s'instaure une vertu amplifiée par le christianisme [25]. La transition vers une monogamie exclusive de façade s'est faite à un moment donné de l'histoire romaine. Mutations qui sont difficiles à expliquer, constate Paul Veyne [26]. Une émancipation de la femme se dessine accompagnant l'affirmation du sentiment amoureux au IIe siècle, non pas tant qu'il soit absent auparavant que tabou dans une culture où la virilité est primordiale. Le divorce devenu fréquent, le remariage est facile. Le sentiment amoureux se diffuse au couple conjugal, qui se fait plus exclusif. Ceci s'accompagne d'un refoulement général. Ainsi, les thermes, lieux d'un érotisme certain, deviennent non mixtes [27]. Les mécanismes de la répression se mettent en place. Les transformations de la sexualité sont donc antérieures au christianisme.

On passe d'une bisexualité qui implique l'acceptation d'une sexualité de plaisir à une sexualité de reproduction.

Michel Foucault pointe le changement d'une probité sexuelle de la fin de la période grecque, à partir de laquelle s'établira la morale chrétienne : « Ce qui caractérisera cette nouvelle éthique, ce n'est pas simplement que l'homme et la femme seront réduits à n'avoir qu'un seul partenaire sexuel – le conjoint ; c'est aussi que leur activité sexuelle sera problématisée comme un élément essentiel, décisif et particulièrement délicat de leur relation conjugale personnelle [28]. » Peu à peu se construit l'idée d'une hétérosexualité obligatoire. Les Romains païens avaient développé l'idée de la chasteté, de la limitation de la vie sexuelle au conjugal, de la condamnation de l'avortement, de la réprobation de la passion amoureuse, du discrédit de la bisexualité. Ce sont ces idées qui ont été reprises, développées et déformées par la chrétienté. Pourtant Paul Veyne critique ce lien un peu rapide en précisant « qu'une morale ne se réduit pas à ce qu'elle ordonne de faire* ». La position de Michel Foucault qui tend à réduire toute réalité à un ensemble de discours lui donnant forme pose problème. Quoi qu'il en soit, les changements sont largement développés par la chrétienté, comme le souligne Jacques Le Goff [29]. La

* « Même si les règles conjugales d'une partie du paganisme et d'une partie du christianisme sont textuellement les mêmes, la partie n'est pas jouée. Païens et chrétiens, à une certaine époque, ont dit pareillement : "Ne faites l'amour que pour avoir des enfants." Mais cette proclamation n'a pas les mêmes conséquences selon qu'elle est faite par une doctrine de sagesse qui donne à de libres individus, pour leur autonomie en ce monde, des conseils qu'ils suivront en personnes autonomes, s'ils les trouvent convaincants ; et que la même proclamation soit faite par une Église toute-puissante, qui entend régenter les consciences pour leur salut dans l'au-delà et qui veut faire la loi à tous les hommes sans exception, convaincus ou pas », précise Paul Veyne (*in* Duby et Ariès, 1991, p. 59).

répression de l'homosexualité est menée par les premiers chrétiens. Les relations extraconjugales sont traquées. Le mariage devient l'institution unique et suffisante, incontournable à toutes les sociétés.

Des relations plurielles

Si la notion de couple exclusif se diffuse comme référence, il ne s'agit pas encore, loin s'en faut, d'un lien d'inclination. Le mariage d'intérêt demeure dominant et concerne surtout le patrimoine foncier, relayé à la Renaissance par le mariage d'argent proprement dit. L'amour, lui, est toujours recherché en dehors de cette relation familiale intéressée. Si la relation homosexuelle remplit en partie cette fonction dans la société grecque, c'est dans la relation d'amour courtois au Moyen Âge et dans l'adultère à l'époque moderne que la relation au tiers (l'amour et la sexualité) pourra s'exprimer. On a l'impression, explique Claude Grimmer [30], que les hommes de la Renaissance ont encore une conception antinomique de l'amour et du mariage ; pour eux, il ne peut y avoir de lien entre les deux. Ils existent en parallèle. Certaines caractéristiques transversales, notamment la persistance de l'adultère, peuvent être observées depuis l'Antiquité, et du Moyen Âge jusqu'à nos jours. L'échange avec le tiers est une constante dans toutes les sociétés et toutes les époques, mais il est plus ou moins admis, valorisé socialement ou au contraire souterrain, limité, canalisé dans des formes réduites, marginales et secrètes. Le couple monogame et exclusif n'apparaît que relativement tardivement dans l'histoire, comme idéal de l'amour romantique. L'idée que l'amour puisse se vivre à l'intérieur du lien conjugal est une idée moderne. Dans la plupart des sociétés, les liens conjugaux et les liens affectifs noués à l'extérieur sont de nature différente et ne sauraient être confondus. Ils se vivent de façon séparée. Philippe Ariès rappelle que les hommes de presque tous les temps et de toutes les sociétés [31], sauf les nôtres aujourd'hui, ont fait une différence entre l'amour dans le mariage et l'amour hors du mariage. Comme le fait remarquer François Fournier [32], c'est le processus d'individualisation qui, rendant possible l'émergence de l'amour romantique, va permettre de confondre les deux.

L'exclusion du tiers se réalise donc progressivement. Il n'est qu'à considérer l'évolution de la Saint-Valentin. Cette coutume venue du Nord, dite du « valentinage », concède aux épouses pour un jour – ou plus –, au vu et au su de leurs maris, toute familiarité avec un « valentin » ou « galantin », célibataire choisi par le sort. « Vous m'aurez demain ; cette nuit est à mon amant », dit une femme dans une chanson de l'époque [33]. D'emblée, le tiers est là. Il sera peu à peu exclu au profit du mari-amant. Il faut rendre compte de l'évolution qui conduit à l'actuelle Saint-Valentin, avec l'image mythique du couple amoureusement refermé sur lui-même. Le mot même de couple désigne à l'origine, au XIIe siècle, l'adultère selon Philippe Camby [34], c'est-à-dire la relation au tiers. Le tiers est alors compatible avec l'union légitime comme *relation se plaçant sur un plan différent*. Ce n'est qu'à l'époque moderne que les relations conjugales sont « sentimentalisées » avec l'importance accordée au mariage, ceci sous l'influence de l'Église, comme le rappelle Alain Gauthier à partir des travaux d'Alain Burguière et de Georges Duby [35] : « Les valeurs sentimentales d'intimité et de relation exclusive n'apparaissent véritablement qu'au XVIIe siècle, moment où "la frontière entre privé et public devient moins nette". L'Église qui a bataillé ferme pour spiritualiser la relation sentimentale, mettant l'accent sur l'union des âmes et sur l'orientation procréatrice de tout mariage, qui a tenté de monopoliser le cérémonial, finit par couvrir, au XVIIIe siècle, "d'un voile pudique le sanctuaire conjugal et favorise, indirectement, la création d'une sphère d'intimité". Avant ce tournant moderne de l'intimité, le sentiment n'était pas retenu comme une valeur relayée par un espace différencié mais entrait dans un jeu élargi d'alliance visant à maintenir (pour le moins) le rang de la maison à travers plusieurs générations [36]. » À partir du moment où se confondent les sentiments et les exigences de reproduction et de lignée, à l'intérieur d'une même cellule conjugale, toute relation externe devient superflue et dangereuse. Le processus historique d'individualisation génère l'exclusion du tiers. Mais le tiers exclu réapparaît éventuellement sous la forme de l'adultère, du cocuage. Ce qui était visible devient dissimulé.

Avant cela, les relations « parallèles » ne sont pas encore secrètes. Sans avoir à évoquer les prostituées sacrées de l'Antiquité [37], il faut attirer l'attention sur le rôle que jouent l'adultère et la prostitution dans l'histoire des relations de couple [38]. Les filles publiques remplissent un rôle important dans la vie sociale. Ainsi, malgré ce qu'avait dit saint Paul, le mariage remplissait mal sa fonction d'apaisement, les hommes « brûlaient encore » et le mariage ne les empêchait pas d'aller voir ailleurs [39] ! Norbert Elias montre que les prostituées sont reconnues socialement. Elles ont parfois droit aux honneurs : des fêtes sont organisées pour elles, on leur offre des cadeaux. Elles jouissaient de considération, et les rapports avec elles étaient encouragés. Les municipalités avaient toutes leurs bordels municipaux. « Les filles folles de leur corps » avaient des rues réservées sous Charles VII et étaient organisées en corporation, avec droits et devoirs [40]. Si la première ordonnance contre les femmes publiques est prise par Louis IX en 1254, il faudra attendre encore quelques siècles avant de voir ces dernières être l'objet de tous les opprobres.

Les rois eux-mêmes ouvrent des maisons de tolérance : ainsi Charles VI ou Jeanne, reine de Naples, qui les réserve spécialement aux chrétiens, ou encore le pape Jules II en 1510, suivi de Léon X et Clément VII... L'Église, pour imposer le mariage monogamique, organise d'abord une compensation par la prostitution [41]. Claude Grimmer souligne l'importance des lupanars dans les villes [42], souvent gérés par l'administration, parfois par le clergé, et parle de service public à propos de la prostitution au XVIe siècle. « On n'avait pas encore relégué "derrière les décors" de la vie sociale cette forme de rapports extraconjugaux [43]. » Il existait du reste des maisons closes au féminin mais aussi au masculin, comme à Villefranche en Beaujolais, ville de 300 habitants à l'époque ! La prostitution n'est pas alors infamante [44].

Le Moyen Âge fait généralement preuve d'une grande permissivité en termes de sexualité, le clergé participant à des fêtes où celle-ci est loin d'être bannie. Le corps, les sensations fortes sont de mise et la sexualité n'est pas moralisée comme elle le sera ensuite. Les fêtes sont l'occasion de « débauches [45] » qui permettent d'exhiber la plus grande nudité et de transgresser allégrement les codes moraux [46]. Ce qui importe, ce n'est pas la sexualité masculine débordante, mais le maintien de l'ordre social [47]. Ainsi jusqu'au XIIe siècle, le concubinage des prêtres est pensé comme souhaitable pour éviter que le curé ne débauche les femmes [48]. Jean-Louis Flandrin rappelle que les accouplements dans les lieux publics ou sacrés ne furent sévèrement interdits qu'à la fin du Moyen Âge [49]. Norbert Elias rend compte de cette évolution : « L'Église s'est faite de bonne heure le défenseur farouche de la monogamie ; mais celle-ci n'a accédé que tard au statut d'institution sociale, obligatoire pour les deux sexes : car elle présuppose un contrôle sévère de la vie pulsionnelle ; ce n'est qu'à ce prix que les rapports hors mariage de l'homme peuvent être, au même titre que ceux de la femme, proscrits par la société ou du moins relégués dans la clandestinité la plus absolue. Pendant les phases antérieures, les rapports extraconjugaux de l'homme et parfois aussi ceux de la femme passaient – selon le rapport de force des sexes – pour plus ou moins naturels. Jusqu'au XVIe siècle, nous lisons souvent que dans les familles d'honorables bourgeois les enfants naturels étaient élevés avec les enfants légitimes du mari. Personne ne songeait à cacher cette différence aux enfants eux-mêmes. Face à la société, l'homme n'avait pas à rougir de ces rapports extraconjugaux [50]. » De nombreuses traces de ces liens non exclusifs peuvent être relevées [51]. Le musellement des corps par les instances religieuses a entraîné du reste des réactions, des contre-discours, des contreparties.

Les appareils de répression

Les liens hors mariage sont devenus progressivement honteux. Une pression accrue des interdictions sociales dans la société professionnelle bourgeoise impose une régulation plus stricte des pulsions, réservant les rapports sexuels à un seul partenaire. L'époque moderne développe un contrôle social de la sexualité qui va dès lors en s'intensifiant. L'évolution résulte de l'imposition à l'ensemble de la société des valeurs puritaines propres aux classes bourgeoises dont la morale est liée traditionnellement à l'austérité et au contrôle de soi. La valorisation de la jouissance participe, au contraire, d'une stratégie de distinction caractéristique des classes nobles dominantes. « D'innombrables anecdotes prouvent que l'aristocratic de cour considérait la limitation des rapports sexuels au mariage comme "bourgeoise" et indigne de la condition de noble », rapporte Norbert Elias [52]. Tallemant des Réaux, dans ses *Historiettes*, décrit le libertinage de cour, « véritable tourbillon de plaisirs », selon Jacques Solé [53]. Il cite une orgie chez le pape en 1501, à la veille de la Toussaint. *Peu à peu l'amour devient affaire privée, restreinte au couple conjugal où le tiers ne saurait qu'être superflu.*

Le discours dominant de l'Église défend l'idée d'un couple monogame uni par les liens sacrés du mariage, ce qui lui permet de canaliser la sexualité et de l'assimiler à des fonctions uniquement reproductionnelles. Toutes autres finalités se voient refuser une existence légitime. L'Église a ainsi doublement dévalorisé le sexe en vulgarisant l'idée qu'un homme marié a de quoi se satisfaire et qu'il est donc plus fautif que le célibataire en cas de rapports sexuels extraconjugaux, ou vénaux. L'Église divulgue ainsi l'idée qu'une pulsion sexuelle n'est qu'un rapport « hygiénique », équivalent à un autre, ce qui induit que toutes les femmes se valent. Il n'y a pas de sacré dans le rapport. L'Église a, ainsi, contribué à désacraliser la sexualité [54]. La haine du corps, du sexuel et finalement du terrestre en constitue le paradigme. À une culture judaïque qui tient le sexe en suspicion, la chrétienté a sans cesse rajouté des degrés de rejets supplémentaires. « Sur mille ménages, je crois que neuf cent quatre-vingt-dix-neuf appartiennent au diable », dit saint Bernard de Sienne [55]. Infidélités sexuelle et religieuse sont associées dans les métaphores, ce qui a pour effet d'imposer une soumission élargie. La nouvelle idéologie chrétienne prétend que l'union des époux est sacrée et reflète celle du Christ et de son Église. Toute rupture de ce lien exclusif (adultère ou divorce) est une atteinte au fondement même de l'Église. On passe du reste, avec l'invention du diable, du péché de connaissance et de concurrence avec Dieu à un péché de l'acte de chair lui-même. Toute relation hors mariage est une honte, une faute, un péché. C'est la femme qui en porte la responsabilité. Dans l'Europe de la Renaissance, l'antiféminisme est alors à son comble. La femme est soupçonnée d'avoir des rapports avec le diable, dont elle est l'alliée, l'égale, la servante... Le diable n'est pas égal au mari, mais à l'amant. À l'origine, le rôle est tenu par le serpent. Bref, *le tiers et la relation au tiers sont culturellement sataniques* : toute l'iconologie montre ce lien du diable-amant et de la femme [56]. Le diable, c'est le tiers, qu'il faut combattre.

Jacques Rossiaud situe à la seconde moitié du XVIe siècle l'intensification de la répression, à partir du concile de Trente [57]. Il faut attendre le XVIe siècle pour que le dispositif du mariage-sacrement, le refus de l'inceste, de la bigamie, de la sexualité du clergé..., soient mis définitivement en place et qu'une répression de la sexualité laïque commence. Du XIIIe au XVe siècle, l'Église mène un effort constant de culpabilisation de l'envie et de prise de conscience du mal [58]. Les Églises ont cherché très tôt à limiter la sexualité au seul mariage, mais elles n'étaient guère suivies [59]. Au-delà des discours répressifs, les pratiques de la sexualité demeurent en réalité assez libres. Jusqu'au XVIe siècle, si les textes des Pères de l'Église sont puritains, les pratiques ne le sont guère. C'est la bigamie des puissants, jusque-là très répandue, qui devient le fer de lance des condamnations.

Le développement de l'esprit bourgeois, à partir du XVIe siècle, rend envisageable la répression du plus grand nombre. Jos Van Ussel montre que c'est la bourgeoisie qui en est responsable, davantage que le clergé dont les discours répressifs n'étaient guère écoutés : « le comportement réel était très souvent déterminé par d'autres normes [60] ». Les sermons réprobateurs des Pères de l'Église ont offert un socle sur lequel a pu se mettre en place une police des mœurs bourgeoises. Église et bourgeoisie se renforcent alors l'une l'autre dans leurs efforts de mise au pas des pratiques sexuelles. Benoît Lhoest décrit le processus d'enfermement du sexe au XVIe siècle [61].

Pierre Bérard montre que la christianisation des campagnes s'est surtout développée au XVIe siècle, et signifie la répression de la sexualité « sauvage [62] ». L'Église met au point des codes précis, centralise les droits et les devoirs, relayée ensuite par l'État pour contrôler les individus. Elle met ainsi en place un contrôle des mariages illégitimes en consignant les procès-verbaux des mariages aux archives paroissiales. Les personnes bannies pour adultère, pratique courante à l'époque, peuvent ainsi être repérées. Le contrôle social de la sexualité par l'entourage, au travers par exemple des pratiques rituelles de *charivaris*, est combattu par l'Église qui en prend peu à peu le contrôle en en évitant les débordements orgiaques [63].

La modernité s'exprime par le triomphe d'une pensée dualiste, par l'idéologie du sexe bourgeois, individualiste, domestique, austère et productif qui, bien que sécularisé, se réfère toujours au discours fondateur chrétien. L'esprit bourgeois d'ascétisme, de contrôle, de rigueur, lié au protestantisme vient amplifier et croiser cette tendance. Il y a un lien entre protestantisme, esprit bourgeois et répression sexuelle [64]. Pour l'esprit bourgeois, il doit y avoir une fonctionnalité de la sexualité. À la reproduction, acte procréateur qui est un moyen dans la théologie, succède une procréation qui est une fin en soi pour la médecine [65]. *L'économisme est sous-jacent à ce paradigme. La dépense gratuite est aberrante*. À l'orgiasme, au sens pur, succède le règne de la rentabilité. La médecine dévalorise et envisage toute passion (libertine ou religieuse) comme manifestation de folie. Le débordement est perte, donc nuisible. Il est intéressant de noter que cette conception est étrangère, tant à la noblesse qui continuera à défendre le modèle du gaspillage, qu'au catholicisme qui, avec le baroque, a montré cet énergétisme de la dépense qui l'animait [66]. Mais l'Église, sous la pression de la Réforme en révolte contre la luxure, vient se conjuguer à l'esprit bourgeois pour imposer une rigueur et un ascétisme conjugaux. L'amour peut servir d'instrument.

L'amour-sentiment individualiste est alors canalisé dans des formes conjugales raisonnables qui assurent la stabilité de l'union. La sublimation de la sexualité dans la sentimentalité permet de renforcer les liens de dépendance. Elle recommandera, ainsi, aux jeunes époux de ne pas « consommer » le soir des noces, mais d'attendre quelques jours afin de se prouver que leur union ne se réduit pas au désir sensuel. La nudité auparavant courante est réprimée alors que se développe parallèlement l'érotisme. Le processus d'embourgeoisement impose l'archétype d'une partie de la population aux autres catégories. Comme le souligne Van Ussel [67], pour la première fois, un modèle se veut exclusif. Alors qu'auparavant aucune classe ne contraignait une autre classe à son système, la bourgeoisie force peu à peu les autres classes à adopter son éthique. Elle construit le parangon du mariage bourgeois comme universel : une sexualité exclusive confinée dans le mariage d'inclination devient modèle dominant. Un triptyque formé par la sexualité, la reproduction et le mariage est imposé comme indissociable. Il convient à l'homme de savoir se maîtriser : le paradigme de la maîtrise de soi, du convenable, de la réserve, vient modifier le rapport au corps. L'esprit de famille permet d'inscrire cette panoplie bourgeoise, et de canaliser les affects vers la famille plutôt que vers le groupe [68]. Parallèlement la structure de la famille se renforce, le XVIe siècle voit avec la restauration du droit romain une régression du pouvoir de la femme, le père étant considéré comme le seul être pleinement adulte dans la famille.

Ce n'est pas la sexualité qui a changé mais l'idée que l'on s'en fait, commente Claude Grimmer [69]. Avant l'ère bourgeoise, on considère que la sexualité assaille l'homme, que c'est une force aveugle et mécanique qui le dépasse : aussi un homme n'est-il pas tenu responsable d'un débordement, d'une pulsion, il est considéré comme « possédé ». On ne peut donc pas juger un homme fautif selon des critères moraux. Dans le paradigme de l'esprit bourgeois au contraire, l'homme doit, à force de volonté, se contenir, se dominer, s'autocontrôler : il est donc tenu pour responsable et peut être jugé pour une sexualité « non convenable ». Les comportements sexuels sont l'objet d'une domestication au moyen de la volonté. Ainsi au XVIIIe siècle, l'onanisme devient un enjeu de première importance, qui est complété par la nymphomanie [70]. L'homme doit être en mesure de surmonter ces démons, fruits d'une nature perverse. « Jusqu'au XVIIe siècle donc, le sexe n'est pas une catégorie impure et n'a pas à être résorbé en tant que tel ; mais il n'est pas non plus individualiste et égalitaire [71]. » Les relations extraconjugales ne sont pas encore honteuses, ce n'est que progressivement que l'homme est considéré comme capable de maîtriser ses désirs. La morale lui impose alors le devoir de se refréner et de se contenter d'une seule et unique relation. L'esprit bourgeois problématise l'adultère et la prostitution, qui seront au XIXe siècle au centre des débats. Les courtisanes doivent apprendre à se cacher.

Auparavant la sexualité est imposée à l'homme ; avec la morale bourgeoise, il devient possible de la gérer, de la rendre rationnelle. Ainsi, dans la société paysanne, la sexualité préconjugale était répandue et ne posait pas problème, elle ne pouvait que conduire au mariage. Elle n'était pas illégitime. Dans la nouvelle classe moyenne, au contraire, elle devient un obstacle au mariage, car elle signifie la perte de la virginité. Il faut alors la réprimer. S'organise une préparation asexuée au mariage. Les jeunes doivent apprendre à se contenir. « C'est toute la réalité des relations sexuelles extraconjugales qui va faire l'objet du processus "civilisateur" par le renforcement de l'autocontrainte [72]. » *Mais ce refoulement de la sexualité contribue au développement de la passion par le mécanisme de la sublimation.* Si au Moyen Âge la sexualité était normale et la passion une pathologie, les choses s'inversent [73]. L'imaginaire amoureux se développe, faute de concrétisation sexuelle immédiate. Les formes imaginées et représentées de la sexualité contribuent au développement de l'érotisme et de la mythologie de l'amour. Il y a répression des courtisanes et des ouvrages licencieux qui se multiplient [74]. Avec l'esprit bourgeois, la sexualité devient problématique, et c'est l'inclination raisonnable qui est valorisée. Si l'emportement amoureux demeure toujours mal perçu par l'Église comme par l'esprit ascétique, il pourra toutefois s'exprimer en marge, canalisé par exemple durant les fiançailles. La passion s'imposera pour un temps limité et pour des populations précises (artistiques, etc.) comme un modèle de résistance aux valeurs raisonnables de la bourgeoisie, mais tout en partageant avec elle la même distance prudente vis-à-vis de la sexualité. Dans la bourgeoisie, la passion se vivra de façon quasi homéopathique comme débordement d'être (pensons à Madame de Rênal dans *Le Rouge et le Noir*...), moment exceptionnel qu'il convient de canaliser et de dépasser. Moment de folie qui ne peut être que ponctuel, passager. Qu'il conviendra d'expier par la mort si par trop illégitime.

L'autocontrôle est de plus en plus développé. « C'est l'influence des institutions sociales en général, ce sont plus spécialement les organes exécutifs sociaux commis à cette charge – en particulier la famille –, qui inculquent à l'individu, dès sa plus tendre enfance, une autocontrainte qui ne tarde pas à se transformer en automatisme, en habitude ; ainsi, les veto et les prescriptions sociales deviennent peu à peu une part essentielle du "moi", un "surmoi" strictement réglementé [75]. » En décrivant la constitution de cet *habitus* sexuel, Norbert Elias rappelle qu'avant la modernité, les enfants étaient informés sans détour des choses de la sexualité ; la prostitution, notamment, faisait partie des sujets communs dans l'éducation de la Renaissance. Les enfants avaient l'habitude de coucher dans le même lit que leurs parents et assistaient à leurs déshabillages ou bien encore dormaient avec des serviteurs de l'autre sexe à demi nus. La question de savoir « ce qui a provoqué cette mutation remarquable de l'opinion publique et des autorités politiques à l'égard des rapports sexuels extraconjugaux [76] » demeure en partie posée. Il y a une inversion des valeurs qui s'opère. Le refoulement contribue à développer les formes sublimées de la sexualité, avec un imaginaire érotique et amoureux amplifié.

Du mariage de proximité et d'intérêt, la transition s'opère vers le mariage d'inclination. On emploie alors le terme de « s'entr'aimer ». S'il existe des cas de passions amoureuses, jusque dans le milieu paysan au XVIIIe siècle, ce sont des cas marginaux ; la référence qui s'impose peu à peu est le mariage d'inclination, à l'image de l'amour d'amitié [77]. *C'est moins de l'invention d'un nouveau modèle qu'il s'agit, comme il est dit souvent, qu'une valorisation sociale d'un modèle au détriment d'un autre.* Auparavant l'amour d'idéalisation était le plus souvent considéré comme une maladie dont il convenait de se guérir. Le mot *amor* n'est pas, tout au long du Moyen Âge, connoté positivement. De nombreux manuels proposent alors des remèdes pour s'en guérir, comme de mettre des excréments de l'amante dans les chausses de l'amoureux ! Maladie qui est appelée alors « amour héroïque [78] ». Les deux voies, cristallisation et érotisme, sont connues au XVIe siècle. C'est la seconde qui est alors valorisée socialement. La première s'imposera peu à peu avec le romantisme. Ainsi, un jeune homme dit à sa compagne pour la convaincre de l'épouser : « Ce n'est pas parce que je t'aime que je te trouve tant de charme, mais parce que je te trouve tant de charme que je t'aime[79]. » Il y a, à l'évidence, dans la première proposition, « je t'aime donc je te trouve du charme », l'idéalisation de l'amour romantique et dans la seconde, « je te trouve du charme donc je t'aime », la voie érotique. Cette dernière est considérée comme flatteuse au XVIe siècle, ce sera la première, au XIXe siècle.

Une ethno-résistance

Au mouvement de répression de l'Église et des classes bourgeoises s'oppose un contre-mouvement, une réaction. Il faut bien voir que parallèlement à une histoire répressive subsiste tout un enchevêtrement de permissivité, s'exprimant dans l'ombre, par réaction, de façon ponctuelle, intermittente. Ce que Pierre Bérard nomme une *ethno-résistance*[80] et qui va à l'encontre des discours moralisateurs contraignants. Les vagues de libertinage et de répression se sont succédé, rendant les choses parfois confuses et difficiles à saisir. La récurrence des discours réprobateurs s'oppose à la fréquence des attitudes réelles et des contre-discours qui s'en écartent violemment. Les réseaux de libertinage, ou plus simplement la non-écoute des injonctions morales par la survivance de traditions qui perdurent parfois au cours de la modernité – notamment dans les campagnes –, sont autant de manifestations de réaction au discours puritain bourgeois. Le concubinage dans les petites villes est fréquent et public, parfois le fait même du curé[81]. Jusqu'au XVIIIe siècle, l'adultère masculin avec des servantes et des femmes de condition inférieure est considéré comme normal. Les bâtards ne sont du reste pas oubliés au moment de l'héritage, preuve que l'on ne cherche pas à les occulter. L'adultère ou le trio est parfois reconnu publiquement ; on rapporte le cas du *cavalier servente* ou *cicisbeo* en Italie au XVIIe-XVIIIe siècle [82]. L'amant bienveillant est toléré par les maris, les mœurs et l'Église. En principe, le cavalier accompagne la dame et surveille sa vertu, mais c'est parfois « un second mari partageant toutes les faveurs de la dame avec son légitime époux ». On relève des arrangements, tel celui-ci : « dans la Champagne des années 1640, la marquise de Sy, trompant son époux avec l'enrichi Neufchastel, finit par exclure officiellement le premier de son lit puis, mariant sa fille avec son amant, le partagea entre elles à raison de trois nuits par semaine pour chacune [83] ». Élisée Reclus rappelle que les dames florentines s'assuraient dans leur contrat de mariage le droit d'avoir un amant. À la cour de Vienne également, au XVIIIe siècle, les usages connus sous le nom de « sigisbéisme » autorisaient une femme à venir avec son mari et son amant ; mieux, il était alors inconcevable d'inviter le couple sans l'amant : « la coutume veut que chaque dame ait deux maris, un dont elle porte le nom et un autre qui a les prérogatives de l'époux. Ces liaisons sont si publiques que ce serait faire affront à une dame que de l'inviter à dîner sans convier aussi ses deux suivants, le mari et l'amant. Elle s'assied gravement entre les deux. Ces sous-mariages durent environ vingt ans, et bien souvent la femme mène son amant à la ruine. Les maris ont pour l'amant de leur femme cette considération qu'on a pour celui qui vous décharge de la partie la plus ennuyeuse de votre tâche. D'autant plus qu'ils ont eux-mêmes fort à faire, étant en général aux petits soins ailleurs [84] ». Dans ces ménages à trois, le mari ne manifestait aucune hostilité envers l'amant, comme s'il existait une complémentarité entre eux [85]. Peut-être qu'à l'instar de l'amour courtois, que décrit René Nelli [86], l'amant a charge de s'occuper de la sensibilité convexe de la femme (polymorphe, clitoridienne), et le mari de sa sensibilité concave (reproductionnelle, génitale).

Est-ce là un moyen de concilier *amour de raison* et *amour-romance* ?

Sans aller jusqu'à ces formes institutionnalisées, les mœurs ne sont pas, quoi qu'il en soit, durant longtemps, le reflet d'un modèle monogamique exemplaire. Jacques Solé [87] donne de nombreux cas de multiples rapports au tiers et de permissivité dans les campagnes. Ainsi les coutumes dites du Kiltang ou encore appelées « daillement » ou « daillage », en Lorraine ou en Champagne, autorisent la jeune fille à recevoir un galant dans son lit [88]. Appelée « cour d'amour nocturne », en Suède et en Finlande, la jeune fille reçoit dans son lit un garçon (parfois deux) avec lequel elle passe la nuit mais sans qu'il y ait coït. Le groupe contrôle très sévèrement les écarts (il y a souvent à l'époque d'autres personnes dans la même pièce). Chaque samedi, la fille « essaie » un jeune homme différent et cela lui donne un avant-goût de ce que pourra être son mariage. Quand le couple a arrêté son choix pour le mariage, alors la sexualité génitale lui est permise, même s'il n'est pas encore marié. Ce qui est important, c'est le mariage et non la virginité ou l'absence de sexualité. Stendhal dans *De l'amour* rapporte l'existence de ces coutumes en Suisse vers la fin du XIXe siècle. Le mariage à l'essai se pratique dans différentes régions d'Europe et encore au XVIIIe siècle en pays basque [89]. Les « créantailles » sont souvent l'occasion de plaisirs physiques sans coït [90]. Les veillées sont également des moyens de rencontres et d'échanges de rapports polymorphes. « Le maraîchinage », « le fouillage », « le mignotage » vendéens… sont autant de formes de relations préconjugales. Les gestes amoureux avant le mariage sont ainsi nombreux.

Après le mariage, le carnaval est, par exemple, un moment festif qui permet les excès, les débauches orgiaques, mais dépassant parfois le seul moment du carnaval. Ainsi l'abbaye de Maugouvert du carnaval de Romans ponctue l'activité sexuelle et amoureuse de la cité tout au long de l'année. Emmanuel Le Roy Ladurie [91] relate des cas de permissivité sexuelle éloignés du discours répressif développé par la suite. La fête du solstice d'été est une fête sexuelle, « zénith sexuel », dit Edward Shorter [92]. Moments « dionysiaques [93] », les fêtes en général sont liées à l'effervescence sexuelle [94]. Il faut évoquer de nouveau le valentinage, qui jusqu'à la fin du XVIIIe siècle autorise un adultère sentimental. Durant tout le mois de mai au XIIIe siècle, et par la suite, limitée à la veille et aux premiers jours de mai, une liberté est accordée aux femmes : elles peuvent alors faire l'amour librement avec des amants. La femme est réputée « franche », c'est-à-dire affranchie de la *potestas* virile [95]. « Les mariages de Mai, les mariages de la Saint-Valentin, le mariage d'un an de l'ancienne Irlande et la *handfasting* écossaise (pour douze mois et un jour) étaient des formes de mariages à l'essai [96]. » Les impératifs du mariage sont transgressés, l'autorité du mari remise en cause et les filles et femmes s'affranchissent. Les fêtes du Carnaval, de la Saint-Valentin, de Mai, ou de la Saint-Jean, sont autant de moments qui permettent de mettre entre parenthèses les règles du mariage [97]. Durant le temps des réjouissances, la sexualité obéit au principe de plaisir et non plus aux impératifs de la réalité, commente Michel Onfray [98].

Les activités hors couple se pratiquent à des moments définis de l'année, lors de périodes de transgression, mais aussi plus banalement au quotidien dans les grandes villes. Les prostituées forment 10 % de la population de Venise au XVIe siècle. À Paris, il faut estimer qu'un quart des Parisiens ont des rapports de prostitution au milieu du XIXe siècle [99]. À Vienne, on compte une prostituée pour sept ou huit hommes [100]. Plusieurs formes de proxénétisme existent [101]. Ainsi, les courtisanes, payées au mois par leurs amants, doivent fidélité à ces derniers [102]. Autres endroits, les maisons de courtisanes sont des lieux de culture où ne règne pas seulement l'amour vénal : les artistes se retrouvent dans ces salons de lecture, de musique, où sont organisées des fêtes... L'activité sexuelle s'insère comme une expression particulière dans une globalité d'interaction. La fête révèle ce mélange, cette pluralité d'expression de la vie sociale où la danse, la musique, le rire, le jeu, le théâtre, la littérature sous formes de contes, de chansons, d'histoires..., ont leurs places. La création que l'on appellera plus tard « artistique » s'y exprime dans ses multiples liens. De nombreux éléments mêlés y ont à voir avec l'érotisme et le sacré, et témoignent d'une sexualité globale et non seulement réduite à « l'écoulement séminal ».

Il faudrait également parler de l'influence des libertins et montrer qu'il ne s'agit pas seulement de discours. Certes fleurit toute une littérature spécialisée, « immorale [103] », qui relate des mœurs plus ou moins libertines : des livres qui vont du *Décaméron* aux *Dames galantes* de Brantôme, ou encore à *L'Arétin*, aux œuvres de Crébillon fils, Boyer d'Argens ou Vivant Denon. Pensons encore au *Traité du fouet et de ses effets sur le physique de l'amour*, du général Amédée Doppet, du *Discours sur le bonheur* de La Mettrie, des écrits comme *Le Moyen de parvenir* du chanoine Béroalde de Verville... Ouvrages qui circulent plus ou moins secrètement, devant se cacher du pouvoir et de la morale cléricale. Mais il y a aussi des libertins célèbres. L'échangisme est pratiqué, dit-on, par Richelieu, épicurien notoire : l'Église n'est pas toujours en reste [104]. Dans les réputées maisons de Gomdau ou de la Busault, il est permis de se livrer à toutes les « perversités » : pédication, tribadie, ou encore expérimenter l'invention du duc de Fronsac : le fauteuil à bascule dans lequel une femme renversée jambes écartées est ficelée. On déguste les pastilles « dites à la Richelieu », dragées de cantharide aux effets aphrodisiaques puissants, et des verges pour la flagellation sont toujours à portée de main. Jean Duvignaud décrit le libertinage comme un flux, une mentalité, un transfert de conscience, un agrégat, une atmosphère… Il remarque que la sociologie classique a peu étudié ces réseaux de solidarités sur lesquels il écrit de très belles pages dans *La Solidarité*. Les libertins, sans oublier les Précieuses, instaurent toute une critique laïque de l'institution du mariage, depuis Restif de la Bretonne dans *Le Paysan perverti* et *La Paysanne pervertie*, qui se perpétuera en filigrane jusque dans les années 1970. Mais c'est aussi une révolte contre la mièvrerie des relations d'amour conjugal idéalisées par le clergé, où le plaisir sensuel est nié, qui pousse les esthètes à se méfier de l'amour et à n'insister que sur le plaisir, contribuant par là à accentuer la dichotomie entre l'amour et le sexe.

Les rapports hors mariage passent progressivement dans la clandestinité. Ne s'exprimant d'abord qu'occasionnellement lors de fêtes où des comportements transgressifs sont acceptés, ils deviennent bientôt totalement interdits, ce qui ne veut pas dire qu'ils ne se manifestent pas secrètement, bien au contraire. Aux types de mariages qui laissent d'autres formes d'affectivité s'exprimer potentiellement à l'extérieur de la conjugalité succède un autre modèle prônant la limitation à un seul et unique partenaire. La répression de la sexualité va permettre le développement d'un amour d'idéalisation. Le processus d'exclusion du tiers, mis en place dans l'Antiquité tardive, sera pleinement accompli par les religions monothéistes. L'idéal du mariage fidèle ne deviendra pour autant dominant que très tardivement. Malgré les injonctions des moralistes, la conversion progressive à une nouvelle référence ne se concrétisera que lorsque le mariage et l'amour finiront par se superposer pleinement, c'est-à-dire au cours du XXe siècle. Auparavant, chacun des membres du couple demeure une entité séparée qui dispose potentiellement de sa liberté à l'extérieur de son engagement matrimonial. Tel est le cas flagrant de l'amour courtois, constitutif de l'amour occidental. Chacun des membres y conserve une autonomie d'action. Les deux membres du couple ne sont pas, à cet égard, confondus. Une évolution complexe va restreindre cette autonomie, en la faisant disparaître de la sphère publique. Les structures répressives plus ou moins prononcées, notamment pour la liberté des femmes, vont obliger à dissimuler les relations devenues illégitimes. Cependant la relation affective demeure, au moins virtuellement, imaginable. Il est encore possible de changer d'amant sans avoir à changer de mari. Ainsi les classes bourgeoises du XIXe siècle seront friandes de pratiques adultères, comme le rapportent les ouvrages d'Alain Corbin. Il faut retracer l'évolution qui conduit progressivement à confondre l'amour dans le mariage et l'amour hors mariage qui rendent inconfortable cette position. Dans la seconde moitié du XXe siècle, les amants préfèrent plus souvent se séparer plutôt que de mener des vies parallèles. Pour comprendre cette évolution des mœurs, il faut repartir de la genèse de l'amour moderne, à savoir l'amour courtois. Avec la modernité, il y a construction progressive d'un moule qui tend à confondre deux plans, celui du conjugal et celui de l'affectif. En examinant les procédures de constitution du mariage d'amour monogame moderne, on prend pleinement la mesure de l'évolution des mentalités.

CHAPITRE V

À l'origine du modèle fusionnel

> « L'allégation de mariage n'est pas une excuse légitime contre l'amour. »
>
> « Rien n'empêche qu'une femme ne soit aimée par deux hommes, et un homme par deux femmes. »
>
> André LE CHAPELAIN,
> *De arte honeste amandi*,
> code d'Amour courtois

Vers un archétype d'amour courtois

Il est bien difficile de déterminer si le refoulement des pratiques sexuelles dans la modernité, ou du moins leur occultation, est lié au développement de l'amour romantique et si oui dans quelle mesure. À ce sujet, plusieurs écoles s'affrontent. Ce qui est sûr, c'est qu'avant de se démocratiser au plus grand nombre, l'amour romantique trouve son origine dans une forme d'amour bien particulière et confinée à un milieu limité. L'amour courtois est à juste titre considéré comme l'origine de l'amour moderne. Il faut le considérer davantage comme un modèle qui va influencer les imaginaires et se diffuser comme idéal que comme une pratique répandue durant l'époque médiévale. Sa réalité dans la vie quotidienne est mise en doute par les historiens qui développent souvent des points de vue divergents, voire contradictoires. Toutefois, l'important est qu'il influence les artistes, les poètes, et fournit un parangon amoureux orientant la façon d'aimer des siècles à venir. Il est difficile de tenir un discours définitif sur l'amour courtois, car l'expression regroupe, selon les auteurs et selon les périodes, des expressions différentes. Jean Duvignaud évoque la multiplicité des histoires d'amour courtois [1]. En réalité, l'amour courtois est pluriel et offre des lectures contrastées. Il est pourtant essentiel d'en repartir pour comprendre les spécificités de l'amour occidental.

Le début de l'ère chrétienne est une période de transition. Les anciennes conduites sexuelles héritées du monde païen persistent malgré une lutte d'influence de l'Église pour imposer de nouvelles normes. Les informations sur le mariage et les pratiques réelles en l'an 1000 sont rares. Jusqu'au XIIe siècle, « la voix des serviteurs de Dieu couvre tout », souligne Georges Duby [2]. Nous n'avons donc que leurs versions. Ce qui est certain, c'est qu'à l'époque, le mariage est utilitaire, il sert avant tout à la reproduction d'héritiers. Mais la période médiévale donne naissance à une forme d'amour spécifique : l'amour dit courtois, forme d'affectivité particulière. Il serait plus exact, plutôt que de parler d'invention, d'appréhender l'amour courtois comme résultant d'une transformation qui valorise socialement un modèle considéré jusque-là comme illégitime. Il y a eu d'autres formes d'amours auparavant et ailleurs, même si l'amour y est plutôt synonyme de plaisir sexuel, de volupté physique, que de passion. Cependant la passion amoureuse, comme sens tragique et douloureux, si elle est rare, n'est pas inconnue, mais elle est méprisée et considérée comme une maladie frénétique. Plutarque en parle comme d'une frénésie et les Grecs et les Romains l'assimilaient à une maladie, voire à une forme de rage. Il faut donc considérer que loin d'être inconnue, cette forme d'amour n'avait simplement pas le même statut social.

Pour Denis de Rougemont, l'amour-passion apparaît dans le midi de la France au XIIe siècle sous l'influence d'une hérésie : le catharisme [3]. Réprimé par le catholicisme, le catharisme peut continuer à survivre au moyen d'une rhétorique, celle de l'amour courtois. Métaphore permettant d'exprimer les principes de la religion cathare : rapport désirant, refus de l'incarnation, fusion à Dieu... Il s'agit avant tout d'une technique spirituelle qui très vite prend son autonomie tout en conservant un certain nombre de traits spécifiques. L'amour-passion a été au XIIe siècle une religion, « une hérésie chrétienne historiquement déterminée ». Il y eut ensuite une coupure, une laïcisation du récit et un développement de l'amour-passion humain exprimé d'abord dans le langage des troubadours, forgeant ainsi un mythe. La littérature va également démocratiser ce type d'amour courtois au travers de récits et d'épopées, de figures mythiques telles que Tristan et Yseult, mais aussi des relations amoureuses qui jalonnent la légende arthurienne ou *Le Roman de la Rose*. L'amour courtois est donc une création de l'esprit qui a dégénéré en *amour de l'intensité dans l'amour-passion* et qui comporte une force tragique.

Une démarche religieuse

L'amour courtois serait au départ, selon Denis de Rougemont, une ascèse religieuse pour dépasser le plan matériel et parvenir au divin. « Comme tous les grands amants, ils se sentent ravis "par-delà le bien et le mal", dans une sorte de transcendance de nos communes conditions, dans un absolu indicible, incompatible avec les lois du monde, mais qu'ils éprouvent comme *plus réel que ce monde*[4]. » La passion est une technique qui permet de se détacher de tout, une discipline qui, paradoxalement, vise à surmonter le désir. Dans le catharisme, la passion sert à se détacher de la vie en allant jusqu'aux extrêmes de ses logiques et de ses liens ambivalents avec la mort. Il s'agit de fuir la vie terrestre et aucunement de s'y attacher davantage. La passion dissimule un goût de la mort, dont on voit encore des traces dans la psyché de l'amour moderne. Ce mode de connaissance de l'essence de l'existence est exploré par ce courant purement religieux d'ascèse et de détachement : « Aimer, au sens de la passion, c'est alors le contraire de vivre ! C'est un appauvrissement de l'être, une ascèse sans au-delà, une impuissance à aimer le présent sans l'imaginer comme absent, une fuite sans fin devant la possession. Aimer d'amour-passion signifiait "vivre" pour Tristan, car la vraie vie qu'il appelait, c'était la mort transfigurante », ajoute Georges Duby[5]. Qu'il s'agisse d'un appel à la mort réel, ou plus certainement à connaître une renaissance par la transfiguration impulsée par l'amour, il faut concevoir cette passion comme une ardeur impossible, languissante, dont l'expression « se morfondre d'amour » traduit bien l'esprit. L'intensité de l'amour se constitue par son caractère défendu, contrarié, empêché.

Ce désir de se mourir d'amour, de se laisser aller à ce que Roger Caillois appellerait la blancheur, la jouissance éprouvée au sentiment de se vider lentement de son sang[6], est à comprendre comme l'expression logique d'un climat religieux qui exalte la mort. De nombreuses traces de cet enthousiasme sont repérables à cette époque. Il n'est pas alors question pour les amants de vivre éternellement amoureux, mais de se servir de l'amour comme d'une technique spirituelle. « Pour Tristan, Iseult n'était rien que le symbole du Désir lumineux : son au-delà, c'était la mort divinisante, libératrice des liens terrestres. [.../...] Il était de la nature essentielle de la passion mystique d'être sans fin – et c'est par là que cette passion se détachait des rythmes du désir charnel ; mais tandis que pour Tristan l'infini, c'est l'éternité sans retour où s'évade la conscience douloureuse – pour le moderne, ce n'est plus que le retour sempiternel d'une ardeur constamment déçue [7]. » L'aimée est au départ un moyen, comme dans le tantrisme, alors que c'est une fin dans l'amour moderne. Demeure dans les deux cas une tendance à l'idéalisation de l'autre, qui importe davantage au départ que sa personnalité réelle. Or ce qui est technique spirituelle dans un cas devient problématique dans l'autre, quand il s'agit de construire une union durable et fondatrice d'un ordre familial.

Codes linguistiques et symboliques sont l'expression de la valeur transcendante de l'amour. Si l'amour courtois semble être à l'origine de l'amour romantique, il diffère pourtant sensiblement de ce dernier. Différence majeure, l'amour courtois conçoit deux « plans d'amour ». Il se développe initialement à partir d'une relation conjugale traditionnelle, mais l'amour-passion se vit obligatoirement en dehors de la relation conjugale [8]. Mieux, l'amour courtois s'oppose littéralement au mariage. Si l'on parle souvent d'amour entre le XIIe et le XVIIIe siècle, c'est rarement entre époux. La loi de l'amour courtois l'interdit même, en déclarant que l'amour et le mariage ne sont pas compatibles. Le Chapelain rappelle la loi édictée par « les tribunaux d'amour » où de nobles dames jugent si l'amour répond aux critères de l'amour courtois [9]. À la question de savoir si le véritable amour pouvait exister dans le mariage légitime, l'un de ces tribunaux donna cette réponse : « Nous, ici présentes, jugeons et affirmons que l'amour ne peut étendre ses droits sur deux personnes unies par le mariage. Deux amoureux, n'y étant contraints par aucune considération ni nécessité, s'accorderont volontiers et librement tout l'un à l'autre ; deux époux par contre, étant liés par leur maison, sont tenus de se soumettre à la volonté l'un de l'autre, et, par conséquent, de ne rien se refuser uniquement l'un à l'autre [10]. » Les deux types de relations ne sauraient se confondre. Denis de Rougemont, comme René Nelli, pense que l'amour ne pouvait se vivre qu'en dehors du mariage sous la forme de ce qu'on appellera ensuite l'adultère. Cependant René Nelli atteste que ces deux types de relations, relation conjugale et relation courtoise, sont deux formes d'amour qui s'expriment différemment, pouvant coexister sans problème apparent, sans être nécessairement en conflit ou se faire concurrence.

Pour Denis de Rougemont, la confusion s'opère quand ce qui était limité à une ascèse devient modèle de vie conjugale. Des éléments pathologiques sont alors valorisés en oubliant que c'étaient des moyens et non des fins. Les faiblesses deviennent des preuves de grandeur morale, de fidélité, d'attachement. L'exaltation amoureuse se mue en véritable religion. Si les grands courants spirituels commandent de s'affranchir du désir pour se libérer de la passion et donc de la souffrance, le romantisme au contraire cultive la souffrance issue de la passion et la métamorphose même en jouissance. Le mot passion est, encore au XVIe siècle, employé pour désigner le « tourment » et non comme aujourd'hui le « désir irrépressible ». Son sens évolue d'une affliction à une jouissance positive [11]. On peut, du reste, souligner le paradoxe suivant : si dans l'Antiquité, *Éros* semble le maître, ceci conduit à un comportement de plaisir sans passion ; au contraire dans la chrétienté, où c'est *Agapè* qui est valorisée, c'est la passion qui se développe, tant dans le mysticisme que dans l'amour. Est exaltée une passion sans plaisir, ou plus exactement un plaisir de souffrance.

Le goût pathologique pour la douleur, l'algolagnie, se retrouvera aussi bien dans la passion mystique que plus tard dans les raffinements du libertinage ou les affres existentielles du romantisme. L'Europe sait malheureusement mieux parler de la souffrance que du bonheur, constate Jean Duvignaud [12]. L'amour-passion apparaît au moment où l'Église impose le sacrement du mariage. Dans les deux cas, il s'agit de refouler le plaisir de la chair. Le mariage canalise la libido dans une finalité reproductionnelle, l'amour-passion dans une exacerbation de la souffrance. Si les cathares sont contre le mariage, pour la chasteté, ils partagent cependant avec les chrétiens la même haine de la chair. Les courants spirituels cultivent la souffrance en martyrisant le corps. La poésie d'amour courtois exalte la passion mais le maltraite également en en refoulant les désirs. Il faudrait montrer plus en détail comment est lié ce refoulement du corps physique aux formes excessives de la passion [13]. Les excès pathologiques amènent à l'autoflagellation, à la torture du corps, à l'affirmation des aspects ambivalents de l'amour.

Nous sommes de toute façon bien loin de la quiétude des plaisirs partagés. L'abandon, l'oubli de soi, le laisser-aller, la fusion en l'autre, le don généreux, la grande humilité produite par l'élan fusionnel, peuvent se métamorphoser en volonté de marquer et affirmer sa puissance, en cannibalisme qui tend à nier l'autre pour tenter de renaître. Asservir pour ne pas disparaître. Comme si la fusion d'abord envisagée, et par essence ratée, amenait par contrecoup une vengeance d'autant plus impitoyable que le don a été total. « Le *malheur*, c'est que l'amour qui les "demeine" n'est pas l'amour de l'autre tel qu'il est dans sa réalité concrète. Ils s'entr'aiment, mais chacun n'aime l'autre qu'*à partir de soi, non de l'autre*. Leur malheur prend ainsi sa source dans une fausse réciprocité, masque d'un double narcissisme. À tel point qu'à certains moments, on sent percer dans l'excès de leur passion une espèce de haine de l'aimé [14]. » L'ego volontairement piétiné se rebelle et devient tyrannique. Les traces de haine de l'autre, que l'on peut repérer dans l'amour courtois, deviennent gênantes avec la divulgation de ce modèle dans l'amour profane. La volonté de fonder une communauté de personnes (mariage-famille) sur le modèle de l'amour-passion, qui est une exagération narcissique, cultive ces contradictions. La position de dominées des femmes n'en sera que plus accusée.

Une place ambivalente pour les femmes

Il semble que l'amour courtois présente cette ambiguïté d'être à la fois le lieu de la valorisation des femmes et de leur assujettissement, et ceci n'est pas aussi contradictoire que l'on pourrait le penser à la lecture des auteurs qui se sont penchés sur la question. René Nelli montre que cet amour est possible à partir du moment où il y a une levée de la misogynie ambiante [15]. L'amour courtois produit une idéalisation de la femme et une libération de celle-ci. « L'histoire de l'amour est inséparable de l'histoire de la liberté de la femme », précise Octavio Paz [16]. Cet engagement peut donc se comprendre comme un recul de la domination des femmes. Au contraire, pour d'autres auteurs, l'amour courtois est en cohérence et non en opposition avec cette misogynie [17]. La ferveur est, au mieux, une compensation du machisme [18]. L'amour courtois est complice de la misogynie qui rend la femme inaccessible, il fait d'elle un objet du désir masculin, l'aspiration féminine n'étant guère prise en compte. Ainsi l'inclination chantée est un désir masculin, comme dans le *Roman de la Rose*. L'amour courtois n'est qu'un jeu, l'exact pendant du tournoi, une joute, un affrontement, où l'un doit dominer et la femme se plier malgré les apparences. Il y a un climat de misogynie et d'antiféminisme dans l'amour courtois : l'épouse y est suspectée.

Selon Georges Duby, la femme est leurre et objet dans l'amour courtois et aucunement « libérée [19] ». Bruno Roy y voit même un anti-érotisme [20]. L'homme doit se « déviriliser », la masculinité être mortifiée. Mais il faut voir aussi en cela un élément qui va à l'encontre de la toute-puissance masculine. Dans l'invention de l'amour, il faut distinguer, pour Marie-Odile Métral, le bon amant qui sert la libération de la femme, de l'amant chevaleresque qui la maintient sous la domination masculine. Du fait de la profonde ambivalence du sentiment, les deux lectures sont possibles. « L'amour courtois exige de l'amant l'affirmation d'une infériorité inversement proportionnelle à la valorisation de la dame [21]. » L'idéalisation est réelle, mais elle a pour contrepartie un rabaissement manifeste. Il s'agit d'une image ambivalente, duale, de la femme à la fois déifiée et rabaissée. Pensons aux formes que prendront ces exagérations dans le romantisme (la dépréciation des femmes sera d'autant plus féroce que leur idéalisation a été auparavant élevée) ! À l'image du chevalier n'ayant d'existence que pour sa reine, Victor Hugo, dont l'ego paraît démesuré, se déclare être un ver de terre amoureux d'une étoile. L'étoile, si elle se nomme Juliette, demeurera cependant patiente et passive, éternellement dévouée... Pensons encore à la place peu enviable réservée aux femmes dans le positivisme par un Auguste Comte dont l'idolâtrie pour Clotilde de Vaux ira jusqu'à construire une nouvelle religion en son honneur. On pourrait multiplier les exemples qui témoignent de ces contrastes. C'est en fait le sentiment ambivalent de l'idéalisation qui est à interroger. Dès l'origine de l'amour courtois, on trouve cette exagération qui conduit aux positions les plus extrêmes.

Dans la vie courante, le mariage est affaire

d'alliance et la femme objet de plaisir en dehors. Le sort réservé à ces dernières offre peu d'alternatives. Le lien des époux est encore, à l'époque médiévale, un duel, un combat conjugal et non un amour éthéré et sentimental. C'est un rapport de pouvoir dans tous les cas [22]. Certains historiens avancent même que face à la misogynie ambiante des hommes virils, les clercs étaient recherchés, car apparemment moins brutaux, plus attentionnés vis-à-vis des femmes [23]. Avec l'idéalisation courtoise, la femme n'est plus soudainement considérée comme une marchandise ou une monnaie d'échange. Un nouveau modèle de rapport homme-femme s'élabore, aux antipodes du *rapport de consommation*, que l'on peut désigner comme étant un *rapport d'inclination* [24]. Le rapport courtois nécessite un certain rapprochement et une égalité des sexes : la femme découvre sa part masculine, virile, en étant socialement supérieure à son amant ; l'homme sa part féminine (ce n'est pas un hasard si l'amant est associé au poète). Une double égalisation s'opère. « Il y a une légère transformation de l'homme en femme et de la femme en homme qui est à l'origine de l'amour courtois », affirme René Nelli [25]. L'amour courtois réclame un régime opposé à celui des polarités fortes et à l'antagonisme sujet-objet de l'érotisme classique. L'amour courtois insiste sur le caractère bisexué de l'être, il n'y a pas de nature féminine ou masculine, mais des dominantes. La femme est valorisée et l'amour, de vulgaire, se spiritualise. D'objet, elle tend à devenir sujet, quoique la mise à distance demeure, avec un renversement de position. Celle qui était objet d'échange, utilitaire, devient la muse, la reine, le guide, l'idéal… L'amour courtois introduit avec l'idéalisation la tendresse et le respect mutuel, plus globalement un amour de l'amour, c'est-à-dire une forme de spiritualité. Il y a une alchimie de la *fin'amor*, une transmutation, qui fait passer de joie à *joy*, joie d'amour spirituelle qui s'oppose à la joie animale, plaisir direct de la chair [26].

Le respect des femmes se manifeste certainement dans l'autonomie qui leur est accordée à mener une vie amoureuse indépendante des liens du mariage. Deux types de rapports coexistent sans problème apparent : l'un conjugal, l'autre courtois. Ce n'est pas la première fois d'ailleurs que la passion et le mariage sont conçus comme antinomiques. Marcel Detienne montre bien cette logique déjà à l'œuvre dans l'Antiquité [27]. S'opposent séduction amoureuse et mariage, personnifiés par Adonis et Cérès. Deux rapports qui semblent être si différents qu'il n'y a pas d'antagonisme entre eux. *L'amour courtois naît de façon concomitante et non conflictuelle avec le rapport conjugal.* « Les maris ne s'alarmaient pas plus, en principe, de ces galanteries, dont ils connaissaient pourtant la nature et l'exacte teneur charnelle, qu'ils ne l'auraient fait de jeux lesbiens. Elles ne tiraient pas pour eux à conséquence [28]. » La relation avec le mari n'est pas construite sur les mêmes bases que celle avec l'amant. C'est pourquoi ce dernier ne cherche pas à prendre sa place. Ainsi les amants ne sont pas jaloux non plus des maris car les relations conjugales, dénuées de signification érotique, sont purement utilitaires. *Il n'y a pas de rivalité, de concurrence entre maris et amants, ils sont sur des modes relationnels différents.* L'un est un rapport reproductionnel, l'autre vise une autre finalité [29]. Ainsi « peut s'expliquer la tolérance de la courtoisie naissante pour une pluralité d'amants platoniques non assimilables à la prostitution des adultères multiples. À la différence du rapport de rivalité mari-amant, adultère (en concurrence face à un objet de plaisir), le rapport mari-ami, ami-ami, n'est pas un rapport de rivalité. L'un renvoie au lignage et à l'intérêt, y compris sexuel ; l'autre ou les autres à l'amour. La courtoisie établit ainsi une nouvelle échappatoire au mariage : on peut être une “dame-amante”, et non plus seulement une vierge, une épouse résignée ou une adultère [30] ». Du reste, si l’amour courtois est réservé aux célibataires et aux jeunes, Georges Duby rappelle que les maris, les *seniores*, n’avaient, de leur côté, pas coutume de se contenter d’une seule femme [31]. Les relations différentes ne sont pas exclusives, elles se cumulent. Cette caractéristique de non-exclusivité évoluera sous la pression ecclésiastique.

Dans cet esprit, le terme de fidélité n’implique pas la fidélité des corps. La promesse de probité envers l’amant ne suppose pas l’absence de relation sexuelle avec le mari. Ainsi Tristan et Iseult ne sont pas infidèles malgré leurs liens physiques à autrui. Ils sont féaux jusque dans la mort : c’est d’une conviction de cœur, d’âmes qu’il s’agit. Cette conception va être modifiée par l’Église qui impose la sacralisation du mariage. La fidélité y est symbolisée par l’anneau. Mais il ne s’agit pas encore d’une constance des corps. C’est un engagement qui va au-delà mais qui laisse, par conséquent, l’en-deçà libre. Constat qui invite à être vigilant : quand il est question de fidélité dans des textes anciens ou dans d’autres sociétés, il peut s’agir d’autre chose que de fidélité physique. Le statut de la sexualité est un autre point de divergence entre les exégètes de l’amour courtois. Pour Denis de Rougemont, il y a dans l’amour courtois un refus de l’amour physique. C’est un amour qui n’est pas sexuel, mais avant tout religieux. Il faut pourtant se méfier ici de l’anthropocentrisme, car le rapport au sexuel est très différent au Moyen Âge. Il n’y a pas *a priori* de déni de la sexualité. Le contrôle social de l’expression de la sexualité diffère de ce qu’il sera ensuite [32]. Les moines ont alors couramment des relations sexuelles. Il n’y a pas de tabou coercitif sur le sexe, mais au contraire une grande exacerbation de la sexualité. Il n’est donc pas impossible de concevoir des relations sexuelles dans l’amour courtois. Pour Jacques Solé, il est faux de croire que l'amour courtois était désexualisé : il l'est devenu par la suite sous l'influence de l'amour chrétien [33]. C'est également l'avis de Marie-Odile Métral qui relate les tendances et évolutions de l'amour courtois [34]. Celui-ci n'est pas homogène : selon les périodes et les auteurs, on trouve des éléments de valorisation du sexe, de la femme, de l'amour humain ou au contraire de rejet. Les avis divergents des historiens sur ces questions sont à replacer dans une lecture globale. Il semble y avoir à l'origine valorisation, puis rejet du sexe sous l'influence chrétienne.

Il s'agit, pour René Nelli, d'un amour qui peut être sexuel. Amour veut dire désir dans la littérature d'amour courtois. Ainsi Le Chapelain opère une hiérarchie de l'amour : d'abord l'amour pur (charnel, mais continent car refusant l'acte) ; ensuite l'amour mixte (passant à l'acte, mais au terme d'une purification du désir) ; enfin l'amour vénal ou conjugal placé sur le même plan que l'amour vulgaire. Cette classification montre les différents rapports à l'acte physique. Sont confondues trop souvent absence de coït et absence de rapports physiques, distinction pourtant essentielle à faire dans l'amour courtois. Car si une littérature courtoise stigmatise le coït, c'est non pas pour désexualiser le rapport amoureux mais pour valoriser d'autres rapports physiques, et donc proposer d'autres formes de sexualité. Il s'agit alors d'une sexualité polymorphe qui amène tout autant, sinon davantage, d'énergie que la sexualité génitale. Par exemple, l'*asag* est une épreuve qui consiste à contempler le corps nu de la dame, à dormir avec elle dans le même lit, à se permettre certains attouchements, etc. C'est la dame qui décide des limites, seul l'acte sexuel lui-même semble proscrit [35]. Un rapport au tiers de ce type, même sans coït, évite au couple institutionnalisé d'être refermé sur lui-même. *Il n'est donc pas aussi essentiel de savoir si une sexualité génitale existait dans l'amour courtois. En fait une sexualité plus globale, et combien plus riche sans doute, permettait de « tutoyer le tiers ».* Comme nous l'avons vu pour d'autres sociétés, les formes d'amours-sexualités ne se résument pas alors aux relations utilitaires et institutionnelles. Le puritanisme religieux, puis bourgeois, va problématiser les échanges corporels et les réduire à la génitalité reproductionnelle. L'amour va tendre à ne désigner que le rapport affectif, et le rapport sexuel, la pénétration. Double réduction mutilante quand la réalité peut être beaucoup plus complexe.

Il y a en fait une grande diversité dans les formes d'amours regroupées sous le terme d'amour courtois. Ces modèles furent sans doute essentiellement littéraires. Ce sont des structures imaginaires collectives qui influent peu sur les pratiques du plus grand nombre. Mais peu importe en réalité que l'amour courtois soit demeuré récit de fiction ou qu'il fût mis en pratique : il a offert une structure narrative qui servira ultérieurement de référence au développement de l'amour, qui va progressivement se transformer et s'incarner dans des unions devenues légitimes. C'est en réalité l'action de l'Église qui combat l'hérésie cathare et l'image qu'elle prône dans l'amour courtois avec ce qu'il suppose – émancipation envers le pouvoir marital et envers le contrôle ecclésiastique, remise en cause de la théologie de l'Église –, qui vont imposer le type de l'amour dans le mariage en favorisant l'unique référence d'une union durable et monogame.

L'élaboration d'un modèle d'amour fusionnel

Afin d'éviter l'expression du rapport courtois, le rapport marital légitime s'institutionnalise au travers de rituels officialisés et contrôlés peu à peu par l'Église. Les relations sexuelles et la vie amoureuse sont pourtant encore loin de se confondre alors avec l'univers conjugal. On pourrait à ce titre multiplier des exemples surprenants pour nos conceptions contemporaines. L'amour, la sexualité et la conjugalité sont des données indépendantes jusque-là. Elles vont tendre à se superposer. C'est la synthèse de différents plans – à la fois reproductionnel, sentimental, énergétique, spirituel... –, à l'époque moderne, qui fait que l'amour de déviant est devenu norme sociale. Les filiations de diverses conceptions de l'amour en indiquent le cheminement. Plusieurs types d'amours, développés dans la modernité, ont en commun de dériver de l'Éros platonicien. Platon sera lu et déformé par plusieurs courants. Les Pères de l'Église y trouveront l'idée d'un rejet du sexe qui influencera conséquemment les autres théories sur l'amour. Anders Nygren montre comment Proclus, Denys l'Aréopagite, saint Thomas d'Aquin... vont christianiser les conceptions de Platon [36]. Le lien passe par Plotin, penseur païen, qui inspirera les Pères de l'Église. À partir de Platon, Plotin affirme qu'il existe plusieurs Éros. Julia Kristeva voit dans le passage de l'amour platonicien à l'amour plotinien l'émergence de l'idéalisation moderne, mini-révolution qui nous léguera une nouvelle conception de l'amour : centré sur le soi, quoique aspiré vers un Autre idéal. « Ce sera un amour magnifiant l'individu comme reflet de l'Autre inaccessible que j'aime et qui me fait être [37]. » Ainsi l'amour pour Dieu, ou pour la Dame, permet de se centrer sur soi, de favoriser l'idéalisation, la cristallisation et offre un socle au développement de l'amour romantique. L'amour non exclusif, non possessif, non cristallisé, amour vagabond, que décrit également Platon, comme le remarque justement Georg Simmel, est minimisé, si ce n'est oublié [38]. Proclus parle d'une « chaîne d'Éros » qui relie les différentes formes les unes aux autres. Ils vont du vulgaire au céleste, de la terre au ciel. L'Éros est le lien qui unit toute chose dans l'univers. *L'Heptaméron* de Marguerite de Navarre est symptomatique de cette lecture néo-platonicienne de l'ascèse par l'amour idéalisé qui propose un chemin de l'amour profane à l'amour divin.

La christianisation de Platon effectuée, par exemple, par Marsile Ficin au XVIe siècle, procède d'un néo-platonisme dont l'influence est considérable [39]. L'épuration du caractère sensuel de la doctrine platonicienne conduit à ne laisser subsister qu'un élan chaste. Déjà, et à l'inverse de celui de Platon, *Le Banquet* de Méthode d'Olympe prône la virginité. Octavio Paz montre que la mystique platonicienne se retrouve dans l'amour courtois en ayant migré par la mystique amoureuse arabe et andalouse [40]. On retrouve le dualisme (âme-corps ; supérieur-inférieur ; etc.) dans l'opposition de la *fin'amor* du spirituel et du corps. Ainsi, malgré toutes leurs différences, ces courants : platonisme, chrétienté, amour courtois, puis ensuite leurs descendances romantiques, peuvent se comprendre dans un même paradigme. Les poètes du XVIe siècle construisent le modèle de l'amour-passion également à partir de Platon et de l'amour courtois. Il est « à la fois pâmoison sensuelle et extase mystique, profane et sacrée, recherche de la beauté terrestre et tropisme religieux, cette passion, qui mettait l'esprit en marche, avait pour but d'alléger la matière et remplir le ciel [41] ». Ce qui à l'origine a un fondement religieux va se muer en sacralisation de l'objet aimé, en conservant les mêmes caractéristiques. C'est l'amour dit platonique : en fait *néo-platonique*. Idéalisation de l'individualité de l'aimé(e), recherche d'un amour pur qui va jusqu'à l'adoration quasi religieuse. Le paradigme du néo-platonisme, l'amour sans sexe, va s'incarner plus tard dans le romantisme. Double langage, l'idéologie qui vise à faire croire que la sexualité est superflue, mais qui la dissimule le plus souvent sous des élans lyriques.

La confluence entre le platonisme et le christianisme, véritable « platonisme érotique chrétien », générera *l'amour humain*. Nous en retrouvons des éléments dans divers discours : ainsi chez Dante, Pétrarque, dans l'enthousiasme émotionnel de la philosophie de la nature à la Renaissance, puis dans le romantisme [42]. Pensons également à *L'Astrée* d'Urfé, qui va jouer un rôle déterminant dans l'histoire de la constitution du modèle amoureux moderne. Son influence sera profonde. Il représente la synthèse de plusieurs courants : du néo-platonisme et de l'amour comme moyen, de Pétrarque et de l'amour comme souffrance, sans oublier l'amour mondain (la séduction, le raffinement des minauderies), et va mener à l'élaboration du modèle romantique. Dans *L'Astrée*, les sexes sont interchangeables. Comme dans l'amour courtois, il n'y a pas de rôle proprement sexué. L'amour est idéalisé, mais est omis qu'il n'était que moyen dans l'amour courtois ; il devient une fin en soi que l'on se désespère de ne pouvoir atteindre. C'est la source de la souffrance existentielle de l'amoureux romantique.

L'amour conservera de son influence courtoise cette oscillation entre un rejet religieux du monde et une acceptation des plaisirs. Les premiers troubadours chantent un amour charnel puis le langage deviendra pudibond. René Nelli précise que l'on confond trop souvent l'amour des troubadours de la Provence du XIIe siècle avec l'amour néo-platonique savant des Italiens, totalement chaste, qui est une technique mystique d'élévation vers Dieu. Il y aura deux tendances à partir de l'inspiratrice : celle d'un rejet du sexuel ou au contraire de sa valorisation. Les poètes, tel Pétrarque, acceptent assez facilement l'idée de la chair. Mais Nelli montre aussi que la cristallisation n'attend pas le XIXe siècle. Son amour malheureux est très romantique ! « ... je sais, suivant mon feu partout où il me fuit, Brûler de loin – de près geler », écrit-il. *Les poètes du XVIe siècle chantent encore un amour qui se tient à égale distance entre amour courtois et amour romantique.* La Dame devient la muse, inspiratrice dans l'amour romantique. L'aimée de Dante, Béatrice, comme Laure, amour de Pétrarque, sont toutes deux mariées. Leurs souffrances ne résultent pas d'une situation d'adultère ou d'amours interdites. Ils chantent un amour spirituel non désincarné. Dante lie Éros à Agapè, Béatrice est à la fois amour et charité. Leurs descendants seront, d'une part, les libertins qui n'honoreront que la chair ; d'autre part, les romantiques qui l'ignoreront, du moins explicitement. Le phénomène de l'idéalisation ira s'accélérant. À une certaine réciprocité entre la Dame et son chevalier succède une cristallisation idyllique assez pathologique. Elle se portera du reste tant sur la femme que sur l'homme, pensons aux *Lettres de la religieuse portugaise*. L'idéalisation de la souffrance, du mal d'aimer, du chagrin d'amour, atteindra son apogée avec le romantisme au XIXe siècle. Elle tire son origine du pétrarquisme. Béatrice, qui inspire Dante, « devient successivement la Philosophie, la Sagesse et la Science sacrée qui mène au Paradis et en explique les mystères [43] ». On ne peut s'empêcher de songer à Auguste Comte et Clotilde, figure plus romantique encore. Quand l'amour courtois est un néo-platonisme éthéré, amour angélique pour une dame morte ou idéalisée, la femme n'est alors qu'un chemin, une abstraction, et la dame occupe une place de déesse soumise. Le romantisme héritera de ces deux traditions courtoises : celle de l'idéalisation et de la souffrance, et, dans une moindre mesure, celle de partage des rôles sexués, des épreuves polymorphes vécues afin d'exacerber le désir.

L'émergence de l'amour romantique

Pour Niklas Luhmann, l'amour romantique résulte d'un écart entre l'objet d'amour et la réalisation, permettant l'amplification du sentiment [44]. Il a pour conséquence l'exagération de la vision, du vécu, de la jouissance par la distance prise avec l'aimé(e). Le fait de différer l'acte confère aux sentiments des proportions démesurées. Pire, il contribue à les opposer. Le mythe de la mort par amour, du « mourir d'amour », forme le paradigme romantique de l'*amour total*. Il trouve bien sûr son origine dans l'amour courtois et son développement grâce à l'éthique bourgeoise individualiste, pétrie de contrainte vis-à-vis de la réalisation sexuelle. L'amour romantique devient progressivement le modèle dominant. Justification idéologique de ces tendances, l'amour ne peut être que privé, exclusif, autonome du social, mais productif. Le sentiment amoureux ne trouve sa justification que dans la mesure où il donne naissance à un couple et à une famille, sans quoi seule la mort peut en être l'aboutissement. La sexualité y est minimisée, si ce n'est absente. Elle apparaît uniquement comme un passage obligé vers la famille. Au XVIIIe siècle se met en place un double discours : d'une part, il faut aimer pour se marier ; d'autre part, il ne faut pas de sexualité avant le mariage. Ce paradigme a pour effet de dissocier, si ce n'est d'opposer, amour et sexe et de faire disparaître l'un de l'autre. Le clergé fait tout pour construire une sexualité mécanique à laquelle l'affectif est absent, en opposant plaisir sensuel et don de soi, abnégation. *Le puritanisme chrétien-bourgeois, en chassant le sexe de l'amour, chasse du même coup l'amour du sexe* : les rapports de prostitution et l'érotisme sans amour condamnés par l'éthique chrétienne sont produits par cette même morale. Si le sexe sans amour est malsain, l'amour sans sexe l'est également... Comme le dit La Fontaine : « Aimer sans foutre c'est peu de chose. Foutre sans aimer ce n'est rien. » L'amour ainsi valorisé est un amour soi-disant platonique (en fait néo-platonique), c'est-à-dire l'amour chrétien laïcisé.

Le mariage d'amour prend deux orientations concurrentes aux XVIIe-XVIIIe siècles. Un « amour naturel », définition sensualiste marquée par les Lumières (tel Rousseau), et un « amour raisonnable » qui tend à occulter la sexualité dans un processus d'automutilation affective développé par un romantisme puritain [45]. Les deux types prônent une monogamie fidèle et un engagement durable, caractéristique de l'amour bourgeois. Désormais on n'est pas marié, on *se* marie. Car si le modèle de l'union par amour est prôné par la bourgeoisie, l'aristocratie se méfie de l'amour dans le mariage qu'elle perçoit comme une contrainte, une limitation aux unions stratégiques. Le mariage d'amour apporte de surcroît, en théorie, le risque d'un mélange de sang, d'éducations, de religions, mais surtout de conditions, qui paraît insupportable. Dans *La Princesse de Clèves*, le prince n'avouera l'intensité de sa passion qu'à l'article de la mort : aimer sa femme est faire preuve d'un manque de dignité dans l'aristocratie. La femme pourrait s'en montrer offensée, car ceci révèle la faiblesse de l'homme et ne sied pas à un mari, « aimer sa femme est alors du dernier bourgeois ». L'opposition entre ces deux formes est décrite par Balzac dans *Le Contrat de mariage* (1842), critique ironique et caricaturale du mariage. Les diverses conceptions s'y affrontent : Paul de Manerville entend faire un mariage d'amour bourgeois alors que de Marsay, son ami, défend la conception du mariage galant, héritage du libertinage mondain. L'union maritale, pour lui, est de vivre séparé de sa femme, dans deux maisons distinctes, le mari se faisant annoncer par courrier quand il rentre de voyage ! Cependant, le contrat aristocratique nécessite des ressources économiques plus importantes. L'aristocratie a l'habitude alors d'une union d'intérêt qui laisse ensuite une grande liberté aux partenaires. Face au modèle du mariage bourgeois qui se développe, elle fait preuve d'étonnement : « Mr de Flavigny, dites-vous, est toujours amoureux de sa femme ! En vérité, cet amour-là est bien tenace. À peine y a-t-il six mois qu'ils sont mariés, et s'aimer encore après avoir vécu aussi longtemps ensemble ! Ils deviendront réellement un exemple pour la postérité », écrit une jeune fille de bonne famille, Geneviève de Malboissière, à une amie, en 1762[46].

De l'amour de type mystique élaboré au Moyen Âge émerge, au XVIIe siècle, la figure de l'*amour sublime* qui évoluera et se décomposera entre l'*amour-sentiment* et l'*amour-passion*. Deux formes, deux actualisations possibles du sentiment amoureux encore présent dans l'amour romantique. L'amour-sentiment est légitime, car l'amour est passager, nécessaire à la constitution d'une union fondée sur une attirance mutuelle. L'attirance mutuelle est, en effet, nécessaire dans une société où les individus sont libres et égaux en droits. Ceci permet dans le même temps de restreindre le sexuel au couple conjugal et plus précisément au génital et au reproductionnel. L'amour peut alors être décomposé en deux périodes : une période de rencontre, d'autant plus intense que la frustration sexuelle a été grande auparavant et qu'elle peut se sublimer en amour : c'est l'état amoureux. Il est convenable que celui-ci ne conduise pas à trop d'excentricité, l'ordre bourgeois préférant toujours qu'il soit temporaire et qu'il conduise rapidement à une union maritale tournée vers la reproduction. Après le voyage de noces, on attend des époux qu'ils fassent des enfants. Suite à cette première période, les choses rentrent dans l'ordre, l'amour-sentiment se muant au mieux en une tendresse que crée l'habitude d'une union partagée. C'est l'*affection conjugale*. La seconde forme de l'état amoureux, l'*amour-passion*, est un état exagéré, pathologique, asocial, que le romantisme a construit comme modèle idéal. C'est un état amoureux souvent empêché, tellement intense qu'il conduit à la folie ou à la mort. C'est un *amour interdit* lié à la transgression et donc à une expérience extatique, sacrée, exceptionnelle. Les grands récits mythiques de la modernité racontent ces amours sublimes. Sa fin n'est jamais la vie commune. L'idéal d'amour du commun des mortels se calque sur cette forme hyperbolique, mais en oubliant la fin du mythe. Ainsi les amoureux espèrent vivre un amour fort, puissant, brûlant d'un feu éternel. Au lieu de vivre cette passion en dehors, ils entendent en faire l'acte constitutif de leur mariage. Évidemment, le mythe aboutit à une identification des conduites qui s'achève souvent en drames : suicide, crime passionnel, folie. L'amour moderne essaie de faire perdurer ce modèle et ceci amène les amants à des relations successives qui permettent de découvrir « le grand amour », « le bon », celui qui durera avec intensité, qui échappera éternellement à la banalité du quotidien.

L'amour de l'autre est idéalisation, amour aveugle qui est censé être un don total, sur le modèle du croyant envers son Dieu. Des formes mythiques en sont données ne pouvant trouver leur accomplissement que dans la mort, fidèle à l'esprit de l'amour courtois dont il descend. L'idée d'une union construite sur le consentement mutuel limite l'amour aux seules formes conjugales. *Toute union extérieure est alors coupable*, c'est une trahison du pacte, d'un serment fait devant Dieu, ou du moins devant le maire, ou que les partenaires se sont fait l'un à l'autre. *Un processus de culpabilisation et d'autocontrôle est ainsi mis en place* avec la mystique de l'amour autosuffisant. Jusqu'au XVIIe siècle, l'inconstance vient des différences de caractères, les individus n'en sont pas responsables, ils sont dépassés par eux-mêmes.

L'individualisation rend au contraire l'infidèle coupable [47]. L'amour romantique est une idéologie qui a des fonctions de refoulement. *L'amour extraconjugal ne peut se vivre que dans la honte, la culpabilité, le sentiment de faute, le reniement, c'est le règne de l'adultère.*

Morale religieuse et morale bourgeoise se sont combinées harmonieusement pour investir les corps et les consciences et faire en sorte que la morale de la fidélité et la honte de la sexualité s'imposent [48]. Une intériorisation de la faute entend obliger à n'aimer qu'une seule personne pour la vie. L'aveu d'une liaison ne vient pas tant rencontrer le doigt de Dieu que sa propre morale, celle d'une *croyance envers un amour interindividuel, éternellement fidèle, exclusif et autosuffisant.* L'idéal devient un mythe tel que toute forme d'amour devient synonyme d'amour romantique. Au point que nous ayons toutes les difficultés à concevoir, encore aujourd'hui, une forme d'amour autre. Certes l'idéal d'amour romantique du XIXe siècle, trop exigeant, a été bousculé, modifié. La virginité a perdu de son crédit. A été reconnu peu à peu un droit d'existence à la sexualité même dans l'amour romantique ! La fidélité des corps dans une union éternelle, « pour la vie », est devenue relative. On admet que l'union soit limitée, provisoire, et la fidélité n'est requise que durant ce laps de temps. Mais l'idéal de l'amour est demeuré le même. Encore aujourd'hui, celui-ci est régi par des règles de possessivité, de fidélité qui résument, dans la plupart des représentations, la totalité de l'idéal amoureux.

L'époque contemporaine : l'amour adultère

L'amour romantique (dans toutes ses expressions, sentiment, passion) est un modèle qui vise historiquement à l'exclusion du tiers. Ceci ne signifie pas que l'idéal de fidélité soit atteint et que le tiers en soit effectivement absent. *Le tiers est en amour romantique toujours clandestin, il est masqué et honteux.* Norbert Elias s'interroge sur les raisons pour lesquelles la bourgeoisie a développé une éthique puritaine en réaction à la morale considérée comme dissolue de la noblesse. « L'opinion sociale bourgeoise condamne rigoureusement les rapports extraconjugaux quels qu'ils soient ; contrairement à ce qui se passe dans la société de cour, la puissance de l'homme l'emporte bientôt sur celle de la femme et le non-respect du tabou extraconjugal par l'homme est accueilli avec plus d'indulgence que l'offense correspondante de la femme. Mais il est une règle qui vaut également pour l'homme et pour la femme : *les rapports extraconjugaux sont rigoureusement bannis de la vie sociale officielle ; quiconque désire s'y livrer doit le faire dans la clandestinité.* Ce n'est là, sans doute, qu'un des nombreux exemples de la retenue, de l'autodiscipline renforcées que le particulier est tenu de s'imposer [49]. » La nouvelle morale sexuelle impose l'exclusivité des rapports dans son principe, mais c'est la femme qui en fait le plus les frais dans la réalité. Morgan ou Engels font remarquer que les relations extraconjugales persistent malgré tout, ne serait-ce qu'avec la prostitution (hétaïrisme) [50]. En réalité, l'antique liberté sexuelle est préservée mais uniquement pour les hommes et pratiquée dans la clandestinité. La réprobation des relations extraconjugales atteint surtout les femmes qui sont, en cette occasion, une fois de plus mises au ban de la société et asservies avec plus de soin.

L'amour romantique sert de justification idéologique pour condamner la femme adultère et la prostituée, car même si les hommes, et particulièrement les romantiques, consomment le service des femmes vénales, toute relation extraconjugale est considérée idéalement comme indigne et immorale. Le sexe qui n'a pas de visée reproductionnelle est impureté. Le paroxysme est atteint en la femme vertueuse qui peut pécher par ignorance. Une célèbre pièce portugaise, *Frère Luis de Sousa*, d'Almeida Garrett, porte entièrement sur cette question. Une épouse, persuadée que son mari est mort, se remarie. Or celui-ci revient, elle est donc adultère. La honte, la culpabilité et la vindicte auront raison d'elle. Sa faute, même non volontaire, est le signe d'une malédiction. Le théâtre du XIXe siècle fournira de multiples exemples de cet acabit, comme la vie même de Victor Hugo. Le grand homme entretient le double discours d'une vie libertine et d'une écriture désexualisée qui chante la grandeur d'un amour romantique fusionnel, éternel et exclusif. Il est grand parce que chaste et réservé à l'amant(e). L'idéal connaît pourtant des arrangements. Ce sont les femmes qui sont le moins pardonnées de succomber à la tentation du tiers. Pire, c'est de leur faute si l'homme s'y laisse entraîner.

Ce n'est qu'avec « l'imposition » lente de l'amour romantique que la relation au tiers se cache peu à peu, se retranche dans les maisons closes, la seconde vie est occultée. La relation extraconjugale est stigmatisée « adultère ». Les bordels semi-clandestins connaissent cependant une activité sexuelle intense. La fidélité réelle n'est de mise ni pour le bourgeois, ni même parfois pour sa femme, ni d'ailleurs pour le prolétaire. Alain Corbin ou Jacques Donzelot [51] montrent comment au XIXe siècle encore, des campagnes idéologiques étaient menées en direction du prolétariat pour inciter les individus à se marier, à ne pas vivre en concubinage, à être fidèles, à se « familialiser »… Mais les ouvriers trop pauvres ne se marient guère à cette époque [52]. *Si la morale bourgeoise de l'amour monogame et exclusif a finalement triomphé et a été reconnue comme le seul idéal d'amour possible par l'ensemble de la société, ce n'est pas sans contrepartie.* Laure Adler, après Léon Blum [53], rappelle également combien la chasteté préconjugale imposée par la morale bourgeoise amenait de drames, comme le viol d'une vierge traumatisée et ignorante : le mari étant avide de posséder enfin ce qui lui était depuis longtemps refusé [54]. Et Claire Demar [55] de critiquer en son temps le soir de la noce comme une attente de dépucelage immorale et obscène.

L'importance accordée à la morale sexuelle est spécifique du XIXe siècle. Les censeurs et les puritains sont nombreux qui s'évertuent à inculquer la morale sexuelle bourgeoise : la procréation et le mariage sont la base et le sommet de la civilisation. La double morale est combattue pour imposer à l'homme la fidélité. Rien ne doit être dit du sexe [56]. Malgré cela, il est possible de montrer la persistance de l'adultère et de la prostitution [57], mais aussi le développement de la pornographie [58]. Il faut souligner combien l'imposition d'un nouveau modèle ne s'est pas faite sans heurts. Pensons aux descendants des libertins, dont les mœurs immorales au regard de la modernité ne sont pas que littéraires. Les écrivains ne cachent guère du reste leur double vie ou leur fréquentation des femmes faciles. Relisons les descriptions des maisons de tolérance par Maupassant qui ne sont pas entachées d'une gêne particulière. La frontière entre « sexualité de couple » et « sexualité de groupe » tend à disparaître dans certaines pratiques au XIXe siècle, comme le fait remarquer Alain Corbin [59]. Ainsi les unions d'amants qui se groupent pour entretenir une maîtresse. On connaît des cercles de messieurs qui privatisent une courtisane à plusieurs (ou collectivisent une maîtresse ?), notamment pour se préserver de la contagion de la syphilis. De même pensons aux arrangements qui font fermer les yeux à la maîtresse de maison, « les ménages à trois » où la bonne permet d'éviter les complications de l'extérieur (la dilapidation de la fortune, le risque de maladie, etc.).

Il y a également résurgence de l'ouverture au tiers

tout au long de la modernité, au sein de courants minoritaires, souvent proches des milieux artistiques : pensons à des personnages aussi différents que Fourier, Nietzsche ou Strindberg. Les milieux populaires du XIXe siècle ne méconnaissent pas non plus « des ménages à trois » explicites qui sont dénoncés et condamnés comme immoraux et pervers par la bourgeoisie. Jacques Solé [60] raconte combien est fréquent cet état de choses dans les milieux ouvriers, critères d'immoralité que l'on retrouve également fréquemment cités lors des affaires judiciaires [61]. La promiscuité va se vivre aussi souvent « en marge », dans le milieu de l'homosexualité. Viendra bien après cela l'explosion de la révolution sexuelle des années 1960, le développement de toute l'industrie du sexe et des activités liées à la gestion de l'affectivité, qui sont *autant de formes d'une socio-résistance à l'imposition d'un modèle d'exclusivité*. Rommel Mendès-Leite rappelle l'existence des formes conjugales différentes tout au long de l'histoire comme les ménages à trois hétérosexuels, homosexuels, bisexuels [62]. La monogamie n'est pas universelle. Il y a des relations multiples dans le temps et en même temps, souligne-t-il. Quand on demeure attentif à toute cette évolution, le couple autosuffisant semble fonctionner davantage comme mythe et ne s'être imposé, peut-être, dans la réalité que partiellement, de façon extrêmement limitée au début du siècle. Essayé sur quelques générations, ce modèle connaît actuellement une implosion. Mais le couple, bien que devenu relatif par la durée, demeure toutefois comme idéal de relation. *L'idéal de l'exclusivité amoureuse demeure même si la structure est poreuse et que du tiers y pénètre de toutes parts*... Les relations ne sont plus parallèles mais successives. Les unions s'enchaînent avec de plus en plus de rapidité, évoquant une polygamie séquentielle. Mais le changement social essentiel vient du fait que l'ouverture se vit de plus en plus au niveau du symbolique, de l'imaginaire, des représentations, et semble l'être de moins en moins au niveau des pratiques. La monogamie est en passe de se réaliser, non pas que le couple s'autosuffise, mais parce que le tiers est de plus en plus relégué dans des expressions imagées, des vécus virtuels.

Le sentiment amoureux comme fondement du couple

La constitution du sentiment amoureux moderne est à envisager comme une conséquence de l'individualisation. Dans la modernité, l'arrachement de l'individu à la communauté, dû aux effets d'urbanisation, d'industrialisation, d'exode rural, va accélérer ce processus. Le sentiment de famille remplace le sentiment de lignage, puis le parental perd de son importance dans les unions ; enfin, seul demeure le conjugal. L'évolution de l'architecture reflète la privatisation de l'existence : il y a agencement de l'espace, le domestique se modifie. Si l'amour réclame l'intimité, comme le prétend Niklas Luhmann [63], il peut alors se développer. Avant la modernité, le couple a peu d'intimité : pas de lit clos, pas d'espace privé, pas d'alcôve conjugale, la famille est directement immergée dans un milieu. La sphère privée permet l'émergence de la cellule-couple distincte de la communauté, comme le montre Philippe Ariès [64].

L'embourgeoisement provoque une prise de distance avec son propre corps et avec le corps de l'autre : la chambre à coucher particulière, le lit [65] ou la fourchette en témoignent [66]. Le sentiment de pudeur se développe [67]. Daniel Roche [68] montre que ce sont d'abord les classes bourgeoises qui, au XVIIIe siècle, sont sensibles à cette nouvelle étiquette et contribuent à l'aménagement de l'espace privé [69], alors que les classes populaires demeurent beaucoup plus longtemps dans une promiscuité plus grande. Le confinement, l'exclusivité dans les relations, la réduction des échanges produisent une amplification du sentiment qui permet d'approfondir l'individualisation personnelle de la relation amoureuse. Le tout nouveau souci bourgeois du secret, l'idée que les sentiments sont saufs et intenses s'ils sont communiqués en privé, dans l'intimité, dans des lieux cachés et à des moments privilégiés, amplifient cette fuite (cette réclusion) de l'expression, lui donnent une intensité et la rendent obsessionnelle. Richard Sennett montre comment ces rapports privés-publics se forment et s'informent l'un l'autre [70]. Éros est relégué dans le privé mais il devient en contrepartie tyrannique. L'idée qu'il faille révéler son propre moi, être authentique dans les relations sociales, paralyse l'action prise dans les figures du narcissisme, dans une quête incessante et frustrante de l'être en soi. L'éthique hédoniste, individualiste, s'est substituée à l'éthique religieuse, avec son obsession de l'expression sincère, spontanée et authentique [71]. La quête du salut passe désormais par la quête du moi et sa réalisation s'exprime dans l'épanouissement sexuel.

Cette hypothèse est affinée par François Fournier, pour qui l'individu devient sujet abstrait et n'est plus défini seulement par ses rôles sociaux [72]. L'identité individuelle se scinde : une identité sociale (l'individu) et une identité intérieure, définie par le sentiment de l'identité personnelle (la personne). Se forme la double constitution d'une subjectivité extérieure abstraite et d'une subjectivité personnelle concrète, c'est-à-dire tournée vers l'intérieur. Une intériorité à laquelle sont attachées une singularité absolue et une irréductible profondeur (une sorte d'infinitude intérieure). L'intériorité génère le sentiment d'authenticité, avec lequel elle est intimement liée, indispensable à l'expérience amoureuse [73]. Le romantisme en est l'expression qui affirme l'intériorité et la légitimité des sentiments individuels. Les romantiques insisteront d'ailleurs sur la nécessité de l'authenticité, de la franchise, de la sincérité (contrairement aux libertins du XVIIIe siècle). Roch Hurtubise repère dans l'échange de la correspondance sur un siècle la montée de l'individualisation et l'apparition progressive de l'intériorité [74]. Le vrai moi devient le moi privé, personnel. La différence et l'unicité sont vécues comme nécessaires (la quête de sens est une quête de soi), mais aussi comme angoissantes (je suis seul, irrémédiablement). L'individu doit à présent lutter pour sa reconnaissance. Le sujet moderne ne possède plus de certitude absolue sur son identité, il peut par conséquent développer « un sentiment d'exclusion ou d'étrangeté à l'égard du monde ».

Les revers de ce processus sont la solitude, l'incertitude, l'angoisse. C'est dans la sphère privée, de personne à personne, que l'individu peut tenter de se faire reconnaître. « Le désir d'aimer et d'être aimé, cette reconnaissance mutuelle de deux singularités incommensurables, ce lien personnel, intersubjectif, noué sur le plan des intériorités respectives, tel est l'amour comme sensibilité, désir et projet. Ce que la personne cherche (avec angoisse) dans l'amour, c'est d'être aimée *pour elle-même*, c'est-à-dire reconnue dans sa singularité irréductiblement particulière [75]. » On reconnaîtra dans ce schéma la psychologie des personnages de la littérature romantique, type idéal de l'amour moderne. L'amour peut être compris comme un désir de ne plus être seul : il explique le désir de fusion, le désir d'éternité, l'enjeu existentiel, le projet d'identité qui l'anime et surtout le tragique des ruptures qui remet en cause l'identité même de la personne. Toutes les dimensions de la vie : famille, mariage, sexualité, sont « sentimentalisées ». Les historiens ont montré cette tendance, comme Jean-Louis Flandrin à propos des amours paysannes.

L'amour est le fruit d'un processus d'individualisation.

D'autres auteurs proposent des lectures complémentaires. À un moment, par exemple, où l'Église se ferme à l'expression de la transe et considère avec suspicion les manifestations de la passion, l'amour peut devenir une nouvelle religion qui canalise des formes qui ne peuvent plus s'exprimer ailleurs [76]. Contrepoids à un monde plus rationnel*, où les relations sociales sont moins chargées d'affectivité, les sentiments sont alors invités à se concentrer sur un seul objet [77]. Tandis que pour François de Singly, il s'agit pour l'individu de contrebalancer la raison utilitaire valorisée dans un monde moderne bureaucratique par une certaine humanité affirmée dans les relations amoureuses [78]. Dans ce cadre, la famille, puis l'amour, sera l'endroit pour rechercher une reconnaissance identitaire. Elle devient un lieu refuge [79]. L'amour dit romantique n'est donc pas, on le constate, un affect éternel et universel. Il s'agit bien d'un sentiment situé socialement et historiquement [80]. Ce n'est pas que ces attachements n'existent pas dans les sociétés dites traditionnelles, mais simplement ils sont contrôlés socialement de façon différente. Ceux-ci ne sont pas le fondement de l'identité, ni la finalité de la conjugalité. Il s'agit de situer la problématique de l'amour par rapport à une reconnaissance sociale, à une légitimité et non à une genèse de l'amour en soi. La conjugalité sentimentalisée devient à une période donnée un idéal socialement valorisé. Cependant cette éthique bourgeoise n'aurait pas pu devenir dominante si elle ne s'était pas greffée sur une morale religieuse développée par ailleurs.

* Pour Louis Roussel, il ne s'agit pas d'un contrepoids mais d'une logique liée à une évolution de la civilisation : le rationnel prend le pas sur le pulsionnel en mettant en ordre les relations sociales (Roussel, 1990).

CHAPITRE VI

La construction de l'amour chrétien

> « On éprouve les bœufs et les ânes avant que de les acheter ; mais les femmes on les prend sans avoir connaissance de leur humeur et de leur vie. »
>
> Saint JÉRÔME

L'analyse historique de la constitution des modèles de relations amoureuses ne saurait être menée sans prendre en compte l'influence déterminante des discours religieux. *Amour-passion* et *amour chrétien* sont les deux formes modernes de l'amour issues de la religion. Ce sont les deux formes valorisées comme amour digne de ce nom. Les autres formes sont reléguées dans le faux amour ou l'amour sauvage, et n'ont pas droit, selon Denis de Rougemont, au titre d'amour. L'amour-passion paraît pathologique à l'auteur, car fruit d'une dégénérescence : seul l'amour chrétien constitue le vrai amour. L'amour-passion est la version profane et défigurée de l'amour courtois. Chez les modernes, il s'agit d'une espèce de maladie de l'être : « Perdus et oubliés cette clé (l'amour courtois) et ce but (la mystique), la passion dont le besoin revient nous tourmenter n'est plus qu'une maladie de l'instinct, rarement mortelle, régulièrement toxique et déprimante, tout aussi dégradée et dégradante, par rapport au mythe de Tristan, que le serait par exemple l'alcoolisme par rapport à l'ivresse divine que chantaient les mystiques arabes [1]. » Si l'amour moderne bénéficie des aspects « humanistes » de l'amour chrétien avec la reconnaissance de l'autre comme personne, de son incomplétude, de sa différence, il hérite également des caractéristiques devenues pathologiques comme l'idéalisation, la souffrance, le goût de la tragédie... L'auteur s'attache donc à profaner ce qui lui apparaît comme faussement sacré. L'amour romantique s'apparente à une dégénérescence, une falsification d'un rapport au départ à vocation spirituelle.

C'est une supercherie également pour Robert Brain, puisque l'amour romantique valorisé par la moralité bourgeoise se trouve diamétralement opposé à la fornication et à l'adultère, aspects fondamentaux de l'amour courtois [2]. Le rapport au tiers, qui caractérise le rapport courtois, est à l'opposé de la vocation du mariage. « Personne, que je sache, n'a encore osé dire que l'amour tel qu'on l'imagine de nos jours est la négation pure et simple du mariage que l'on prétend fonder sur lui [3]. » Car la conception même du mariage qui repose sur l'amour romantique est issue d'une dégénérescence du mythe, véritable amalgame de traditions spiritualistes ayant perdu leur signifiant originel. Le roman d'amour profane (Éros) découle des cathares et vient alimenter la mystique chrétienne qui le réinterprète en Agapè. Il y a ensuite un étiolement profane : l'amour romantique remplace la transcendance mystique par « l'intensité émue ». On assiste non à une causalité linéaire, mais à une boucle récurrente entre Éros et Agapè.

De l'amour chrétien à l'amour humain

> « Au nom de toutes les femmes, j'accuse l'Église catholique de conspiration pour emprisonner et asservir les femmes du monde entier, au moyen de ces camisoles de force que sont les institutions du mariage et de la famille. »
>
> Ti-Grace ATKINSON [4]

La vision du couple et de l'amour comme processus fusionnel, qui assigne aux partenaires de ne faire qu'un au sein d'une relation, est l'une des formes d'amour possibles, mais ne les résume pas toutes. L'idéologie du couple fusionnel semble être le fondement du mariage chrétien : on lui trouve pour origine les paroles de Jésus dans l'Évangile qui invitent les époux à ne faire qu'une seule chair. Ainsi, Jean Chrysostome montre que par le mariage les époux doivent former un seul être, ils sont *Un*. Le mariage est fusion des personnes et disparition des différences : la partie est sacrifiée pour le tout par lequel elle prend un sens. Cette forme de conjugalité chrétienne trouve sa forme paroxystique dans l'amour romantique, souvent considéré comme l'amour tout court dans les discours. Pourtant, comme le souligne Anders Nygren [5], le concept d'amour s'est transformé dans l'histoire du christianisme. La question de l'amour et de son statut a trouvé des réponses diverses au cours des âges. Ce serait se faire abuser par les relectures postérieures que de croire que l'Église a toujours présenté l'amour fusionnel comme idéal. *Il y a eu une construction sociale progressive de ce modèle qui s'est modifié et enrichi successivement.* L'idéologie de l'amour fusionnel n'est pas une donnée intrinsèque de la culture occidentale chrétienne. Si la conjugalité fusionnelle est ancienne, elle n'est pas pour autant synonyme d'amour romantique fusionnel. La fusion est d'abord préconisée par l'Église pour d'autres raisons que par amour sentimental. Il faut pour comprendre la genèse de l'amour fusionnel procéder inévitablement à une lecture chrétienne du couple et de l'amour et à ses réinterprétations historiques.

L'Église opère au départ une condamnation sans appel du mariage en droite ligne de celle des penseurs de l'Antiquité, comme souillure, trouble de l'âme, obstacle à la contemplation, à la sagesse [6]. La chrétienté reprend à son compte le thème du mariage comme esclavage développé par une partie de la philosophie grecque, mais aussi par la tradition juive, où l'union maritale inspire la méfiance : à l'instar de Philon, contemporain du Christ, qui le disqualifie. Les chrétiens, aux IIIe-IVe siècles, refusent d'abord le mariage, façon de secouer l'ordre social et de le mettre en péril. Les gnostiques s'élèvent contre toute forme de procréation et d'union. Les courants extrêmes de la chrétienté condamnent l'acte sexuel, y compris reproductif, dans le mariage. Pour les premiers chrétiens, en s'abstenant du rapport sexuel, l'individu pourra s'arracher à l'emprise du monde animal. Il faut, par la maîtrise du corps, atteindre la purification. Le premier vœu des chrétiens est l'abstinence absolue, l'exigence de virginité. L'amour chrétien se fonde sur l'enseignement paulinien d'une orthodoxie anti-désir. Le plaisir est interdit comme fin, il est gourmandise ou luxure, synonyme de vices. Aline Rousselle montre la lutte contre le désir, le corps maîtrisé et parle d'éradication du désir [7]. Le christianisme se distingue dès l'origine par le vœu de continence. Comme la grande honte de la condition humaine est le sexe, renoncer aux pulsions sexuelles, c'est renoncer à la vie dans ce monde-ci, y mettre un terme. Il existe pour les premiers chrétiens deux classes d'individus : ceux qui sont chastes et les pécheurs. Le mariage est le mal. Il y a cependant une grande diversité des christianismes qui vont s'unifier ensuite. *La chrétienté est divisée entre deux tendances :*

celle qui prône la virginité et celle qui se prononce pour l'union libre. L'Église prend une voie médiane et recommande le mariage, mais en discréditant l'acte sexuel qui ne doit être que procréateur.

Dans l'Évangile selon saint Thomas, Jésus dit : « Lorsque vous ferez de deux un [...] et lorsque vous ferez, le mâle avec la femme, une seule chose, en sorte que le mâle ne soit pas mâle et que la femme ne soit pas femme [...] alors vous entrerez (dans le Royaume)*. » Suivant cette invitation, saint Valentin veut abolir le masculin et le féminin. Comme certains courants extrémistes du féminisme contemporain, il entend surmonter une certaine forme d'altérité. Pour lui, rapporte Peter Brown [8], la misère sous laquelle peine la création a pour cause : la division. Elle doit être transcendée, et pour cela il faut dépasser le stade de la sexuation. Ce dépassement de la dualité permet de se libérer de la peur du sexe et d'accepter la femme. L'idée de la femme-sœur est ainsi déjà repérable chez les premiers chrétiens qui vivent en frère et sœur sans consommer sexuellement, forme de mariage spirituel qui demeure chaste. Origène se serait ainsi castré moins par élan antisexuel que pour parvenir à une indifférenciation, une indétermination. Le corps n'ayant pas à être défini par ses composantes sexuelles, aussi les rayent-ils. Au contraire, avec saint Jérôme est affirmée la nécessité de la division, que reprendra l'Église oubliant saint Valentin. Les motifs sont divers pour refuser la reproduction : mettre en cause l'ordre social, meurtrir la chair (saint Jérôme), transcender la sexuation (saint Valentin, Origène)... Mais ce paradigme a ses limites, l'Apocalypse se

* Certes Valentin interprète ces paroles comme une invitation à dépasser la sexuation, mais ceci peut également se comprendre comme une invitation à dépasser la division pendant l'acte sexuel... comme dans le Tantra !

faisant attendre, la chrétienté va devoir faire avec la nécessité de la reproduction pour perdurer !

L'acceptation du mariage

Devant l'aporie de la théorie chrétienne, le mariage considéré comme moindre mal est finalement érigé en modèle avec saint Paul. L'union maritale est imposée contre les tendances extrémistes des Pères de l'Église. Ce n'est pas l'amour qui est valorisé, mais l'alliance comme garant d'une stabilité de l'ordre social. L'Église va reprendre l'institution à son compte. Le clergé chrétien est aussi peu désireux de bouleverser l'institution du mariage qui impose souffrance au corps des femmes, qu'il ne l'a été d'envisager l'abolition de l'esclavage domestique, commente Peter Brown [9]. Face aux dangers de la Porneia, de l'immoralité potentielle causée par la frustration sexuelle, mieux vaut se marier. Le mariage devient donc une défense contre le désir, le risque de luxure demeurant le paradigme sous-jacent. Pour ceux qui ne parviennent pas à s'affranchir de la sexualité, l'hyménée est préconisé comme voie pour canaliser la libido et l'empêcher de se répandre au-delà. C'est finalement une technique pour freiner et canaliser le désir sexuel, pour tous ceux qui ne sauraient parvenir à s'en libérer. Les hommes convolent pour faire tomber la température élevée de leurs désirs sexuels, selon saint Jean Chrysostome. La tendance d'un mariage-refuge contre les désirs trop violents l'emporte. « Mieux vaut se marier que brûler », selon la célèbre parole de saint Paul. Celui-ci est conscient que le mariage est encore le meilleur rempart contre la sexualité. *À l'origine, le mariage chrétien a donc pour fonction de canaliser la sexualité.* Saint Paul va déployer ses foudres contre la sexualité qui s'exprime hors union maritale ; ses descendants s'occuperont de celle des époux. Notons au passage que toutes les tendances de la chrétienté ne sont pas alors farouchement antisexuelles : ainsi, Clément prône un mariage raisonnable, sans refoulement de la sexualité. Il sera « minimisé », si ce n'est oublié dans l'histoire de l'Église.

Les classes, avec saint Augustin, sont formées selon le critère institutionnel : être ou non marié, ce qui a pour effet d'opposer les fornicateurs aux conjoints. En réinterprétant les paroles des Évangiles et en utilisant l'image de la Sainte Famille, le mal se déplace. Le christianisme reprend tout d'abord la distinction formulée comme code moral par Sénèque, *l'amour-réserve* dans le mariage et *l'amour-passion* hors de celui-ci. Mais l'Église l'applique différemment : *l'amour-réserve* sur le plan terrestre et *l'amour-passion* envers le Créateur. Avec la réhabilitation de la procréation, de prescrite la sexualité devient licite et finalement méritoire. Il y a, pour Pierre Lombard, deux bonnes raisons d'épouser : la procréation et la prévention de la fornication, mais aussi la réconciliation d'ennemis (de maisons) [10]. Contre ceux qui repoussent le mariage et ceux qui le banalisent, saint Augustin défend la voie du milieu : son traité, *Sur le bien du mariage*, permet de rassurer les conjoints chrétiens, mais stipule que la sexualité du couple doit être sans tendresse, sans amitié, ni spiritualité. Le clergé prescrit le mariage aux laïcs pour mieux les encadrer, et endiguer les débordements en canalisant l'affect et la sexualité dans des couples légitimes, développant ainsi un parangon de conjugalité : « une pastorale du bon mariage [11] ». Les trois biens du mariage selon saint Augustin : *proles, fides, sacramentum* seront les bases du discours pour l'union conjugale. *Proles* signifie à la fois procréation et éducation chrétienne des enfants ; *fides*, fidélité dans le mariage et obligation de s'acquitter de ses devoirs conjugaux ; *sacramentum*, indissolubilité du lien matrimonial. Il n'est pas encore question d'amour, encore moins de plaisir, qui est vivement condamné. Saint Augustin a eu une influence déterminante engendrant fatalement la misogynie, selon Jean Delumeau [12].

John Boswell déclare que les changements dans la façon de considérer la sexualité constituent une transition primordiale dans l'histoire de l'Occident [13]. Il décrit les étapes qui ont conduit l'Église à faire accepter le modèle monogamique comme dominant à partir du XIIe siècle et comment celle-ci met en place son appareil de répression des voies déviantes. L'homosexualité, encore fort répandue au Moyen Âge, notamment dans le clergé, tout comme le multipartenariat, est montrée du doigt. L'appétit sexuel de Charlemagne qui possède quatre femmes et cinq concubines est célèbre et n'offusque personne en son temps. Le passage à la monogamie s'effectue seulement à partir de l'an 1000. Les rois de l'époque sont bigames comme Philippe Ier (1095), voire trigames comme Robert le Pieux, mais condamnés par l'Église. La bigamie existera couramment jusqu'au XVIe siècle, notamment en Espagne, puis sera réprimée [14]. L'Église entreprend de condamner les mariages successifs et prône une alliance à vie. Pendant plus d'un millénaire, il n'est pas allé de soi pour les chrétiens que le mariage dû être monogame, indissoluble et fondé sur le consentement réciproque des deux époux [15]. C'est l'Église qui, peu à peu, après des débats, a forgé cette conception et l'a imposée en uniformisant des coutumes fort diverses ; il est difficile de savoir pourquoi elle a réussi à l'imposer [16]. Le mariage chrétien est une invention médiévale et se marier à l'église n'est devenu pratique courante qu'au XIIIe siècle [17]. La continence et le célibat des prêtres sont instaurés seulement aux XIe-XIIe siècles. Toute une police des relations légitimes et illégitimes se met en place qui stipule la bonne façon de s'unir et assène des prescriptions visant à restreindre la sexualité à une portion congrue*. C'est l'époque où l'on ne peut s'unir que 91 à 93 jours dans l'année si l'on suit les directives ecclésiastiques. Et encore sans compter les périodes d'impossibilité dues aux interdits (menstruation, grossesse, période *post partum*, etc.) [18]. *La culpabilisation de la sexualité vise à ne rendre légitime qu'une sexualité reproductionnelle au détriment de toute autre forme.* Georges Duby montre l'évolution d'une organisation sexuelle toujours plus sévère et plus rigoureuse à chaque nouveau code élaboré par les Pères de l'Église [19].

Se construit une idéologie du mariage chrétien qui devient affaire d'Église alors qu'il était question profane. Elle s'immisce peu à peu dans le rituel de mariage. « Les époux ne forment qu'une seule chair. » En s'appuyant sur des textes de la Genèse, « que l'homme ne sépare pas ce que Dieu a uni », l'Église introduit le principe de l'indissolubilité du mariage, contraire au droit antique et surtout romain. Le mariage devient un sacrement qui représente, au niveau individuel, l'union du Christ et de son Église, ou du Verbe et de l'humanité. « Si le Dieu tout autre est précisément le modèle d'unité, aucune dualité ne peut en être l'image, à l'exception de cette nouvelle unité, tellement une qu'elle est indissoluble : le mariage monogamique [20]. » Soudé comme un lien irréversible et indestructible, remettre en cause cette union, c'est porter atteinte à l'intégrité de l'Église, c'est faire preuve d'hérésie. Les théologiens peineront

* Les normes sont du reste très évolutives. Solon permet le coït trois jours par mois ! Le Coran, lui, l'autorise une fois par semaine. Il y a des différences qui rendent toute norme bien aléatoire… la reine Zénobie permettait à son mari de l'approcher une fois par mois quand elle n'était pas enceinte, alors qu'une reine d'Aragon déclarait que la fréquence convenable en l'état de mariage était de six fois par jour ! Verrier Elwin assure qu'un mari Baiga doit faire l'amour plusieurs fois par vingt-quatre heures, sans quoi son épouse l'accuse de gaspiller ses forces viriles ailleurs… (Henriquez, 1959).

sans relâche pour justifier cette idée au fond paradoxale, car elle pourrait tout aussi bien justifier la polygamie, comme le fait remarquer Marie-Odile Métral. Le consentement mutuel devient primordial, tout comme on choisit de se convertir à Dieu, l'union devient sacrée et par conséquent indissoluble. L'Église fait des accordailles une affaire de choix individuel et libère peu à peu la personne des contraintes familiales. Le sexe peut en être rejeté, l'union ne se justifie plus uniquement par la procréation. On retrouve alors les diatribes antisexuelles de saint Jérôme jusque dans l'union conjugale, avec l'exigence de virginité, le modèle des époux chastes, etc.

L'affection conjugale désignée et limitée par l'Église est prescrite dans les termes du droit. Si l'âme et le corps demeurent propriété de Dieu, celui-ci abandonne l'usage de la jouissance des biens du corps de la femme au mari. L'épouse appartient au mari comme l'homme à son seigneur. *La problématique chrétienne des rapports conjugaux s'établit sur le devoir et la procréation et s'oppose au plaisir considéré comme adultère*. Procréer vient de Dieu, mais désir et plaisir viennent de Satan [21]. L'Église commande la réserve dans le mariage, on ne doit pas aimer sa femme comme sa maîtresse, ceci est d'autant plus nécessaire qu'il n'existe pas alors d'intimité : « le fameux triangle n'était pas fermé : le couple ou la famille étaient ouverts, ou plutôt immergés dans un milieu plus vaste et dont ils se séparaient mal, par une sorte de dégradé : la communauté [22]... ». Faire preuve de trop d'emportement aurait été provocation et incitation à la débauche. L'amour ne doit pas envahir le mariage : « Adultère est aussi l'amoureux trop ardent de sa femme », dit saint Jérôme, ou bien encore : « Le mari devient en outre adultère s'il lui arrive d'aimer sa femme avec quelque chaleur : il en fait une prostituée [23]. » On s'appuie sur les commandements du Décalogue, notamment le sixième pour condamner :

« Luxurieux point ne seras, de corps ni de consentement. » Solange Petit-Skinner parle « de délire collectif aux dimensions colossales » véhiculé par l'Église [24]. Il devient péché de prendre du plaisir, y compris dans l'union légitime et surtout pour la femme qui ne doit agir que par devoir. « Dans le mariage faire l'amour voluptueusement et immodérément est adultère », dit saint Jérôme. Pierre Lombard, évêque de Paris en 1160, affirme qu'aimer sa femme est un péché plus grand que l'adultère. Les manifestations dionysiaques sont réprimées, dissociant religion et sexualité [25].

À la fin du Moyen Âge apparaît le concept d'immaculée conception, de femme sans sexe : vierge, qui n'a pas besoin de son sexe pour enfanter, divine car sans sexe, véritable mécanique de culpabilisation des femmes. Jean Delumeau montre que le mépris du monde conduit aussi à rêver de l'homme sans sexe, à l'ange [26]. Pendant des siècles, l'amour a été cantonné en dehors du mariage, car suspect pour les chrétiens qui n'y voyaient que désordre charnel, paillardise et adultère [27]. Le vocabulaire de l'Église pour qualifier cette sexualité sera de l'associer au registre de la bestialité. Toutes les sexualités hors mariage et non reproductionnelles sont mises sur le même plan. Notons du reste qu'il serait plus adéquat pour qualifier une sexualité appauvrie, ou « de bas étage », de parler de machines, de mécaniques et non de bêtes.

Le parangon de l'amitié

> « On peut aimer en deux sortes : l'une est selon la raison, l'autre selon le désir. Celle qui a pour règle la raison, on me l'a nommée Amitié honnête et vertueuse, et celle qui se laisse emporter à ses désirs, Amour. »
>
> Honoré D'URFÉ, *L'Astrée*

Au travers des débats et controverses auxquels l'union donne lieu, au sein de l'Église, on note les signes d'un changement en matière de relation amoureuse dans la société médiévale. L'idée d'un amour désintéressé, « d'un élan volontaire hors de soi, oublieux de soi, désintéressé, et conduisant par un progrès, une épuration de degré en degré, jusqu'à la fusion en l'autre », vient de Cicéron et de sa théorie sur l'amitié [28]. C'est ce qui influencera la théorie de l'Agapè chrétienne, mais aussi de l'amour courtois et que l'on retrouve jusque dans la conception moderne de l'amour romantique. Les Pères de l'Église vont redécouvrir le modèle de l'amitié à partir de Cicéron et de ce qu'il nomme *l'amicitia*. C'est la concorde romaine : le couple, comme fondement de la famille qui est antérieure au mariage chrétien, celui de Marc-Aurèle. Mais c'est moins un couple égalitaire qu'une domination rationnelle. La famille nucléaire fondée sur le couple dans la relation mari-femme est déjà caractéristique de la société romaine : la concorde.

C'est à partir du modèle de l'amitié que l'amour se serait donc développé. C'est elle qui est fondatrice de l'amour et non la sexualité. De nombreux auteurs de l'Antiquité ont mené une réflexion sur l'amitié. Aristote, pour qui l'Éros en constitue une exagération, distingue dans *Éthique à Nicomaque* trois formes d'amitié : l'amour fondé sur l'intérêt, l'amour procédant de la volupté et celui qui se fonde sur ce qui est permanent. Le premier disparaît avec l'intérêt, le deuxième est égoïste et inconstant ; seul le troisième est la vraie forme, « vouloir le bien de ses amis pour eux-mêmes ». Cicéron, dans *De l'amitié*, reprend les catégories et distingue à son tour trois sortes : amitié d'intérêt, amitié de plaisir, amitié vertueuse. La distinction est ensuite reprise par saint Paul, dans l'*Épître aux Corinthiens* qui oppose Éros et Agapè, puis par saint Augustin et saint Thomas d'Aquin. C'est cette dernière forme que va prôner, tardivement, l'Église, dans *l'amour-mariage* qui prend l'exemple sur l'amitié (type des amis ou de l'amour maternel). Elle l'opposera à l'amour-passion, qui lui apparaît maladif. L'amour, c'est le désir et finalement le déraisonnable [29]. À noter que l'amitié est liée au narcissisme chez Aristote : on aime son ami comme soi. Robert Brain [30] pense que c'est l'amitié qui est universelle et qu'imposée ou libre, elle finit toujours par se développer [31]. Pour l'auteur, si l'amour et surtout l'amitié existent dans les sociétés traditionnelles, elles ne reposent pas sur le sentiment mais sur le devoir. Toute une littérature rapporte ces unions fraternelles : amour des amis-amants (dont parlera René Nelli), affinités électives : communautés affectives d'amis. Quant à *l'amour-romance*, il existe mais hors mariage (chez les jeunes et dans l'adultère).

Les Pères de l'Église s'éloignent de la conception de saint Augustin d'un amour égoïste pour se le représenter comme un élan volontaire, oublieux de soi, désintéressé et conduisant par une épuration successive, de degré en degré, à la fusion avec l'autre. C'est la figure de la *philia*, amour modelé sur l'amitié. Cette lecture de l'amitié influencera l'amour courtois comme la chrétienté, et va permettre de mettre en avant le modèle de l'amour chaste : le mythe des époux demeurant chastes et qui ne « consomment pas ». Ce modèle s'inspire du néo-platonisme. Mais le mariage chaste signifie au départ un mariage qui se vit sans recourir à l'adultère, qui observe les périodes d'abstinence pour les fêtes religieuses et les tabous (menstruations). Puis ce que l'on appelle les nuits de Tobie consiste à maintenir la chasteté durant trois jours après le mariage [32]. Saint Ambroise va plus loin et exige que le couple réduise l'impureté inhérente au plaisir de l'acte. Enfin le mariage chaste devra devenir totalement abstinent. Saint Thomas intervient même comme tiers, dit-on, dans des nuits de noce en occupant le lit et en plaçant les époux de chaque côté sur des chaises pour empêcher l'acte sexuel ! La convoitise est déclarée malpropre [33]. Une haine du corps, de la sexualité et finalement de la femme est affirmée par des discours répressifs qui se poursuivront de façon sous-jacente dans la modernité. Le mythe du mariage chaste de Henri II et Cunégonde, qui n'auraient jamais consommé leur union, va inspirer la poésie lyrique qui magnifie l'amour au détriment de la sexualité [34]. L'alliance chaste devient un modèle idéalisé par le clergé : on donne ainsi une autre Cunégonde qui sait retenir son époux roi de Pologne durant trois ans. Ce type du couple monastique connaîtra un certain succès dans les élites, depuis l'union royale du Moyen Âge jusqu'au philosophe chrétien Jacques Maritain qui, avec son épouse Raïssa, fait vœu de chasteté.

Hugues de Saint-Victor inaugure une nouvelle idée du mariage, où l'amour occupe la place qu'il avait hors du mariage avec l'amour courtois : c'est le mariage virginal, continent. Il n'est pas l'institution de la parenté mais de la tendresse et de l'intimité. Hugues de Saint-Victor légitime le couple et l'amour au travers du mariage mais en rejetant toutefois l'hédonisme et le féminisme de l'amour courtois. Si à partir du XIIe siècle l'état conjugal n'est plus présenté comme de moindre dignité, l'alliance par inclination ne s'impose pas encore comme une évidence [35]. Ainsi le moine Henri de Lausanne est pourchassé pour hérésie en 1116, au Mans, car il déclare que l'union matrimoniale doit être libérée de toute considération économique, d'intérêt et qu'elle doit être un consentement mutuel [36]. Malgré tout, du fait du danger du néoplatonisme de l'amour courtois, de la relecture des modèles de l'amitié et des apories des théories les plus strictes de la chrétienté, les *Préceptes du mariage* de Plutarque deviennent le fondement de l'hymen chrétien [37]. *Le mariage par consentement est valorisé et présenté comme seul acceptable*. Ceci sans doute pour contrer l'influence de l'amour courtois qui représente un danger social pour l'institution du mariage et de l'Église, une hérésie. Contre la valorisation et la sacralisation de l'affection profane passionnelle de l'amour courtois – qui n'insiste pas sur la chasteté et qui favorise même le rapport au tiers –, la mystique chrétienne propose le néo-platonisme d'un amour chaste. Ce que l'Église appréhende surtout, c'est que la femme devienne sujet, affranchie. « Avec l'amour courtois, ce sont des femmes qui prennent plaisir à dominer et contredisent la générosité et l'effacement, l'oubli de soi – dits éternellement féminins. Ce qui n'était que faute pour un homme devient maladie, voire monstruosité ou folie pour une femme [38]. » Ce qui est contre nature pour l'Église, c'est l'amour pur, équitable et réciproque, qui suppose une femme reconnue, aimée et capable de jouir. Accéder au plaisir, c'est reconnaître le droit des femmes, nécessairement leur égalité. C'est surtout permettre à celles-ci de s'affranchir de leur condition de servantes dévouées et fidèles. La nouvelle image du mariage chrétien va permettre d'éviter cet écueil.

Malgré l'urgence de combattre l'hérésie, l'Église hésite d'abord à légitimer l'attraction amoureuse comme base de la relation conjugale. Le danger réside dans la concurrence qui s'établit entre l'être aimé, terrestre et celui auquel on devrait se consacrer entièrement, céleste. Le problème se pose surtout pour les femmes, qui sont avant tout les épouses de Dieu. La femme est divisée en deux, elle appartient pour le corps à son époux, pour l'âme à Dieu. « Elle a en réalité deux époux qu'elle doit équitablement servir, l'un, investi d'un droit d'usage sur son corps, l'autre, maître absolu de son âme ; entre ces deux époux, point de jalousie si la femme prend soin de rendre à chacun son dû [39]. » Une véritable schizophrénie de la femme est établie comme norme : « leur devoir est non point de partager leur amour, mais de se partager elles-mêmes. Dissociation, dédoublement de la personne : d'un côté (du côté du terrestre, du charnel, de l'inférieur), l'obéissance passive ; de l'autre, l'élan vers le haut, l'ardeur, bref l'amour [40] ». Car il est interdit à la femme de jouir dans l'amour charnel, elle doit le subir seulement et mettre toute son ardeur au profit de son époux céleste. Inutile de préciser que ce traitement ne vaut pas pour l'homme qui lui n'a pas à se dissocier. Georges Duby émet comme hypothèse que cette froideur des épouses a contribué à pousser les hommes à aller chercher ailleurs le plaisir. Peut-être est-ce même une nouvelle forme de prostitution qui voit le jour en cette occasion. L'infidélité est si répandue qu'on la connaît par les mentions sur un époux qui, parce que fidèle, apparaît comme un original, et se trouve ridiculisé. Le fait que la femme soit considérée naturellement comme épouse céleste explique aussi la pulsion don-juanesque de l'homme qui cherche à rivaliser avec Dieu, et du même coup sa condamnation aux enfers. L'Église produit la conception d'un mariage autosuffisant, mais un mariage où la sexualité est censurée et la femme assujettie.

Un autre problème pour la chrétienté est celui de l'obéissance. Parce que les individus n'ont pas à choisir leurs conditions mais à l'accepter dans l'humilité, aussi l'Église hésite-t-elle au Moyen Âge à cautionner le mariage d'inclination comme idéal d'union entre époux. « L'amour ne peut développer ses formes entre deux conjoints, car les amants se font mutuellement largesse de tout, gratuitement, sans raison de nécessité, alors que les conjoints sont, par devoir, tenus d'obéir à leur volonté mutuelle et à ne se refuser en rien [41]. » L'Église a peur des confusions et hésite à condamner ou légitimer le modèle de l'amour courtois. Cependant, elle favorise finalement le mariage d'inclination contre le mariage courtois, extraconjugal. L'évêque de Paris condamne en 1277 le traité *Sur l'amour* de André Le Chapelain (1185) [42]. L'Église s'élève ainsi contre un type de rapport homme-femme plus égalitaire colporté par l'amour courtois, puisque comme l'indiquent les textes religieux la femme doit être soumise. Le mariage d'inclination permet de maintenir un ordre social où les rôles sexués connaissent le *statu quo*.

André Burguière fait l'hypothèse qu'après ces hésitations les clercs admettent que l'union maritale est un moindre mal et qu'elle est même une nécessité sociale [43]. Le lien conjugal permet de développer une forme de solidarité conjugale, autour d'une relation d'assistance et d'affection entre deux individus. Cette solidarité ne pouvant exister que si l'union est librement consentie, le libre consentement et l'engagement réciproque des conjoints deviennent nécessaires. *L'Église opère donc un revirement et diffuse la notion de mariage par inclination comme norme* en donnant aux conjoints un rôle de plus en plus actif dans la cérémonie. Il n'est pour autant pas question de légitimer du même coup le plaisir qui demeure suspect. L'affection elle-même se devant d'être raisonnable et limitée, il ne saurait être question pour les époux de se livrer à des emportements passionnels à la manière du chevalier et de sa dame. « La tradition, de Sénèque à Montaigne, du stoïcisme à l'Église, n'assimilait-elle pas l'amour entre conjoints à l'adultère [44] ? » Tout comme les Pères de l'Église, Montaigne se prononce dans le Livre I de ses *Essais* pour une alliance raisonnable, et enseigne qu'il faut savoir se retenir de trop d'affection dans le mariage car trop de voluptés risquent de réveiller en la femme des démons. « Qu'elles apprennent l'impudence, au moins, d'une autre main », dit-il. L'antinomie entre plaisir sexuel et devoir conjugal aboutit à vivre le plaisir hors du mariage. La position de l'Église médiévale étant loin d'être évidente, ce n'est qu'après débats qu'un paradigme est défendu et présenté comme norme. Ce n'est finalement qu'au milieu du XIIe siècle, que l'Église fait admettre à la haute aristocratie que le lien conjugal doit se nouer par consentement mutuel et c'est sans doute sous son influence que le phénomène va se généraliser à l'ensemble de la société. *Elle favorise le mariage d'inclination contre la passion*, et légitime surtout, ce faisant, le mariage comme « institution naturelle », un système qui rationalise un processus de domination des femmes. « Femmes, soyez soumises à vos maris, comme au seigneur ; car le mari est le chef de la femme, comme le Christ est le chef de l'Église [45]. » L'Église divulgue ce modèle dominant, relayé par les images de la Sainte Famille alors mises en avant dans l'art : famille nucléaire unie et aimante.

Une mystification

« Aimez votre ennemi. »

L'Église va reprendre à son compte la classique distinction actif-passif afin de régir les rapports hommes-femmes. Michel Foucault rappelle le rapport entre les sexes dans la Grèce antique : « dans la pratique des plaisirs sexuels, on distingue clairement deux rôles et deux pôles, comme on peut les distinguer aussi dans la fonction génératrice ; ce sont deux valeurs de position – celle du sujet et celle de l'objet, celle de l'agent et celle du patient : comme le dit Aristote, “la femelle en tant que femelle est bien un élément passif, et le mâle en tant que mâle un élément actif" [46] ». Cette histoire en matière de sexualité est déterminante dans l'histoire de l'amour. L'homme a la position de sujet, acteur dans le rapport sexuel. La femme, elle, lui est soumise, objet et dominée. Le mariage est d'abord littéralement l'appropriation de la femme par l'homme, le premier mariage étant le mariage imposé. La critique de l'union traditionnelle a décrit le passage rituel d'appropriation de la femme par l'homme durant une nuit de noce qui ressemble à une nuit de viol. La dialectique du maître et de l'esclave de Hegel en fournit l'analogie. C'est l'histoire d'une mutation de la sensibilité, puisque l'esclave consent d'abord à obéir par peur de la mort, puis surmonte sa peur et entreprend une lente conquête de son affirmation par son travail. Ainsi *le mariage est d'abord d'imposition, puis d'intérêt, avant de devenir peu à peu de concorde, intérêt mutuel partagé, et aboutir à une union où l'affectif trouve une place de plus en plus grande*. La femme opère une conquête de l'institution du mariage en se l'appropriant. L'amour courtois prenait pour référence le rapport du vassal à son seigneur, mais en l'inversant [47]. L'Église va, elle, réaffirmer la suprématie masculine et la nécessaire soumission des femmes, mais devenues cette fois-ci aimantes. Or, si la femme appartient au mari, le mari n'appartient toujours qu'à lui-même. On incitera les femmes à développer une inclination amoureuse à l'intérieur même de la cellule nuptiale.

Une mystique de l'affectif conjugal a été construite par la tradition religieuse qui préconisait à la femme comme preuve de sagesse et d'amour d'être soumise et disponible. La femme doit être au service de son mari, comme un enfant ou une servante, et supporter les coups sans riposter [48]. Le mythe de référence est celui de Grisélidis, rapporté par Boccace ou encore Pétrarque, puis Perrault. L'histoire de Grisélidis est exemplaire de *la mystique de service*, idéal de la femme de l'homme patriarcal. Grisélidis est une fille pauvre qu'un marquis s'abaisse à épouser. Mais il lui fait jurer en échange d'être entièrement dévouée, sans même connaître une pensée de rébellion. Pour l'éprouver, il lui retire ses enfants quand ils naissent, l'humilie, puis la répudie pour une femme plus jeune. Face à ces vilenies, Grisélidis acquiesce et remercie, elle montre un amour parfait car elle est complètement soumise ! L'histoire présente Grisélidis comme un idéal. Le marquis, l'ayant éprouvée jusqu'à la vieillesse, peut enfin lui avouer son attachement. Bref, il est le tyran que la femme doit servir et aimer sans rébellion. Voilà un beau spécimen de l'escalade du couple dans la tyrannie de l'un et la soumission de l'autre ! Le conte prétend que tout ceci débouche sur l'amour, ce dont on peut bien sûr douter : la fin est purement idéologique. La perte d'identité constitue la première étape de l'appropriation des femmes. La femme n'existe plus dans son corps devenu non-lieu du sujet. Sa déshumanisation et sa chosification sont dites nécessaires au désir des hommes [49]. Cette « mystique de service » était déjà celle des Pythagoriciens et sera utilisée par les Pères de l'Église. Elle présente la « femme servante » comme un idéal. « Que l'épouse soit soumise à son époux, qu'elle révère son autorité, qu'elle lui conserve une fidélité inviolable, une obéissance pleine de respect et d'amour », commande monseigneur de Malvin de Montazet (1758-1788) [50]. Amour de préférence et de respect que l'on nomme *caritas conjugalis* ou *dilectio* montrant le modèle de l'amitié inégalitaire qui lui sert de fondement.

L'Église développe cette *mystique de l'amour de service* qui sera longtemps plus importante que l'idée d'inclination. On la retrouvera présente tant dans le mariage bourgeois que dans l'idéal positiviste. Cette construction se mêlera à l'amour courtois pour s'incarner plus tard dans le romantisme de la conjugalité. Elle est donc à prendre en compte dans une analyse féministe de l'amour [51]. *La preuve ultime de l'amour de la femme est d'être soumise à son mari.* « La soumission apparaît comme l'expression féminine de l'amour conjugal [52]. » *La soumission des femmes est au cœur de la doctrine chrétienne*, rappelle Georges Duby [53]. L'époux doit régner en maître sur sa femme. Le couple est construit d'un amour non réciproque : l'amour du mari pour la femme s'appelle « dilection », celui de la femme pour son mari « révérence ». Ainsi parmi les conseils que donne Madame Le Prince de Beaumont aux futures épouses, dans *Le Magasin des Adolescentes*, relevons que le mariage doit être pour la femme « une école d'absolue soumission » : « Un mari a tort sans doute d'exiger trop de sa femme, mais une femme a tort de ne pas se prêter aux bizarreries de son mari. Il faut qu'elle se mette bien dans l'esprit, en se mariant, qu'elle prend un maître auquel elle doit sacrifier ses goûts, ses inclinations, et même ses penchants les plus innocents [54]. » Le mariage de service, de solidarité mutuelle, n'est possible qu'avec la soumission de la femme au désir du mari. Rappelons que les détracteurs du mariage d'intérêt n'étaient pas pour un mariage de passion. Seule la passion était réservée au divin, le mariage devant être de raison, avec l'apport de l'affectif comme ciment à la solidarité familiale. Du reste, comme le prétend Montaigne, on ne doit pas se marier pour soi-même mais pour sa famille. Se marier contre la volonté des parents représente un péché mortel. Les plus ardents défenseurs de l'affection mutuelle pour le choix d'un époux condamnent fermement le mariage d'intérêt, mais également la passion sensuelle ou romanesque qui crée des espérances irréalistes de félicité conjugale. Balzac défendra également cette thèse au XIXe siècle dans les *Mémoires de deux jeunes mariées*.

L'amour nuptial est d'abord présenté comme un

devoir : « le nœud sacré du mariage fait à deux époux un devoir strict de s'aimer ». Le devoir de la jeune fille est d'aimer son époux : ce sera la morale dominante encore au XIXe siècle [55]. *Du devoir de s'aimer une fois marié, au devoir de se choisir parce qu'on s'aime, il y a une lente progression.* Il a fallu toute une évolution pour passer au travers de ces différentes formes d'amour, ce qui explique par ailleurs la diversité des théories et des explications sur le sujet. L'Église favorise une alliance qui développe après coup un amour conjugal raisonnable, une tendre affection que les personnes mariées doivent éprouver naturellement l'une pour l'autre, afin de demeurer ensemble toute leur vie, et supporter réciproquement leurs défauts. *L'amour est d'abord une affaire de bonne volonté.* Les conjoints doivent s'efforcer de s'aimer, sans quoi ils sont fautifs. La fidélité des femmes dans un mariage sans amour est une chose contre nature que l'on a essayé d'obtenir avec la peur de l'enfer et au moyen des sentiments religieux, critique Stendhal [56]. La femme doit « prendre sur elle » pour que dans son foyer règne le bonheur dont elle est responsable. Elle apprend à aimer son époux après le mariage, pas avant. Il est donc logique que l'Église condamne le divorce puisque l'amour résulte d'un effort après coup fait par les époux et qu'il n'est pas préexistant à l'union. Des bonnes règles de conduite de l'union conjugale, que s'empressent de prescrire maints ouvrages spécialisés, suffiront à rendre l'état de mariage supportable.

Il faut que la supériorité du mari ne soit pas « impérieuse » et que la soumission de la femme « ne tienne pas de la servitude et de l'esclavage ». La fonction de l'amour est donc de maintenir un lien qui serait sans cela intolérable. Il faut que « l'amour règle et conduise tout, autrement le mariage deviendra un joug insupportable et une croix continuelle », dit dans son sermon le père Houdry [57]. *L'individuation bourgeoise ne permet plus que des individus soient soumis de force, il est bon qu'ils acceptent d'eux-mêmes leur servitude.* Le modèle d'amour idéal est celui de l'abnégation : « Vivre pour un autre, se témoigner pour un autre, disparaître dans la gloire ou une vertu dont on est le principe... apprendre pour qu'un autre sache, penser pour qu'un autre parle, chercher la lumière pour qu'un autre brille, il n'y a pas de plus belle destinée pour la femme, car tout cela signifie se dévouer. Or, quelle plus noble profession que le dévouement ? Quel emploi de la vie mieux approprié à toutes les qualités de la femme ? Cette demi-ombre convient à sa réserve, cette intermittence d'action à sa faiblesse physique, ces élans momentanés à son entraînement, cette vigilance à sa finesse et surtout cette vie de consolatrice à son âme ! Toute épouse, vraiment épouse, a pour carrière la carrière de son mari [58]. » Le discours de l'Église opère une réinterprétation des « écrits », pour venir cautionner un nouveau modèle, celui du devoir d'amour dans le mariage, ceci parallèlement et sous l'influence des relectures de l'Antiquité, notamment avec le néoplatonisme. Ce discours idéologique qui affirme à la fois la monogamie, l'indissolubilité du mariage, son caractère sacré lié à l'amour, et sa mission de fécondité, est tiré des Saintes Écritures, comme si ces éléments étaient nécessairement indissociables. *Il y a une déviation et une récupération des thèses de l'amour réciproque au profit d'un enfermement conjugal inégalitaire où la tâche d'aimer est dévolue à la femme.*

Du mariage imposé à la mystique de service, la femme est soumise à l'homme. On retrouve ces éléments dans le mariage contractuel positif où la femme ne parvient pas (non plus) à l'égalité car l'injonction d'aimer qui lui est faite, l'idéologie de l'amour romantique fusionnel vise à lui faire croire que l'amour conjugal est son destin et sa chance. C'est l'idée que l'union maritale protège les femmes. Car le discours de l'amour terrestre s'adresse alors avant tout aux femmes. Aimer c'est fusionner et donc s'oublier. Elle ne doit faire qu'un avec son mari, mais ceci n'est vrai que dans un sens, le mari, quant à lui, n'est pas tenu à ne faire qu'un et à aimer. La forme ultime de l'amour romantique que nous connaissons dans nos sociétés est le fruit de cette lente évolution. Non pas qu'elle n'ait pu exister auparavant, mais elle demeurait une forme marginale, en aucune façon un modèle dominant comme ce fut le cas par la suite. Benjamin Constant fait ainsi hésiter son héros entre une aristocrate indomptable, Madame de Malbée, et *Cécile*, figure idéale de l'amour bourgeois : « Cécile était à mes ordres. Quand j'étais absent, elle ne se plaignait point et cherchait à se distraire. Dès que je revenais, elle renonçait au monde et ne vivait plus que pour moi. » Le rôle de la femme est d'assumer entièrement sa condition « par amour » : « Je vous regarde donc à jamais comme mon mari, comme mon maître. C'est désormais à vous de me dicter mes moindres démarches. Je vous obéirai en tout. Tout ce que vous m'ordonnerez, je le ferai. Vous êtes seul chargé de ma vie, et je n'ai plus d'autres devoirs que la fidélité et la soumission », déclare alors Cécile, que la patience domptera des années durant. Certes il s'agit d'abord du désir des hommes d'imposer ce rôle aux femmes, mais il fournira un type de référence qui sera imposé largement. La conjonction des modèles religieux et bourgeois va occulter le parangon de la noblesse plus permissif et dans une mesure plus égalitaire entre les sexes.

Une mutation de la sensibilité va modifier progressivement le rapport amoureux. Dans un premier temps, l'amour dans le mariage signifie l'oubli de soi, du moins pour les femmes. C'est un devoir d'abnégation. Ce n'est que tardivement que ceui-ci sera supposé être un révélateur de son moi profond. Paradoxalement l'amour valorisé sera le modèle fusionnel.

L'exigence d'affirmer un sentiment d'identité pour que l'amour se développe n'est qu'en apparente contradiction avec cette condition. André Burguière donne de nombreuses preuves de ces noces harmonieuses dès le XIVe siècle. Pourtant amour et mariage ne sont pas pour autant indissociablement liés. « L'amour ne se propose pas le mariage comme fin tel qu'il le fera quand prendra forme au XIXe siècle ce qu'on a appelé le modèle de l'amour romantique mais il ne l'envisage déjà plus comme terme, comme le passage au lien légal qui vient éteindre les ardeurs du désir dans les obligations du devoir conjugal [59]. » Peu à peu s'implante l'idée que l'amour peut procéder à la constitution de l'union et même lui survivre. C'est à partir de la fin du XVIIIe siècle que le mariage d'amour devient paradigme dominant. Cependant, l'Église conserve une nette réprobation pour la passion dans l'union, l'homme sage doit aimer sa femme avec jugement. « Rien n'est plus infâme que d'aimer une épouse comme une maîtresse... », rapporte Jean-Louis Flandrin. Cette attitude inspirée du stoïcisme a été constamment celle des théologiens médiévaux et modernes et formalisée avec force depuis saint Jérôme.

L'évolution de l'Église

> « Son rôle est de murmurer : "que cela soit" quand on lui propose la peine, le silence et la gloire. Sa vocation est d'attendre, de suggérer et de répondre, d'*être* beaucoup plus que de *faire*. »
>
> Jean GUITTON [60]

C'est dans la seconde moitié du XVIIIe siècle que l'on vante les mérites du « mariage d'inclination ». Il se constitue en modèle au cours du XIXe siècle alors que les mariages de convenance, de raison ou d'intérêt sont montrés du doigt. Ces expressions apparaissent alors avec pour effet de stigmatiser ces pratiques [61]. Mais ce type de mariage ne triomphe vraiment que sous la IIIe République. *Au devoir de s'aimer succède l'idée de se marier du fait de l'amour préexistant* : de s'épouser parce qu'on s'aime. Du mariage imposé à la mystique de service, la femme est soumise à l'homme, elle y sacrifie son individualité. On retrouve également ces éléments dans l'union conjugale moderne où la femme n'émerge pas davantage à égalité avec l'homme car l'injonction d'aimer, qui lui est faite, vise à lui faire croire que l'amour conjugal est son salut. Une idée répandue prétend que le mariage protège les femmes. Idéologie qui vise à faire croire qu'il est à l'avantage de celles-ci, comme l'attestent de nombreux dictons. L'amour est la réunion dans le mariage de deux destinées qui se confondent. Aimer, c'est fusionner et donc s'oublier. Le discours de l'amour terrestre s'adresse alors avant tout aux épouses.

Le modèle fusionnel est renforcé par l'idée romantique néo-platonicienne de prédestination. Le mariage consiste alors à retrouver sa moitié perdue et ne plus faire qu'une seule chair. La relation conjugale est tenue à l'obligation de la concorde (et *ad aeternam*) : « un seul cœur, un même sentiment, un unique avis, voilà avec la procréation l'autre devoir du mariage [62] ». L'union maritale devient, sous l'influence de l'Église, consensuelle. *On tente d'accréditer l'idée que mari et femme forment une unité homogène aux intérêts communs.* Du reste, ceci se concrétise politiquement : « Pour certains d'ailleurs, le couple forme en réalité un seul être, et ne peut avoir qu'un seul avis : deux époux d'avis différent commettent un adultère moral ; et par conséquent la femme n'a pas besoin du droit de vote [63]. » La division ne doit pas s'insinuer dans le duo qui doit rester uni : le droit de vote aurait pour effet de semer la discorde. Le couple est le royaume d'une conscience unique[64]. *L'amour fusionnel, produit de la rencontre entre l'idéologie religieuse et l'idéal romantique, vient donc à l'encontre de l'émancipation potentielle des femmes contenue dans l'idée de contrat de la philosophie des Lumières. L'amour-fusion est un oubli de soi, une démission de soi*, une « idéalisation de la soumission qui la fait passer pour assumée et consentie, donc dépassée dans l'amour oblatif [et qui] reste une mystification pour la femme[65] ». Ces dernières connaîtront souvent des lendemains de fête qui déchantent. L'Église demeurera en retrait, suivant l'évolution du mariage d'inclination plus qu'elle ne le recommande. Quand elle le fera, ce sera pour valoriser l'affectif en l'opposant au sexuel et en construisant ainsi un antagonisme entre les deux. Elle imposera ainsi une opposition binaire qui laisse sous-entendre que c'est soit l'un, soit l'autre. L'amour séparé de la sexualité est magnifié, transfiguré en quelque chose de pur, d'intouchable et d'éthéré, ce qui permet du même coup de dévaloriser la sexualité[66]. Le vrai amour tend, à présent, à la générosité et au désintéressement alors que le faux amour tend à l'accaparement et à l'égoïsme. « Idée respectable, si elle ne servait de base à l'éternel sermon sur le renoncement et sur le sacrifice », commente Jean-Claude Bologne[67]. Le clergé qui a hésité à reconnaître l'amour comme fondement de l'union ne jure plus maintenant que par lui, dévalorisant du même coup le sexuel.

La famille est bientôt sanctifiée par l'Église, qui la prône comme religion moralisante. Marie-Odile Métral parle du ralliement du christianisme à la mystique du couple et de sa méfiance persistante envers la sexualité. La famille devient une référence naturelle sans que l'on précise vraiment ce terme à utiliser à sa convenance. Ce sera essentiellement le mythe de la grande et sainte famille, où le devoir de procréation de la mère-épouse dévouée à sa famille est sacré. Sainte mission que Dieu demande aux femmes. Dans la famille bourgeoise, il faut une « femme bonniche ou potiche ». En défendant ce genre comme valeur éternelle, élément naturel, alors qu'elle se constitue sous cette forme de façon récente, l'Église sert le pouvoir bourgeois qui s'affirme. Monseigneur Dupanloup prétend, non sans raison, que seule la famille peut sauver de la menace communiste ! L'Église préserve l'ordre social en prenant ainsi la défense du mariage et de l'autorité du mari [68]. Les débats politiques autour de la famille demeureront chargés de cette histoire. Pour que le ménage soit heureux, chacun doit demeurer à sa place sans empiéter sur le rôle du conjoint. Que les épouses se le disent ! L'Église définit la relation conjugale comme monogame, exclusive, nécessitant une soumission de celles-ci. Relation d'appropriation, de dépossession et d'aliénation de soi, commente Marie-Odile Métral [69]. L'Église fera son possible pour contenir et empêcher l'émancipation des femmes. Pour leur épargner la honte de la sexualité, qu'elles ne peuvent que subir, non choisir. Derrière sa prétendue idéalisation, l'éthique catholique cache un mépris profond des femmes. L'homme peut avoir du plaisir ; la compagne ne peut que s'y soumettre. Le couple demeure de toute façon soumis à l'interdit de l'érotisme. Il est conseillé aux messieurs d'éviter les femmes qui travaillent, les intellectuelles aussi bien que les prostituées, l'indépendance de la femme étant mauvaise pour eux. L'Église exhorte les époux à s'aimer dans l'état de mariage, et à se marier s'ils s'aiment, davantage qu'elle n'insiste sur l'obligation de devoir s'aimer pour se marier. Méfiante vis-à-vis de l'amour-passion ou romantique, elle lui préfère l'amitié raisonnable.

Finalement, ce n'est que récemment que l'Église tente de concilier Éros et Agapè au sein de l'union conjugale et de les constituer en modèle idéal. *Mari et femme ne sont plus en état de subordination mais sont de tendres amis*, unis afin de constituer une famille. Vatican II affirme que c'est l'amour qui est la base de l'institution du mariage, *l'amour humain devient un signe de l'amour de Dieu*, mais toujours avec une visée procréatrice. Sans enfant, l'union n'a toujours pas de sens. Le but du mariage demeure pour l'Église, quelle que soit la façon dont il est contracté, la procréation. Si les premiers chrétiens s'y opposent au nom des textes évangéliques et de Jésus, ensuite l'Église, comme on le sait, en fera un devoir sacré, but unique du mariage. Actuellement sous l'effet de l'évolution sociale, elle relativise la notion de procréation en axant l'union conjugale non sur ce devoir mais sur l'amour des conjoints, marquant ainsi une troisième évolution, toujours en se référant aux mêmes textes ! Il demeure toutefois une incapacité des chrétiens à penser l'amour humain en dehors d'une finalité reproductrice. Le refus intervenu courant 1998 d'ordonner un mariage religieux pour un couple qui avait affirmé son intention de ne pas avoir d'enfant révèle assez la persistance de cette idéologie. La persuasion que le destin des femmes est la maternité viendra renforcer leurs dépendances.

Le nouveau mot d'ordre est le respect et l'égalité des partenaires même si le nouveau modèle repose toujours sur le paradigme chrétien de la mystique de service qu'il masque difficilement. L'évolution de l'Église vers une sexualité qui intègre la tendresse date de l'après-guerre. Mais le couple pleinement chrétien ou sacré ne peut être toujours que fidèle et exclusif, sans quoi il tombe dans « le dévergondage et la chiennerie [70] ». L'amour pour le chrétien consiste à avoir un partenaire personnel, unique, éternel, sinon il déchoit dans l'animalité [71]. Après moult tergiversations, la nouvelle morale catholique (la plus éclairée) semble mieux admettre la sexualité mais uniquement comme manifestation de l'amour et limitée dans le mariage. Finalement, elle approuve le lien conjugal comme une union d'amour réciproque.

Devant l'évolution sociale, l'Église se soumet à l'union par amour et la revendique comme si elle en était l'instigatrice ! *La conception monogamique du mariage et le caractère sacré de la famille désormais présentés comme universels et de toute éternité*, le mariage du couple amoureux est pris pour norme par les Églises (protestante et catholique). L'Église « considère l'amour comme un phénomène universel. Mais il faut bien avouer qu'il s'agit d'une étrange universalité, inspirée par l'éthique chrétienne, fixée par le droit romain, travaillée par l'amour courtois et répandue par le capitalisme [72] ». L'historicité du discours est comme toujours négligée, une pseudo-historicité est admise pour justifier le nouveau discours en l'ancrant dans une soi-disant tradition. La femme est dans le mariage l'associée, ou la compagne, et le couple toujours compris dans le paradigme de la complémentarité qui cache, comme on le sait, l'idéologie de la différence, et par conséquent un rapport de domination. La sexualité doit de toute façon toujours servir à quelque chose : auparavant au service de la reproduction, elle est à présent au mieux l'expression et l'affirmation d'un amour conjugal, mais le plaisir en soi est rejeté, toujours considéré comme bestial. De multiples essais « chrétiens » sur l'amour prônent encore fidélité, monogamie, abnégation, amour de service non passionné, tendresse conjugale rationnelle, si possible chasteté en dehors du devoir de procréation, même si cela est dit avec plus ou moins de précision. La passion continue d'être occultée. La preuve de l'amour réside au pire dans la fidélité sexuelle, au mieux dans l'abstinence et la chasteté. La réussite conjugale chrétienne est le couple tendrement et éternellement refermé sur lui-même. C'est *l'amour humain* selon Jean Guitton, auquel Tony Anatrella tente d'apporter une caution psychanalytique [73]. Encore une fois, le nouveau modèle prôné par l'Église sert de référence, et ceux qui s'en écartent sont culpabilisés. Avec Jean-Paul II, un retournement s'opère par rapport aux positions plus libérales des années 1960.

Retracer le cheminement des théories de l'Église semble essentiel pour comprendre le mariage contemporain fait de soumission, d'inégalité, de contrat, de service et de dévouement, d'abnégation, de fusion, et de si peu d'ouverture, d'échange, de sexualité, d'érotisme au sens large avec des tiers. « C'est tout de même bien de la faute de l'Église si nous en sommes arrivés aujourd'hui à si peu d'amour et d'érotisme dans le mariage ! », remarque Philippe Ariès [74]. Plus que ça, c'est l'organisation même de la conjugalité et des modèles affectifs qui en découle. « Ces textes ne sont pas appliqués à la lettre, il s'en faut de beaucoup heureusement, mais ils influencent plus ou moins directement les opinions, les attitudes, les pratiques des croyants et des incroyants. Ils constituent surtout des *références idéologiques* qui orientent explicitement ou implicitement, ouvertement ou honteusement, les comportements de millions de personnes qui restent encore plus ou moins sous l'emprise du christianisme », commente Jean-Marie Brohm [75]. L'idéologie de la fusion que l'on retrouve dans le romantisme et la romance amoureuse la plus laïque n'est pas sans lien avec la mystique de service, le projet d'abnégation qui commande à la femme de fusionner dans le projet de l'homme, de s'y investir et de s'y évaporer. Ce sont les formes, mais aussi les conditions du vécu amoureux qui sont déterminées par cet héritage : le couple, le projet de famille, de cellule monogame, autosuffisante, confondue avec l'amour.

Le fait de lier l'amour au couple, au mariage, au conjugal est pourtant une supercherie que dénonce Eugen Drewermann. L'amour selon Dieu n'a rien à voir avec la forme que prend le mariage, qui est, elle, culturelle. « Ce qu'il y a de paradisiaque dans le mariage, c'est l'amour qui s'enracine dans la foi ; si cet amour se réalise dans un mariage polygamique ou polyandrique, cela pose une question culturelle, institutionnelle et morale absolument impossible à confondre avec le problème théologique de la nature de l'amour et de la fondation de celui-ci sur la foi en Dieu [76]. » Ceci veut dire que l'amour en Dieu n'est pas obligatoirement exclusif, dual, mais qu'il peut être ouvert et multiple. L'amour véritable, « paradisiaque », n'a rien à voir avec la conformité de la relation à une morale idéologique dominante. Ce n'est pas la nature de l'alliance qui fait la qualité de l'amour échangé entre les personnes. L'amour peut donc être moral et être ouvert sur le tiers, voire multiple, ce que l'Église s'est toujours refusée à admettre. C'est pourtant le nouveau modèle qui se dessine dans la société contemporaine, sous la pression des évolutions sociologiques et devant les contradictions des références antérieures. Transformation qui amènera inéluctablement l'Église à devoir une fois encore adapter ses discours de vérité…

TROISIÈME PARTIE

1 + 1 = 3

CHAPITRE VII

L'affirmation à devenir sujet

> « Je crois avoir découvert que ce "grand amour" est un mythe, une illusion destinée à pousser les individus à se détruire eux-mêmes en se fondant l'un dans l'autre, ce qu'ils ne feraient pas de leur propre gré, si ce n'était au nom d'une religion, d'un idéal. »
>
> Évelyne LE GARREC [1]

Il est pour le moins symptomatique que l'injonction faite aux épouses de devoir aimer leur mari et leurs enfants en leur présentant cet amour comme la chance et l'idéal de leur vie se soit renforcée au moment même où un mouvement d'émancipation de leur condition paraissait possible. Nous avons montré précédemment que la situation de la femme dans la famille évoluait de la condition de servante dans la société traditionnelle à celle d'épouse modèle, aimante et dévouée dans la famille chrétienne. Pourtant, dans les deux cas, l'alliance demeure décidée par la collectivité qui conserve le premier et le dernier mot. Le puissant mouvement porté par la philosophie des Lumières va remettre en question ces rapports sociaux construits sur une idéologie communautariste. À l'inégalité naturelle des statuts, fondés sur la tradition et l'idéologie religieuses, elle substitue l'égalité de conditions d'individus libres et contractant volontairement leur union. Considérés comme libres et égaux en droit quelle que soit leur naissance, ils ne sauraient être unis au gré de la communauté ou selon les intérêts de celle-ci. D'autres règles que celles héritées du droit coutumier doivent être trouvées pour régir rationnellement les unions. Dès lors l'affectivité, lieu de l'irrationnel par excellence, peut paradoxalement devenir le moteur d'une union choisie par les intéressés.

Cependant, si les individus abstraits sont théoriquement égaux en droit, dans la réalité, des principes de division sont réintroduits. Ainsi les femmes sont considérées comme peu capables de décider de leur sort. L'autorité du père demeure souveraine, et souvent seul juge, à l'heure où la communauté perd de son droit de regard. Ainsi, le théâtre de Marivaux met en scène les conflits entre la logique traditionnelle de l'intérêt et celle naissante de l'inclination. L'habileté des amants consiste alors à savoir déjouer la volonté des pères tyranniques. Le désir de s'unir selon les lois du cœur paraît être une chimère que les pères n'entendent pas. Les bourgeois éclairés de la ville railleront au théâtre ces bourgeois des campagnes encore prisonniers du carcan traditionnel en matière de stratégie matrimoniale. Il serait trop simpliste d'envisager une transition progressive de la règle communautaire vers une société habitée d'individus libres et égaux en droit. Certains sont plus inégaux que d'autres, et notamment les femmes. Elles ne sauraient investir la sphère publique et décider de leur sort. Largement actives dans le mouvement révolutionnaire, telle Olympe de Gouges qui réclame des droits de décision identiques aux hommes, celles-ci sont invitées bientôt à retourner à leurs fourneaux et à leurs marmots. Mieux, l'idéologie qui justifie ce retournement de situation se complexifie, forgeant le mythe d'une nature psychologique différente, parce que conditionnée par des différences biologiques.

Comme le montre bien Thomas Laqueur [2], une naturalisation des différences sociales va venir justifier un état de fait auparavant accepté comme tel par la seule force de l'héritage et du respect des traditions. Médecins, biologistes, philosophes, psychologues, sociologues, écrivains..., la majeure partie des hommes du XIXe siècle colporteront un discours éminemment sexiste, bien repéré par Annelise Maugue [3]. Déclaration qui entend démontrer l'infériorité des femmes et spécifier leurs qualités naturelles, dont celle de gardienne du foyer n'est pas des moindres.

Le rôle « naturel » des femmes

L'idéologie différentialiste viendra s'imposer au moment même où la contractualisation des rapports sociaux permettait d'espérer un nouveau rapport homme-femme plus égalitaire. René Schérer rappelle comment la théorie kantienne du contrat vient remodeler les rapports affectifs [4]. En théorie, le mariage peut enfin être choisi rationnellement par des individus égaux et responsables. L'individualisme est poussé à son point extrême. Ce type d'union ne sera toutefois jamais actualisé dans les faits. Cette référence suppose de reconnaître une totale égalité de condition et de nature entre les hommes et les femmes. Or, si cette idée demeure minoritaire bien qu'influente, on la retrouve différemment interprétée chez Fourier, puis dans les réflexions sur le mariage de Léon Blum. Bien au contraire, le modèle qui s'impose va réintroduire une inégalité de nature, en assimilant la femme et l'amour. L'argument est du reste d'abord employé par des féministes paternalistes afin de combattre les arguments ultramisogynes des religieux qui font de la femme une créature du démon [5]. Ces propos avancent l'idée que la femme est naturellement liée à l'amour. Bien sûr, cette prétendue qualité se retournera bientôt contre elle. Cette exaltation des attributs spécifiquement féminins sera un argument pour la maintenir dans un état d'infériorité, légitimé officiellement par le Code civil du début du XIXe siècle. La fonction naturelle de la femme est d'aimer, et d'un amour dévoué, soumis et serviable, comme dans l'amour chrétien, mais en y ajoutant, plus que le devoir, l'enthousiasme. L'épouse n'aime pas son mari parce qu'elle lui a été donnée, mais parce qu'ils se sont choisis librement, et que cet amour constitue l'idéal même dont la femme a rêvé jusqu'à son mariage. Elle n'aime plus par morale mais par nécessité quasi ontologique. C'est moins à présent le devoir qui l'appelle à se consacrer à l'amour de sa famille que la nécessaire finalité d'un destin féminin. Ce qui était sous la morale chrétienne, certes un vœu divin, mais surtout une éthique du devoir qui distinguait les bonnes épouses des autres, devient, dans le paradigme moderne, une nature à assumer. Prétendre l'inverse ne serait pas tant immoral que contre nature. Se consacrer entièrement à son mari, puis aux enfants qu'elle lui aura donnés comme preuve d'amour, afin de construire un ménage réussi et l'image d'une famille aimante, constitue pour une femme la finalité d'une vie accomplie. Bien entendu, il ne saurait être question de se disperser dans d'autres relations : la famille suffit au bonheur d'un couple équilibré. La naturalisation des rapports sociaux permet d'ancrer plus profondément que jamais un destin féminin lié au couple et à la reproduction. Il est dans l'ordre de la nature, pour une femme, d'être épouse, d'engendrer et d'aimer. S'il était difficile de se révolter contre l'ordre divin, ça l'est plus encore contre ses propres organes !

Les femmes seront maintenues dans cet idéal construit à leur mesure. Celui d'un amour synthétisant la rencontre romantique de l'attraction réciproque et d'un mariage dans lequel les valeurs chrétiennes subsistent. Bien sûr cet idéal d'amour, valorisé comme le « vrai amour », s'adresse aux seules femmes. Les hommes, eux, font peu l'objet d'injonction. La véritable fonction du père est d'entretenir son foyer, c'est-à-dire de subvenir à ses besoins économiques, « de le bien faire vivre ». Les hommes ont par conséquent quartier libre, une fois leur devoir économique accompli. Aux épouses de s'occuper des valeurs morales et affectives. Madame de La Fayette représente bien cet amour conjugal, à la fois dévoué et aimant. Exceptionnelle parmi les dames célèbres de la noblesse, son amour demeure entier et fidèle. Mariée presque enfant au marquis de La Fayette, qui fait d'elle peu de cas, elle lui voue une adoration sans bornes jusqu'à sa mort. Vénérée comme sainte du mariage pour son dévouement conjugal poussé au culte, elle devient héroïne populaire après qu'elle eut demandé à rejoindre son époux dans son cachot lors de sa captivité. Madame de La Fayette remerciait Dieu de cette union. Véritable Grisélidis, elle parvint à ce tour de force de métamorphoser un mari volage qui écrivit à la fin de sa vie qu'elle avait gagné, à force de pur amour et de perfection, à devenir son unique amour ! Les femmes sont considérées comme les gardiennes de la pérennité de l'amour dans le foyer et comme les grandes gagnantes de sa réalisation. Ainsi le mariage est la chance des femmes, assure-t-on. Il s'agit d'une sécurité, d'un havre de paix et d'amour pour ces êtres fragiles et inadaptés au monde moderne. Jean Guitton, dans les années 1960, ne dira pas autre chose, et il ne faudrait pas approfondir beaucoup les homélies de Jean-Paul II pour retrouver les mêmes éléments. Plus nuancée, cette exhortation se trouve également partagée par les milieux socialisants et par nombre d'artistes ou de scientifiques. Le paradigme différentialiste qui assigne aux femmes le devoir d'amour constitue le socle de la pensée française depuis le XIXᵉ siècle, et il n'est pas certain qu'il soit devenu totalement obsolète dans la société contemporaine. Une analyse de la presse féminine, telle que l'a menée Anne-Marie Dardigna [6], tend à montrer sa persistance.

L'idéal des pères fondateurs

Cette tendance au conservatisme sur les questions familiales – y compris chez les révolutionnaires les plus intransigeants – dénote non seulement l'effet d'un *habitus* prégnant et du parti pris subjectif d'hommes peu enclins à concéder de leur pouvoir, mais surtout la part refoulée, maudite, d'une philosophie qui, par ailleurs, prône l'égalitarisme de la société contractuelle. La famille demeure le dernier refuge des valeurs communautaires et des liens de solidarité survivant de l'Ancien Régime, assurant la cohésion sociale d'une société profondément bouleversée. Les plus engagés dans le combat contre l'ancien monde, qui se déclarent prêts à balayer les structures traditionnelles héritées d'une organisation sociale révolue, mêleront leurs voix aux discours les plus réactionnaires pour défendre la persistance des rapports de sexe. Comme si le changement prôné dans toutes les autres sphères de la vie sociale devait s'arrêter à la porte du foyer. Ainsi les valeurs chrétiennes seront reprises à leur compte par la plus grande partie du mouvement socialiste, anarchiste, puis communiste. Il ne s'agit pas là d'une négligence de la pensée, d'un malheureux oubli : si les rapports conjugaux sont maintenus tels quels, c'est délibérément. Après réflexion, la plupart des penseurs s'accordent à penser qu'il ne serait pas bon de bouleverser l'ordre familial et que la rationalité de la société sociétaire doit avoir des limites !

La figure la plus emblématique de cette tendance à

construire un ordre social nouveau positif, rationnel, sur des structures familiales héritées de l'Ancien Régime, se trouve particulièrement exprimée dans la philosophie sociale d'Auguste Comte. La femme conserve dans « l'amour positif » une position considérée comme ancestrale de gardienne du foyer, amoureusement repliée sur le bonheur de ses membres. Comme dans la religion, cette inégalité est portée aux nues avec évidemment une valorisation de la femme, muse, mère et gardienne des valeurs éternelles. Il faut rappeler les positions éclairantes d'Auguste Comte sur le rôle de la femme : « On a souvent déploré les caprices que produit la richesse oisive chez celles qui veulent ainsi commander au lieu d'aimer. Mais la dégradation morale m'a paru plus grande encore quand la femme s'enrichit par son propre travail. L'âpreté continue au gain lui fait perdre alors jusqu'à cette bienveillance spontanée que conserve l'autre type au milieu de ses dissipations. Il ne peut exister de pires chefs industriels que des femmes [7]. » L'amour sert de moyen de coercition. La femme aime (son mari, ses enfants) et l'homme est libre de s'investir partout ailleurs, ce qui explique *a contrario* le peu d'investissement des hommes dans l'amour. Celui-ci est clairement utilisé comme une arme idéologique de domination. Logiquement, Auguste Comte condamne le divorce comme le fera, plus tard, Émile Durkheim. Nulle émancipation ne doit être possible de ce qui doit être vécu comme un destin, si ce n'est un accomplissement. La famille sera l'incarnation des tendances réactionnaires de sa philosophie sociale. Impulsion que l'on retrouvera chez de nombreux philosophes et penseurs du social trouvant, dans l'organisation conjugale, un contrepoids à leur pensée d'avant-garde. Cette évidente injustice sociale tire ses arguments du postulat de l'infériorité naturelle des femmes qui les destine précisément à ce rôle. Ce qui ne saurait plus être justifié par la tradition, la religion, la morale ou la raison trouve ses justificatifs dans la science naissante. L'évolutionnisme social en constitue le paradigme qui prétend les femmes moins évoluées, plus archaïques. On trouve chez Émile Durkheim lui-même, pourtant peu enclin à céder au biologisme, cet argument ultime pour justifier un ordre social inégalitaire fondé en nature.

Seuls quelques dissidents oseront pousser la logique d'une remise en cause radicale et s'attaqueront à vouloir repenser l'institution familiale en tant que telle. Quelques courants minoritaires vont s'élever contre cette opinion dominante, poursuivant la critique de l'idéologie communautariste chère aux traditionalistes, mais, la menant à son terme, ils mettent en cause les principes familialistes et la légitimité des rapports de sexe institués par une division sexuée du travail. Contrairement à Proudhon, Charles Fourier osera cette démarche. Pourtant, la plupart des socialistes utopiques et des réformateurs s'arrêteront en deçà, entendant préserver l'union maritale comme ultime rempart à la modernité. Engels [8], qui voit bien l'absurdité de prétendre changer l'ensemble de l'organisation sociale en en conservant un seul de ses aspects (à savoir l'organisation familiale traditionnelle), demeurera dans une position médiane, soulevant le problème d'une nécessaire rationalisation des rapports conjugaux tout en en sauvegardant le principe fondamental. Prudence sans doute commandée par un souci pragmatique plus qu'idéologique, tant on pressent que l'auteur est conscient de ses contradictions. Les saint-simonien(e)s les plus extrémistes développeront une vive critique du mariage, si ce n'est de la conjugalité elle-même [9]. Mais c'est surtout du côté des mouvements féministes du XIXe siècle, alimentés par la mouvance fouriériste, que l'on trouvera la critique la plus vive de l'idéologie familialiste et de la mission naturelle des femmes à aimer. Claire Demars, parmi les figures les plus célèbres, prend des distances avec le saint-simonisme en attaquant vigoureusement les injonctions faites aux femmes. Ce sera plus tard et dans un autre espace politique, celui de la Révolution russe, au tour d'Alexandra Kollontaï de poser ces problématiques. À chaque fois, les débats seront escamotés et leurs auteurs devront s'autocensurer. Cependant, des questions sont soulevées qui vont cheminer ailleurs, sous d'autres formes, dans d'autres courants de pensée, s'incarner dans de nouvelles dimensions. Sorte de mémoire collective qui s'incarne ici et là, soulevant les mêmes enjeux. Des résurgences de ces mouvements communautaires naissent puis disparaissent, depuis les expériences des utopistes du XIXe siècle jusqu'aux communautés hippies des années 1970.

C'est essentiellement le militantisme féministe qui va permettre de faire évoluer les mentalités et les mœurs. La volonté des femmes de bénéficier pleinement des avancées de la philosophie des Lumières et à accéder au statut de sujet à part entière, être choisissant délibérément et volontairement ses conditions de vie, va jouer un rôle déterminant dans la transformation des rapports conjugaux et, ce faisant, des modèles affectifs. L'entrée massive de celles-ci sur le marché du travail, ou plus exactement la reconnaissance sociale de leur activité professionnelle, va modifier profondément l'idéal conjugal, ce malgré les réticences nombreuses exprimées par la culture masculine. La fonction des épouses n'est plus seulement de se consacrer au réconfort d'un homme harassé par son travail à l'extérieur et à des enfants destinés à s'échapper un jour du domicile familial. Le confinement de la femme dans le lieu clos de la chaleur du foyer, la privatisation de son existence, qui apparaît du reste historiquement davantage une utopie masculine qu'une réalisation effective, sont contrecarrés par une tendance nouvelle d'investissement du monde public. La conquête du monde du travail, la lutte pour le contrôle des naissances, pour le respect de leurs corps, pour le partage des tâches domestiques et de l'éducation des enfants, les conduisent à redéfinir leur rôle et leur rapport aux hommes. Les féministes les plus engagées dans la réflexion questionnent les rapports affectifs et l'engagement demandé, à l'heure de ce que l'on nomme la double morale : à savoir la fidélité imposée aux conjointes et bien peu souvent payée de retour dans une époque où la prostitution est monnaie courante. Si certaines espèrent conduire l'homme à de plus justes sentiments et partager le même idéal d'exclusivité amoureuse autour du foyer conjugal, d'autres, moins nombreuses, prônent leur émancipation affective.

La philosophie socialiste ne parvenant pas davantage que la pensée conservatrice à déjouer l'émancipation féminine et à maintenir les femmes dans les rôles qui leur sont traditionnellement dévolus, le discours égalitaire va devenir prédominant. Il assure de la bonne volonté des hommes à reprendre à leur compte l'idéal monogamique et romantique. Les femmes ne seront plus asservies par la force comme dans d'obscures sociétés barbares, unies par la parentèle pour la servir, maintenues dans le dévouement et l'abnégation par le poids d'une tradition religieuse, ou convaincues de leur inaptitude biologique à assumer un rôle social à l'égal de celui de l'homme. Pour les inciter à maintenir leur implication familiale et poursuivre leurs rôles ancestraux (enfanter, nourrir la progéniture, subvenir aux besoins du foyer, assurer les tâches domestiques et continuer à être de bonnes ménagères au service de leur époux), seule une douce autopersuasion s'avère possible. Ce sera la fonction de l'amour que de leur faire accepter cette soumission volontaire. « Elles pourront continuer d'assumer un rôle ancestralement tenu par amour pour leur ancien maître », commentera une féministe. Ce sera bien évidemment le couple modèle du milieu du

XXe siècle : les épouses émancipées investiront massivement le monde du travail, l'espace public, voire politique, tout en continuant à assumer leur rôle traditionnel... par amour. Bien sûr cette émancipation fragilise le couple et les désunions sont plus nombreuses, mais contrairement aux craintes exprimées par les propos catastrophistes des plus conservateurs, les femmes ne désertent pas la conjugalité. Elles continuent à investir massivement dans le mariage à condition que les relations affectives en soient le fondement.

La persistance des inégalités

Désormais, le mariage devra être contracté sur une inclination réciproque, l'homme jouant le rôle du prince charmant. Ce n'est que confrontées aux déconvenues d'une union qui ne tient guère ses promesses que des générations de femmes vont commencer à déchanter. Si les femmes d'avant-guerre acceptent avec fatalité des relations affectives qui ne durent qu'un temps, n'ayant pas l'opportunité sociale, morale et économique de faire le choix d'une vie émancipée, en revanche leurs filles d'après-guerre, qui ont investi avec plus d'intensité dans des liaisons contractées par inclination amoureuse, supportent moins facilement que l'amour nuptial aboutisse à un statut inégalitaire. Les hommes qui ont promis de se marier par amour continuent à interpréter l'amour à la façon de leurs pères. Or, les femmes ont conquis une égalité sociale, au moins théorique : le récent droit de vote qui leur a été accordé l'atteste. Elles réclament que l'amour conduise à une famille plus égalitaire où les rôles traditionnels soient remis en cause. L'heure est à la question du partage des tâches. Ce sera l'étape suivante, celle où la gent masculine promettra amoureusement de prendre en charge sa part de travail afin que les femmes continuent à les aimer. On sait que les discours ne sont pas toujours suivis d'effets... ceux que l'on baptisera les nouveaux hommes devront apprendre à langer les bébés, à faire la cuisine, plus rarement la vaisselle et très exceptionnellement à laver leur linge [10]. De façon quasi universelle, l'exposé adopté sera celui de la référence égalitaire d'une juste répartition des tâches à l'intérieur du couple. Les discours demeurent souvent au stade des bonnes intentions : les couples ayant tôt fait de retrouver un mode inégalitaire et une répartition sexuée du travail dans la réalité domestique. En effet, les enquêtes sociologiques établissent que même les ménages qui ont un idéal égalitariste au départ finissent le plus souvent par reproduire les modèles traditionnels [11]. Cependant, l'idéal égalitaire est si fermement ancré comme référence que les dénégations les plus fortes d'une inégalité dans la pratique de son propre couple seront formulées, y compris par les femmes.

Si les rôles féminin-masculin sont le fruit d'un processus de socialisation inégalitaire, il faut reconnaître que la mise en couple ne fait que renforcer ces positions. Dans le mariage traditionnel, il y a confusion indiscutée entre le rôle stéréotypé des tâches de chacun des partenaires et l'identité de la personne. De l'appartenance au sexe découlent le genre et l'identité même. La femme s'affaire dans la cuisine, tandis que l'homme bricole : il n'y a pas à en discuter le principe, il est la normalité même. Malgré toutes les évolutions que l'on observe, les nouveaux couples demeurent également enfermés dans des rôles stéréotypés qui vont en s'accentuant avec le temps. Le partage des tâches et des responsabilités domestiques est devenu la norme idéologique. Mais non point la réalité ! Le couple est toujours une machine à reproduire les différences sexuelles [12]. D'autres justificatifs sont trouvés que la tradition et la normalité, mais force est de constater que la répartition inégalitaire se réinstalle fatalement. Des études, comme celle de François de Singly [13], montrent que le mariage défavorise professionnellement les femmes mariées et qu'il rime souvent avec désenchantement féminin, ceci malgré nombre de déclarations idéologiques qui tentent de faire croire l'inverse.

La domination masculine demeure inscrite dans les faits, quelles que soient les dénégations [14]. L'idéologie, c'est sa fonction, masque la réalité. Plusieurs moyens de domination sont du reste repérables. Si le recours à la violence est réel [15], une technique plus commune et plus respectable passe par l'autopersuasion des femmes que leur destin et leur espérance se trouvent dans l'amour conjugal. C'est à présent par amour que le couple se construit et en son nom qu'il entérinera le plus souvent les sacrifices et les inégalités qui en découlent. Il est donc paradoxal que le couple monogame soit toujours défendu comme un acquis pour les femmes, puisqu'il y a tout lieu de penser qu'il est au fondement même de leur asservissement. Rappelons que les hommes défendaient farouchement l'institution du mariage autour de 1900 au moment où les femmes le remettaient en question [16]. Ils perçoivent, à l'époque, l'évolution de la morale sexuelle comme un signe de décadence. L'histoire du féminisme montre que la répression de la femme est toujours accompagnée d'un discours idéologique dominant valorisant la famille, le couple, le mariage, la procréation... Le système de culpabilisation des femmes qui refusent le couple s'est actualisé d'abord au travers de propos moraux, puis ensuite médicaux et psychologiques. Il prétend aujourd'hui qu'il s'agit d'une preuve certaine d'infantilisation et d'immaturité [17]. Betty Friedan [18] a montré comment, dans les années 1950, le discours dominant tendait à enfermer la femme dans le couple en la dépossédant de toute identité. Les exposés tant en psychologie qu'en sexologie sont empreints de la référence au couple et le présentent ainsi comme naturel, évident, inévitable, voire nécessaire à l'équilibre de la personne. Celui qui prétend échapper à son emprise manifeste un comportement pathologique. La vulgate psychanalytique apporte son secours de normalisation. Ne s'agit-il pas là d'une idéologie à la base de la société inégalitaire ?

L'idéologie du mariage et du couple obligatoire est ainsi renforcée dans la période contemporaine par l'idéologie de l'amour. De même que les catégories hommes-femmes, l'hétérosexualité obligatoire, la contrainte à la reproduction et la notion de couple, le modèle de l'amour moderne est une catégorie idéologique. « La classe dominante impose sa conception de l'amour à l'ensemble de la société. Ainsi l'amour est une notion idéologique qui doit être clairement définie, au même titre que les problèmes relatifs à l'économie ou à la politique [19]. » C'est là le point de départ de la réflexion d'Alexandra Kollontaï. Le changement social passe par une réflexion sur les structures familiales et affectives, domaine toujours un peu dédaigné et méprisé par les militants révolutionnaires. Alexandra Kollontaï n'a pas la naïveté d'un Lénine qui considère ce problème comme spécifiquement bourgeois. L'amour, force de coercition idéologique, se double d'un discours moralisateur. Ce n'est pas un hasard si l'amour comme valeur du mariage s'est développé en même temps que l'esprit bourgeois de la répression sexuelle, avec l'exclusion du tiers et l'enfermement dans la cellule conjugale et familiale. Il y a une opposition entre les figures féminines de la noblesse et de la bourgeoisie, où la femme devient aliénée. Dans l'aristocratie, les deux époux oisifs vaquaient chacun de leur côté à leurs plaisirs. Le mariage bourgeois, au contraire, va introduire la division sexuelle du travail : l'homme à l'extérieur et la femme à l'intérieur attachée à nourrir les vertus familiales [20]. Dans *Une fille d'Ève*, Balzac oppose les deux sœurs Grandville, l'une mariée à un comte et l'autre à un banquier. Si la première doit rechercher l'amour auprès d'un amant, la seconde doit renoncer à toute volonté d'indépendance. L'amour apparaît comme un nouveau moyen de contrôle social. La femme est cantonnée à la fonction d'amour pur, alors que la sexualité pour elle-même est considérée comme une spécificité de l'homme. Une femme ne peut pas jouir sans aimer, prétend René Nelli [21]. Autre signe d'une idéologie qui entend « valoriser » les femmes et qui a pour effet de les parquer dans une définition précise et étroite, et les maintenir en état de dépendance ! Les hommes du XIXe siècle étaient convaincus que les plaisirs sexuels étaient faits pour eux et que les femmes ne les appréciaient pas, du moins si leur moralité était bonne ; c'est le même type d'idée fausse qui est exprimée dans la croyance plus actuelle que les hommes, contrairement aux femmes, peuvent éprouver du plaisir sans amour. La majeure partie de la population s'attache ainsi à des valeurs irréelles de l'amour liées à l'idéal romantique, suggérées et alimentées par la presse, la littérature et le cinéma, et qui ont pour effet de renforcer les fausses consciences [22].

L'une des premières conséquences de la relation de couple exclusive, binaire et hétérosexuelle, modèle dominant occidental, est l'inégalité des sexes et la hiérarchisation du fait de l'idéologie de la différence. Auparavant, la femme considérée comme inférieure, voire comme être démoniaque [23], était, sur ces bases, opprimée, asservie*. Le couple traditionnel se présente alors comme une structure de pouvoir aliénante. Ainsi, Fatima Mernissi repère dans le ménage

* Pensons à l'excision et à toutes les mutilations dont la fonction est de maintenir les femmes en situation de dépendance. Rappelons que Masters et Johnson ont montré que le clitoris est le centre du plaisir de la sexualité féminine. (Sur l'excision : Raulin, 1987 ; Erlich, 1986 ; Hosken, 1983.)

marocain ce qu'Erving Goffman considérait comme les facteurs caractéristiques de l'aliénation dans les institutions telles que les hôpitaux ou les prisons [24]. Dans ces structures de pouvoir, il faut que les administrés se soumettent à des processus humiliants de sollicitation et d'autorisation. Le couple exclusif répond à la même logique. Il est construit sur le désir du dominant. Il permet de maîtriser les femmes qui sont toujours sous la dépendance d'un homme, père, mari ou fils, comme le commandent les discours institutionnels traditionnels, qu'ils soient juridiques, religieux ou moraux. « L'institution occidentale du mariage comprend dans sa monogamie, plus ou moins stricte selon les temps et les lieux, une subordination de la femme à l'homme et un patriarcat plus ou moins assoupli [25] », constate l'historienne Marie-Odile Métral. La communication entre conjoints, qui caractérise une union plus qualitative, est justement corrélée avec l'indistinction des rôles, car c'est surtout la satisfaction des femmes qui est la plus affectée par la ségrégation des tâches [26].

La nouvelle morale qui recommande le couple égalitaire (rappelons-le, davantage au niveau de l'idéologie qu'au niveau des comportements) permet de sauvegarder le principe du couple, ceci à un moment, dans les années 1960-1970, où il subissait une virulente critique et où des tentatives de dépassement de cette structure se dessinaient. Le partage illusoire des tâches se révèle être un moyen de pérenniser l'institution du couple, de le reformer, plutôt que de le remettre en cause. L'égalité entre les conjoints est pourtant impossible dans l'absolu : Atkinson signale que les mouvements de femmes qui visent à l'égalité des rôles, à la disparition des abus au sein du mariage, mais au maintien de l'institution, se leurrent. L'auteur opère une critique libertaire du mariage et de toute forme de pouvoir. Se battre à l'intérieur du paradigme du couple, c'est s'épuiser dans une lutte sans fin puisqu'il s'agit par essence d'un rapport de domination. « Est-il possible d'égaliser des rôles dont la nature essentielle est de s'opposer ? Aurait-on pu maintenir l'esclavage en “égalisant” les rôles de maître-esclave à ceux de maître-maître ? Folie à deux ! [27] » On ne peut pas réformer l'institution de l'esclavage, on ne peut que l'abolir. Il ne suffit pas d'inverser les rôles traditionnels pour que les mécanismes du couple disparaissent. La structure de pouvoir qu'implique la dualité se réinstalle fatalement [28]. Il faut dépasser le partage sexué et l'union conjugale exclusive pour que la dialectique du maître et de l'esclave soit désamorcée.

L'amour devient, sur cette base, un prétexte pour obtenir des femmes des services, service de sexe, mais aussi services domestiques. Selon Christine Delphy, le mariage est l'institution par laquelle un travail gratuit est extorqué à une catégorie de la population [29]. L'appropriation de la force de travail de l'esclave par le seigneur devient appropriation partielle quand, devenu serf, celui-ci s'affranchit contre une dette de temps : son travail est alors approprié par le seigneur trois jours par semaine. C'est la même logique qui règle le passage du mariage forcé au mariage apparié puis d'inclination. L'affranchissement par le travail fait que la femme passe d'un rapport de production caractérisé par la dépendance à une relative autonomie, mais elle demeure toutefois dans une appropriation partielle du fait de la double journée. Ce qui semble être une libération masque des rapports de domination et de dépendance persistants. La critique féministe de l'amour romantique comme moyen d'asservissement des femmes est à cet égard des plus fondées. Les hommes, eux, ne font pas de l'amour l'essentiel de leur vie [30]. S'il est vrai que l'idéal d'amour romantique a pour fonction d'assurer le maintien du système d'asservissement des femmes, il est par conséquent logique que le discours d'amour soit adressé quasi exclusivement aux femmes et que toute la socialisation les prépare à cette tâche. Ti-Grace Atkinson va dénoncer avec virulence cet état de fait et le mouvement le plus extrémiste va proposer pas moins qu'une rupture totale des liens affectifs entre les sexes. Le militantisme passe dans ce cadre par le développement des relations homosexuelles et lesbiennes. La solution la plus radicale pour éviter le caractère fusionnel de l'amour romantique est de s'en préserver en s'abstenant de rapports hétérosexuels. Cependant, si l'assujettissement d'un sexe par l'autre est évité, cette solution n'évite pas le danger de retrouver des relations dominants-dominés au sein d'une relation homosexuelle. Les traits spécifiques de l'amour romantique, où l'individualité d'un des partenaires, sinon des deux, risque de disparaître dans l'alchimie d'un rapport fusionnel, demeurent. De plus, la solution radicale, en évitant le problème, n'apporte finalement pas de solution au plus grand nombre pour faire évoluer ou inventer de nouvelles relations hommes-femmes.

Les fonctions des discours

Le discours amoureux du couple fusionnel vient, dans la modernité, relayer le discours coercitif dur par une autopersuasion douce (les images romantiques sont surtout destinées et attribuées aux femmes) pour inciter à « construire du couple ». La fusion perpétue l'exclusivité avec la perversité d'en faire un désir soi-disant féminin (le mythe du prince charmant). La socialisation contribue à faire intégrer comme demande féminine l'attente du grand amour, que certaines ont nommée « le complexe de Cendrillon [31] ». Il signifie la dépendance de la femme envers un homme attendu comme un sauveur : celui qui viendra permettre à la femme de révéler son identité et de donner sens à son existence [32]. C'est l'une des fonctions de la presse féminine que de maintenir le couple à tout prix et d'entretenir ce complexe de Cendrillon, selon Anne-Marie Dardigna [33]. L'idéal de la rencontre se prolonge par l'idéal de la vie à deux, celle des désirs confondus. Ce que Nena et George O'Neill appellent le discours du « tous-les-deux » : « La mystique du “tous-les-deux” s'est développée impétueusement pour endiguer la mobilité et la liberté nouvelles de la femme, en fournissant à celle-ci une nouvelle raison de rester à la maison, sous la férule du mari [34]. » Il est particulièrement frappant que l'idéologie de l'amour romantique se soit développée parallèlement à l'émancipation des femmes, et qu'elle leur soit particulièrement destinée. Au début du siècle, on disait aux femmes qu'il fallait choisir entre l'amour et l'émancipation car le désir de l'homme ne saurait survivre pour une femme intelligente. Aujourd'hui, où l'amour est érigé en valeur absolue, les représentations sociales tendent à opposer réussite sociale, professionnelle et réussite amoureuse, épanouissement pour les femmes. Ceci sous-entend que les femmes ne sauraient bénéficier des deux. Après leur avoir répété durant l'enfance et l'adolescence que l'amour était l'enjeu le plus important de leur existence, il leur est signifié qu'elles prennent de gros risques en cherchant à s'émanciper… notamment celui de ne plus être aimées. Les femmes diplômées, assure-t-on, auraient davantage de mal à trouver un partenaire [35].

L'attente du grand amour, puis la responsabilité de l'amour au sein de la famille, qui leur est confiée, permet de maintenir les femmes en situation de dépendance. Pour cela, des féministes, notamment américaines, ont critiqué l'état amoureux et son idéalisation [36]. Attente le plus souvent déçue, car par nature liée à un désir sans borne, les femmes voient la plus grande partie de leur vie s'organiser autour de cet idéal en grande partie chimérique. Bien sûr, celui-ci permet de canaliser tant l'attente de l'amour et les ambitions de la jeune fille que les suites familiales et ses inévitables sacrifices. « On rend les femmes occidentales affectivement dépendantes, comme on rendait les Chinoises dépendantes dans leur mobilité, en comprimant leurs pieds dès la naissance. Cette dépendance, on l'a vu, n'est pas le simple reflet de la dépendance matérielle, mais l'entretient et la perpétue. Comment donc ce sentiment, qui est à la fois celui de l'attente du "grand amour" et de ses manifestations, et celui d'un vécu quasiment sacrificiel de la relation amoureuse dans la soumission au désir de l'autre, est-il produit ? », se demande Sonia Dayan [37].

L'une des rares possibilités d'accéder à l'Histoire pour les femmes réside dans l'amour : valorisées d'abord comme amantes, elles sont reconnues ensuite socialement par la maternité. L'échange amoureux fait partie des échanges de l'économie domestique que l'on sait inégalitaire. Le mariage s'appuie sur une mystique du service (la femme dévouée), ou du bonheur à venir, de la maternité, du grand amour… Les femmes sont élevées pour cela dans l'idée du sacrifice : se soumettre et renoncer à soi-même deviennent synonymes de preuves d'amour. Il est ainsi demandé à la petite fille d'être disponible, sage, de servir les autres, de s'occuper du bébé… En sortira plus tard ce que l'on pourrait baptiser « le complexe de sainte Thérèse », qui pousse encore aujourd'hui les femmes à se donner et se dévouer pour les autres, souvent au détriment d'elles-mêmes. Elles ne seront plus « les petites sœurs », femmes voilées au service de tous plutôt que de leur seul mari, mais deviendront aujourd'hui en prime infirmières ou assistantes sociales et rêveront d'officier dans une ONG ! Il est également inculqué à la petite fille la crainte de la solitude (ne pas partir seule, etc.) au cas où elle aurait la velléité de s'émanciper plus tard [38]. La croyance qu'elles doivent être appropriées pour être protégées sera ainsi largement partagée. Et cette jeune femme que l'on croyait émancipée réclamera soudain la protection d'un compagnon pour ne pas demeurer seule dans une maison isolée, ou encore pour se faire raccompagner chez elle, renforçant ainsi, chez les autres et pour elle-même, le sentiment de fragilité et d'infériorité attaché à sa personne.

On remarque ici l'importance d'étudier la socialisation féminine pour appréhender ces détails en apparence insignifiants de la vie quotidienne, mais qui en disent long sur les rapports de sexe. Les conseils réitérés aux fillettes les pressent d'être attentives et aimantes, d'accorder une grande importance à la mise en scène de soi, à la séduction, et à l'attention aux autres. Il suffit de regarder un tant soit peu les catalogues de jouets pour remarquer que la constitution de cet *habitus* perdure aujourd'hui. La femme est modelée en creux : depuis sa tendre enfance, elle est socialisée pour attendre, recevoir, se mouler au désir de l'homme, qui doit représenter le sens de sa vie [39]. La mystique du prince charmant viendra s'y inscrire en continuité, donnant à croire aux femmes que le sens de leur existence y est caché. Dans une existence vide, l'amour viendra remplir ce manque [40]. La femme attend de l'homme une confirmation de son identité, une reconnaissance, une affirmation. Ce rêve se verra ensuite métamorphosé dans l'attente des enfants, puis dans l'attention maternelle. L'homme, lui, construit sa virilité autour de sa sexualité mais sans attente spécifique. Les dominés ont une forme d'adhésion qui ne repose pas sur la décision délibérée d'une conscience éclairée, mais sur la soumission immédiate et préréflexive des corps socialisés, explique Pierre Bourdieu [41]. L'attente de la femme est espérance du prince qui la fera exister, qui changera sa vie [42]. L'amour est la manifestation de cette attente. Le jeu amoureux est idéalisation du fantasme de reconnaissance : « l'autre va m'apporter mon identité... il fait d'elle *quelqu'un* ». Mais avec le temps, le prince charmant se transforme en père Fouettard, rapporte ironiquement Hanna Olson [43] ! Au temps apparemment égalitaire de l'état amoureux succède celui de la domination dans le mariage. « Alors qu'au temps des amours la fille était reine, libre au moins d'accorder ou de refuser baisers et caresses, elle devenait, une fois mariée, esclave de son mari, qui était en droit d'exiger d'elle du plaisir – entre beaucoup d'autres choses – par la force et les coups plutôt que par "amour" [44] », commente pour une autre époque Jean-Louis Flandrin. À la violence sauvage du mariage d'Ancien Régime succède la violence *soft* de la modernité, composée, par exemple, d'inégalités dans la répartition des tâches que révèlent les enquêtes sociologiques contemporaines.

Le rapport de domination est de moins en moins criant, l'idéal égalitariste ayant pour effet de l'euphémiser. Il subsiste cependant souvent de manière sous-jacente. L'enjeu d'un rapport homme-femme émancipé des rapports de l'amour fusionnel suppose de repenser non seulement la relation amoureuse, mais les identités de genres elles-mêmes. On l'a dit, *il y a constitution d'un* habitus *amoureux qui est plus particulièrement féminin*. L'homme et la femme accordent un sens différent à l'amour : il y aurait incompatibilité entre la définition des hommes et des femmes, ce qui expliquerait les échecs de l'amour. Le malentendu résulterait d'un décalage entre les imaginaires des hommes et des femmes. Les hommes s'investissent dans une moindre mesure dans le sentiment amoureux, n'y trouvant qu'un intérêt modéré. « Ils se gardent bien de nier l'amour, mais se contentent souvent d'en profiter tout en laissant aux femmes le soin d'en alimenter le culte [45]. » Dans la tradition théologique (comme chez saint François de Sales), l'amour, à la différence de l'amitié, est non partagé, il est non réciproque. Aussi la femme a-t-elle pour injonction d'aimer [46]. L'homme, lui, en revanche, peut s'en dispenser (ou encore faire semblant...). L'intérêt mineur des hommes pour l'amour est fruit de cet héritage.

La pseudo-révolution sexuelle est donc insuffisante pour libérer les femmes, il faut modifier profondément les constructions identitaires. Plus largement, l'*habitus* a pour fonction de canaliser les formes affectives dans un modèle normatif. Pierre Ansart parle de la constitution de l'*habitus* pour canaliser les émotions et les affects sur le plan politique, mais sa description peut être transposée avantageusement en ce qui concerne la constitution de l'*habitus* sexué des femmes. L'amour ne sera pas canalisé vers le roi ou le chef, mais vers le seigneur, le maître, le mari (et particulièrement cette partie sacrée de son corps dont elles sont dépourvues) ; non vers la gloire, mais vers le bonheur, l'harmonie familiale. Ce qui importe, c'est que la femme fasse sien ce modèle, et qu'elle soit convaincue que l'amour est « son domaine ». « Il s'agit de canaliser les investissements vers les pôles légitimes d'amour (le roi), de favoriser les identifications de chacun au corps symbolique du roi, de fixer les formes d'accomplissement et les valeurs suprêmes (la gloire, l'empire...). Il ne s'agit pas seulement d'obtenir un comportement limité et ponctuel lié à une conjoncture politique particulière, mais bien de créer une posture fondamentale, un *habitus* grâce auquel le sujet reproduira de lui-même le modèle d'amour et de haine qui lui a été inculqué. Il s'agit bien que cette référence lui devienne sienne et qu'elle en soit le producteur "spontané" [47]. » *L'intégration d'une posture d'amour conforme permettra de canaliser les affects et de renforcer l'obéissance, l'autocontrôle.* Les rites de magie amoureuse sont propres à produire la soumission et la docilité de l'aimé(e). « Le discours d'amour, par ses effets, doit alléger le travail de contrainte, introduire une police des sentiments susceptible d'alléger le coût des entreprises de répression [48]. » Inutile d'imposer alors à la femme le mariage, et son coût (la double journée, la maternité, etc.), l'idéologie amoureuse se charge de le lui faire réclamer. La médiation de l'*amor fati* porte les victimes à se vouer et à se dévouer au destin auquel elles sont en tout cas socialement vouées, révélant l'efficacité symbolique des schèmes de pensées, pour reprendre les expressions de Bourdieu [49].

Le mot amour apparaît sous ce jour comme une mystification. La caractéristique du mythe s'applique parfaitement à l'amour : parole dépolitisée, qui vise à *chanter* les choses, non à les *agir*. « Le mythe ne nie pas les choses, sa fonction est au contraire d'en parler ; simplement, il les purifie, *les innocente, les fonde en nature et en éternité, il leur donne une clarté qui n'est pas celle de l'explication, mais celle du constat* », écrit Roland Barthes [50]. Quoi de plus exemplaire que l'amour romantique comme illustration de la naturalisation du mythe ? Son caractère innocent et éternel paraît au plus grand nombre du domaine de l'évidence, autre signe évident de sa nature idéologique [51]. Ainsi *l'amour serait une sorte de leurre permettant de maintenir un rapport de domination*, « l'amour romantique compensant le manque de pouvoir des épouses », comme l'écrit Sonia Dayan [52]. La configuration de l'amour (amour maternel, conjugal, hétérosexuel, éternel, oblatif...) est un discours de l'amour et sur l'amour, émis par les hommes à destination des femmes, repris et intériorisé par celles-ci. Ainsi, au nom de l'amour on attend que la femme renonce à une carrière pour suivre son compagnon, comme le confirment les enquêtes sociologiques. Amoureuses, les femmes s'engagent de manière totale dans une relation objective de dépendance, renonçant à toute existence autonome. La tonalité affective rend acceptable son caractère dissymétrique [53]. La délégation de son identité à un autre est aussi une perte de contrôle et un manque accru de confiance en soi. La domination pourra s'exercer le plus facilement possible au détriment de celui qui est le plus faible, celui dont l'identité est la moins certaine : c'est la femme qui en fait les frais. Celle-ci se demandera : « que veut-il que je fasse pour lui faire plaisir ? », « c'est ma faute, je suis nulle », etc. Mais il y a aussi accumulation de rancœur vis-à-vis d'une relation trahie : la promesse d'amour est devenue rapport de domination.

Colette Guillaumin parle d'une *mystique de l'Amour* [54]. Il s'agit pour les femmes « d'un essai de devenir sujet (je) ». Parce que la femme est objet et possédée par la classe des hommes, l'amour est une tentative pour elle de devenir sujet et actrice de l'histoire. « "L'amour" est la pitoyable et illusoire tentative de la femme d'atteindre l'humain : par la fusion, elle espère pouvoir effacer la dichotomie des rôles masculin-féminin, et imagine qu'une nouvelle division de la classe humaine pourra se révéler plus équitable [55]. » L'amour serait une croyance obligatoire de la modernité, liée tout spécialement à la position des femmes cantonnées au rôle de spectatrices dans la société [56]. Explication plausible des nombreux propos qui font de l'amour le domaine des femmes ou qui veulent expliquer les investissements différents de chaque sexe dans la sentimentalité*. Le sentimentalisme est utilisé pour maintenir les femmes dans leurs conditions, d'après Shulamith Firestone [57]. *L'amour pourrait être un sentiment ambivalent permettant de*

* « Il est temps d'enseigner à la femme à considérer l'amour non comme la base de sa vie, mais seulement comme un degré, comme un moyen de révéler son véritable "moi". Qu'elle apprenne, elle aussi, comme l'homme, à sortir d'un conflit d'amour, non avec des ailes froissées, mais avec une âme plus forte », prévient Alexandra Kollontaï (1977, p. 165).

*maintenir les femmes en situation de dépendance et à la fois un leurre qui leur ferait croire qu'elles peuvent accéder ainsi à une position d'acteur et de sujet, ce qui les ferait s'y investir davantage**. L'amour conjugal promis apparaît alors comme une compensation de l'asservissement, et comme une croyance obligatoire pour les femmes. Il n'est qu'à considérer les magazines féminins, une presse « phallocrétine [58] », qui affichent et font régulièrement des dossiers sur la question, avec toujours les mêmes soucis. La presse féminine, qui n'a pas d'équivalent masculin, a pour fonction de maintenir les femmes dans leurs rôles traditionnels. Anne-Marie Dardigna montre que l'amour est une des valeurs toutes puissantes de la presse du cœur, il est synonyme de sacrifice pour les femmes [59]. L'amour y fonctionne comme phénomène psychologique et idéologique, comme réponse et comme support du pouvoir et donc de l'oppression. C'est une auto-aliénation, car c'est aux femmes que revient la mission d'aimer. L'amour (conjugal, mais aussi maternel, etc.) est leur domaine. Elles sont préposées à la gestion du capital symbolique des familles [60]. Tout un mécanisme de culpabilisation vise à les atteindre aussitôt qu'elles s'éloignent de cette mission.

Tant que le mariage est une affaire d'intérêt, c'est une chose sérieuse qui est affaire masculine, remarque justement Georges Duby [61] ; ce n'est que quand il devient « mariage d'amour » qu'il échoit aux femmes. Dans la culture légitime qui est masculine [62], l'amour n'a qu'une place mineure, presque clandestine : c'est la part réservée aux femmes. C'est un sujet considéré comme léger, un thème d'ouvrages peu sérieux, même si on s'accorde par ailleurs à le penser comme une

* Ce n'est évidement pas là le point de vue de Suzanne Lilar pour qui l'amour dans l'union conjugale est « la chance suprême de la femme » (Lilar, 1963, p. 46).

composante essentielle de l'existence. L'amour est ce but ultime auquel la femme doit accorder toutes ses attentions et auquel elle doit tendre car par lequel elle peut traditionnellement parvenir. Il s'agit en réalité pour Virginia Woolf de « miroirs flatteurs ». Inutile de dire que le désir d'échapper à sa condition et d'accéder au statut de sujet par l'amour est une illusion. « L'évasion féminine la plus commune est l'état psycho-pathologique de l'amour. C'est un état euphorique de rêve où la victime transforme son oppresseur en rédempteur. Elle retourne contre elle-même l'hostilité naturelle envers l'agresseur, ce qui reste d'elle – sa conscience – et par contraste avec elle-même voit son adversaire tout-puissant [63]. » Alors que la femme opprimée par l'homme devrait se révolter contre lui, au contraire, c'est à elle que l'on confie la tâche d'amour, et d'aimer *un* représentant de la classe qui l'oppresse. Et, en effet, l'inversion de l'agressivité en amour est un phénomène courant, mis en lumière par Freud. Alice Miller montre que l'enfant aime malgré tout son tortionnaire [64]. On aime son censeur pour Pierre Legendre [65], ou son bourreau pour Eugène Enriquez [66]. C'est dans ce sens que Atkinson prétend que « "l'amour" est la réponse naturelle de la victime au violeur [67] ».

Les thèses sur le mariage par affection ne mettent en avant que les aspects positifs, en minimisant les aspects plus discutables. Sonia Dayan rappelle ce que peut cacher cet apparent progrès de la civilisation : il ne faut pas négliger « les positions divergentes qu'occupent les hommes et les femmes dans ce type d'union (positions divergentes dans l'espace : les hommes dehors, les femmes dans les maisons, positions divergentes dans le désir…), ni la dissymétrie dans le désir entre les deux membres du couple (le mariage d'amour accompagné d'enfants devenant l'aboutissement et le centre de la vie des femmes, alors qu'il n'est qu'un épisode de l'existence des hommes), ni même l'envers de cette institution (la prostitution, l'adultère, et, pourquoi pas... la névrose). On commence, en outre, depuis quelque temps, à réaliser que ce "progrès" est porteur de contradictions internes, et qu'en particulier, il mine ce qu'il devrait assurer, à savoir le mariage [68] ». Pour mémoire, rappelons qu'Élisée Reclus, loin de toute naïveté évolutionniste, savait que tout progrès s'accompagne de « régrés ». Ainsi, ce qui apparaissait à Engels un grand progrès de l'humanité, à savoir le mariage d'inclination, n'est pas exempt de contrepartie. Conduisant une analyse féministe en termes de pouvoir, de rapports de puissance et de domination fondés sur les sexes, Shulamith Firestone montre que l'amour est central à toute analyse de l'oppression de la femme [69]. « L'amour rend incompréhensibles à l'intelligence les manifestations claires du rapport de pouvoir », estime pour sa part Colette Guillaumin [70]. L'amour a une place primordiale et explicative dans l'oppression des femmes et il convient de le prendre en compte. L'affectif conjugal est dans ce sens une force mystificatrice, une idéologie qui permet de conserver l'ordre social.

Mais ce que ces auteurs baptisent sous le terme d'amour et condamnent comme rapport de domination est une forme précise, historique, de rapport amoureux, en réalité un amour romantique conjugalisé. Car « l'amour est un mot auquel tous se réfèrent comme à un fait d'évidence, universel et que chacun charge du contenu qui l'arrange. Éviter de préciser ce contenu permet de perpétuer la duperie », commentent justement Falconnet et Lefaucheur [71]. D'autres formes sont possibles que ne résume pas ce réductionnisme. Une remise en question du rapport affectif fusionnel va cheminer dans les esprits et de nouveaux modèles, expérimentés avec excès dans les années 1960, vont se diffuser par la suite auprès du plus grand nombre, dans des manifestations certes plus euphémisées, mais comportant pareillement la nécessité de respecter l'individualité des deux partenaires jusque dans le rapport amoureux. Une évolution va s'opérer depuis le modèle romantique fusionnel jusqu'au modèle affectif autonome, en présentant tous les caractères confus et intermédiaires des situations transitoires.

CHAPITRE VIII

Les contradictions de l'amour fusionnel

> « Je m'apercevais que vivre avec André était un cadeau royal que je payais de ma propre disparition. »
>
> Clara MALRAUX [1]

Fort de différentes conceptions historiques, l'amour moderne tente une difficile synthèse entre des inconciliables. Les contradictions engendrées sont nombreuses. Il provient, on l'a dit, de l'amour courtois et de l'utilisation du sexe comme moyen de détachement. Le rejet du corps, la volonté de dépassement et de maîtrise de la nature en sont la clé. Éléments que l'on trouve déjà en germe chez Platon et que la culture de la chrétienté pousse à l'excès. Les sens « chauffés à blanc » pour être dominés procurent une ivresse : la souffrance de meurtrir le corps révèle une jouissance nouvelle. Les obstacles mis à la satisfaction des désirs les amplifient. La passion naît ainsi d'une hébétude procurée par les sens exacerbés. Ce qui était moyen devient l'extase même. L'amour-passion naît de cet amalgame de désir et d'empêchement, puis d'abandon dans la folie des sens. On recherche la fusion dans une perte commune. Ce qui était abnégation de soi chez le chevalier devient oubli de soi. La passion est avant tout sensuelle. Elle contribue pourtant au développement de la notion de personne et d'identité. Le désir se fixe envers un objet précis et particulier. La personnalité de la dame importait guère au chevalier dans l'amour courtois, certains même n'avaient jamais rencontré l'objet de leur transport : seule comptait l'idéalisation. Dans l'amour moderne, il y a au contraire individualisation.

L'idéalisation de la personne aimée est également caractéristique de l'amour romantique. Mais si dans l'amour courtois, c'est avant tout l'idéalisation même qui est aimée, en revanche, l'amant romantique aime l'unicité de son aimée. Il lui est impossible d'échanger son objet d'amour contre un autre, tout est fade à ses côtés. Mieux, il rejette tous les autres rapports. Il y a individualisation et exclusivité. C'est de plus un amour qui, dans la filiation chrétienne, oppose le charnel au spirituel. Ce qui importe, c'est le cœur, l'âme de l'aimée. Les sens sont refoulés au profit d'un amour mental. Si la poésie courtoise mêlait au spirituel des élans très sensuels, le corps apparaît, au contraire, comme dégradant pour un amour romantique qui entend dépasser cela. C'est la *persona*, l'ego de l'autre qui est adulé, pas son corps et la jouissance qui y est attachée. Lawrence a beau douter de la réalité de ces discours, au-delà des déclarations d'intentions et de l'hypocrisie qu'ils recèlent, l'amoureux, au plus fort de son transport, est le plus souvent convaincu de son désintérêt pour les choses du sexe. Opposé à cela existe *le modèle libertin*, décrit par Choderlos de Laclos pour le discréditer, préoccupé d'accaparer de la jouissance et se moquant bien d'une âme à laquelle il ne croit pas. Ce que souligne Kostas Axelos, c'est le paradoxe de l'éros libertin et du désir de fusion romantique. Le libertin croit posséder l'autre, alors qu'il ne fait en réalité qu'effleurer le partenaire. L'amant au contraire se désespère de ne pas pouvoir faire un avec l'aimée, parce que la fusion est par nature impossible. Les deux sont dans une recherche vaine. C'est un dépassement du désir de possession qu'il faut opérer. « Quand nous aurons surmonté l'obsession de l'appropriation possessive qui nous fait croire qu'on "a" celles ou ceux qu'on n'aime pas et qu'on n'a pas celles ou ceux qu'on "aime", nous aurons accompli un premier pas », commente Kostas Axelos [2]. L'amour moderne est composé et déchiré entre ces modèles.

Le mariage des extrêmes

La difficulté de l'amour moderne est de concilier dans un même affectif l'idéalisation de l'autre comme moyen de détachement – qui vient de l'amour courtois, l'ivresse de la fusion de l'amour-passion –, avec l'inévitable individualité qui suppose identité, unicité impliquant inévitablement manquement de la fusion. Le romantisme, lourd du refus du corporel, doit se marier avec l'ivresse et la force du désir procurées par la passion sensuelle et sexuelle. Ce qui était vécu dans des relations différentes auparavant – il y avait le rôle de l'épouse, celui de l'amante, de la maîtresse et celui de la prostituée – doit être à présent concilié dans une même et unique personne. Le mysticisme de l'absolu, idéalisé dans l'amour courtois, sensualisé dans la passion, dont l'issue était par nature tragique, veut se perpétuer dans un bonheur quotidien. Les amants modernes demandent à la flamme de durer. Ils demandent à la fois l'exclusivité du romantisme, car les sentiments attachés à l'individualité et l'unicité ne souffrent pas le partage, et à la fois la liberté et l'ouverture que réclament la passion, le désir et les sens. Les crises de la modernité sont souvent des résultantes de ces antagonismes.

Les amoureux veulent à la fois fusion et individualisation, disparition dans l'unité et autonomie de la personne. Francesco Alberoni souligne que l'enjeu du couple moderne est de concilier ces désirs contradictoires [3]. Deux forces dialectiques entrent en conflit, l'une qui tend à la fusion et veut l'accomplissement du couple, l'autre qui tend à l'individualisation et recherche l'accomplissement de la personne. Les amants ont de plus une vague nostalgie d'un amour universel non exclusif où le partage était de mise. Le fantasme de s'abandonner au plus grand nombre de partenaires possible continue à hanter la conscience de l'homme civilisé, remarque Michel Maffesoli [4]. Nos contemporains rêvent parfois d'amour de l'amour, universel, orgiaque. Amour qui permette d'accéder au règne des essences platoniciennes. Ils veulent à la fois maintenir la famille patriarcale mononucléaire dans sa structure œdipienne, c'est-à-dire dans sa forme de couple exclusif, et ne pas subir de frustration en vivant au maximum leurs désirs respectifs. Enfin, ils veulent maintenir le couple et la famille, structure héritée de la Loi du Père qui impose la hiérarchie, et instaurer l'égalité des sexes. « La séparation forcée, incarnée par la femme mais surtout par le père, entre la dévotion idéaliste et le désir sexuel, le tendre penchant et le simple intérêt, les sentiments saintement intériorisés et la passion profane, constitue l'une des racines psychiques de cette existence déchirée de contradictions », écrit Max Horkheimer [5]. Antinomies multiples qui donnent à l'amour moderne mille visages et en complexifient la lecture.

Il est dans la nature de l'amour d'être contradictoriel. L'amoureux doit tenir tous les rôles, celui de père et celui d'enfant, celui de frère et celui d'amant… Le couple moderne doit être tout à la fois amour-passion, tendresse, amitié, connivence intellectuelle, partage du travail, éducation des enfants, obligation sexuelle et, encore plus, de jouissance [6]. Les contraires se retrouvent et s'harmonisent. « Il est de la nature même de l'amour de réunir en lui les contradictions de l'existence, la contradiction entre le Moi et le Toi, entre le temps qui flétrit et le désir d'éternité, entre le sentiment de notre infime particularité et notre aspiration à tout embrasser, entre l'individu et la société, entre l'absolu et le relatif, entre la vie et la mort, Éros et Thanatos. Les temps modernes exaspèrent, intensifient ces contradictions en même temps que l'amour lui-même se trouve intensifié, exaspéré et soumis plus intensément aux forces désagrégatives », remarque Edgar Morin[7]. L'amour moderne mélange différentes dimensions et différentes images, celle de la femme-conjointe à celle de la femme-sœur ou de la femme-putain. L'intensité de la passion entend se marier à la durée du mariage, l'érotisme au sentiment, la sexualité au bonheur conjugal. À une époque où l'adultère devient inconciliable avec une vie conjugale réussie, c'est-à-dire aimante et égalitaire, le partenaire légitime doit remplir tous les rôles et apporter toutes les réponses. Même si ce partenaire exceptionnel y parvient, cela n'est pas encore assez, car la vie conjugale s'épuiserait très certainement dans un autisme aussi accompli : le désir ne peut trouver son renouvellement éternellement dans les mêmes voies. De plus, un conjoint aussi parfait deviendrait vite étouffant. Car si le couple fusionnel est par nature insatisfait, c'est aussi parce que le tiers est toujours présent au moins par le désir et le fantasme, ce qui rend par là même toute fusion impossible, inachevée. De surcroît, cela instaure une insatisfaction perpétuelle. Le désir étant par nature sans limite et toujours insatisfait, le problème de la relation au tiers ne peut jamais être réglé définitivement. L'« autre » rôde sans cesse dans l'inconscient du couple. Le désir envers un tiers ne saurait être actualisé que dans la culpabilité. Il est donc dans la nature du duo fusionnel d'engendrer la frustration. Il y a tension entre l'impératif au changement, au dynamisme qui est la nouvelle norme culturelle, et l'impression d'enfermement et d'immobilisme, de routine que génère l'installation dans la conjugalité [8]. Le tiers est sans cesse à la porte, convoité, espéré et en même temps repoussé et neutralisé.

L'histoire des relations amoureuses et la place de sujet accordée différemment aux hommes et aux femmes se complexifient avec les exigences de l'amour moderne. L'amour romantique, tel qu'il a été construit et présenté par la littérature, montre les amants comme autosuffisants et enfermés dans une union asociale. Le couple romantique est une recherche de fusion, d'autarcie, mais c'est une recherche toujours manquée, il faut comprendre « le noyau énergétique de l'amour : *l'accord discordant* », selon l'expression de Kostas Axelos [9]. Il y a une évolution ambivalente de ce type d'amour. Nous avons vu que celui-ci ne se développait que dans un mouvement historique d'individualisation nécessitant une reconnaissance de l'identité. On demande à l'amour d'être un révélateur de soi-même et de l'autre, révélation du moi profond [10]. C'est une démarche quasi psychanalytique de reconnaissance de l'intériorité au moyen d'une rencontre intersubjective. Ceci ne peut donc se faire que dans une rencontre unique et par conséquent irremplaçable, exclusive. L'autre est tout pour moi, à la fois le révélateur de mon identité la plus profonde et à la fois l'être révélé, union qui doit donner sens à une commune existence. Mais dans un mouvement inverse l'amour moderne met l'accent sur le danger d'être avalé, englouti dans l'autre et d'y perdre son autonomie, sa personnalité, son identité. Le sentiment d'identité donne un sens à la relation amoureuse moderne, mais il est devenu tellement important qu'il en entrave aussitôt l'expression. L'identité, la personnalité ne doivent pas être englouties dans un processus fusionnel qui ferait disparaître l'unicité des partenaires.

L'union conjugale n'est plus le support de l'amour dans lequel celui-ci est susceptible ou non de se développer, mais au contraire l'amour est devenu la condition indispensable à la vie commune. Si l'amour a disparu, le mariage n'a plus de sens. Aussi à l'ancienne obligation de se marier pour avoir un enfant a succédé la nécessité de s'aimer. Aux exigences des anciennes relations liées au profit ou à l'intérêt des familles, sur lesquels l'amour pouvait éventuellement venir se greffer, s'est substitué l'impératif de l'amour qui remplace tout. Christiane Olivier s'étonne que la relation à la base de la société, celle sur laquelle reposent la famille et l'union des conjoints, soit construite sur l'amour fusionnel, qui, comme elle le rappelle, est un pur produit de l'inconscient. « L'amour, et ses mirages, l'amour et l'inconscient dirigent la cellule de base de notre société… Un peu étrange quand on y regarde de près et quand on sait que le "désir" inconscient n'est jamais satisfait et qu'il cherche toujours mieux, ailleurs, plus loin, etc. [11]. » L'amour romantique repose sur le fantasme de la fusion, le désir de faire *un* avec l'autre. Les partenaires doivent être « le tout de l'autre ». La relation s'épuise du même coup plus rapidement. Ceci se révèle bien évidement illusoire dans le quotidien et porteur d'une certaine amertume puisque l'un des deux au moins s'estime souvent lésé en disparaissant dans le projet de l'autre.

Révélation et perte de soi

Il y a ambivalence de la fusion, comme un mouvement d'humilité où l'individu vise à s'oublier en l'autre et en même temps un ego surdéveloppé par l'individualisme qui le retient de s'y noyer. L'amour ouvre à l'infini mais aussi à la perte de la personnalité, à son aliénation, double mouvement d'envie et de peur [12]. La fusion dans le tout est attirante mais aussi terriblement effrayante. L'amour romantique est absorption du moi de la personne aimée : recherche de la fusion affective, identification [13]. La fusion idéalisée avec l'autre est à l'extrême une négation de l'individualité du partenaire et de son altérité. Le désir de fusion totale mène au meurtre. Othello tue Desdémone car c'est le seul moyen qu'il a de la posséder totalement et pour toujours. Ainsi le jaloux ne supporte pas que l'autre lui échappe, même en partie. Luis Buñuel dans *El* ou Claude Chabrol dans *L'Enfer* ont su fortement exprimer cette situation. « Aimer quelqu'un, c'est l'isoler du monde, c'est effacer ses traces, le déposséder de son ombre, l'entraîner dans un avenir meurtrier. C'est tourner autour de lui comme un astre mort, et l'absorber dans une lumière noire. Tout se joue dans une exorbitante exigence d'exclusivité sur un être humain quel qu'il soit. C'est en cela sans doute que c'est une passion : c'est que son objet est intériorisé comme fin idéale, et nous savons qu'il n'est d'objet idéal que mort », commente Réjean Tremblay [14]. Le discours amoureux est un récit morbide car il consiste à détruire ce qu'il a créé, on aime l'autre et on vise à le changer, on l'idéalise, on le tient donc à distance et on veut en même temps se fondre en lui. Ces contradictions rendent l'amour inadéquat pour l'intégration sociale, selon Danilo Martuccelli [15].

Certes, il existe plusieurs types de fusion selon les considérations intersubjectives que l'on en a, et que Max Scheler a décrits. La tendance minimale est de considérer que l'autre nous révèle et qu'il doit suffire à nous contenter. « On se doit tout », « On se donne tout ». Aujourd'hui, « le conjoint doit à tout moment, sans discontinuité, être le révélateur du “moi” profond de son partenaire. Pas question de s'enfermer dans la routine, dans les charmes d'une institution du mariage qui autorisait une moindre conviction dans le jeu de l'amour [16] ». Démarche analytique à laquelle se convient mutuellement les amants, dont les conséquences sont trop souvent à la limite du pathologique. L'idéalisation de la fusion est devenue problématique. L'ambivalence du désir de fusion se manifeste par la difficulté à prétendre conjuguer le besoin d'individualité des deux partenaires (et donc d'indépendance : d'ouverture sur le tiers) et la forme duale et exclusive de l'idéal d'amour romantique. La contradiction est insurmontable entre l'individualité, qui suppose affirmation et indépendance, et le couple exclusif, autosuffisant et fusionnel. L'amour moderne répond par son idéal à l'ancien schéma du couple fusionnel qui vit dans une « autarcie sexuelle » alors qu'une tension individualisante opposée réclame ouverture et disponibilité. Une tension qui ne fait que s'amplifier entre le modèle de fusion auquel les amants continuent à se référer et le mouvement d'individualisme contemporain. « Les partenaires sont tout à la fois invités à n'exister comme sujets que l'un par l'autre et à faire de leur “je” individuel la légitimation dernière de leurs choix [17] », d'où un conflit entre l'allégeance au « nous couple » et le « je ». Ceci permet de comprendre les « polygamies en chaînes » : l'individu casse la relation dès lors que les contraintes lui semblent trop fortes, mais pour s'employer à aussitôt en reconstruire une du même type. Il y a ambivalence d'idéaux contradictoires. Cet antagonisme génère les crises du couple (divorces, séparations, détresse affective) que l'on constate sociologiquement.

La vie de couple transforme l'identité des conjoints et produit un moi conjugal qui devient envahissant quand il prend toute la place. « L'étant peut-il entrer en relation avec l'autre sans laisser écraser par l'autre son soi-même ? », se demande Emmanuel Levinas [18]. Sans s'attarder sur les raisons psychanalytiques qui rendent la recherche du *un* toujours vaine [19], ce sont des raisons sociales qui doivent être invoquées. Les deux individualités acceptent mal de disparaître en tant que personnes dans une union plus large. L'expression « ma moitié » est devenue quelque peu désuète. « La fusion au début, c'est fantastique, et après on s'aperçoit qu'on est bouffé, qu'on n'existe plus. C'est à double tranchant », dit une jeune femme interviewée [20]. Il y a dans la fusion un élan qui finit par un engouffrement. Luce Irigaray nous aide à comprendre pourquoi : « Pour aimer, il faut être au moins deux. Jusqu'à présent, le plus généralement, l'amour avait lieu dans le *un*. Les deux ne faisaient qu'un. Or, si l'amour parfois y aboutit, cela reste exceptionnel, la fin d'un long parcours, et jamais le résultat de l'obligation d'une loi. Vous ne ferez qu'*un* édicte la loi. Elle ne dit pas comment cela est possible. Elle oblige sans indiquer le chemin [21]. » Être *deux* et faire *un*, c'était l'idéal, la loi. Or pour faire *un*, il y avait rarement fusion en une entité nouvelle, mais plutôt imposition d'une des deux personnalités sur celle de l'autre. *Le mythe du* un *s'opérait socialement au détriment de la femme, qui devait refouler sa propre individualité, pour se conformer à celle de l'homme.* Pensons à l'amour romantique et fusionnel idéalisé par Victor Hugo : il amène *in fine* à la réclusion et la castration de Juliette Drouet, actrice adulée qui renonce à la célébrité pour se mettre au service de « son amour », mais demeure cependant condamnée à la double morale sexuelle. Betty Friedan a dénoncé cette mystique de la femme qui consiste à se définir par l'identité de son mari, à oublier son identité propre [22]. « La lutte pour la conquête d'un moi indépendant plutôt que d'un moi à travers l'activité de l'homme était un des thèmes cruciaux du féminisme », rappelle Sheila Rowbotham [23]. Le « tous-les-deux » de l'amour romantique dépossédait la femme de toute identité. Le refus de voir « Je absorbé, noyé dans nous » est l'une des composantes essentielles du féminisme contemporain [24]. La conjugalité puis la maternité devaient être la totalité de l'individualité féminine. « Notre société tente de conditionner les femmes pour un statut de dépendance, de les persuader que le mariage constitue en lui-même une identité. En gros, elle réalise son identité par le mariage, la consolide et la fond avec celle de son mari. Jusqu'à une période récente, la plupart des femmes acceptaient cette programmation comme naturelle et inévitable [25]. » Il n'y avait pas de place pour un autre projet féminin.

Nous avons vu que l'apparition de l'amour romantique est liée à la montée historique de l'individualisation. La notion de personne, loin d'être innée, est le produit d'une évolution millénaire de l'humanité. Processus bien mis en lumière par Marcel Mauss, Lévy-Bruhl ou Maurice Leenhardt. « La femme n'échappe pas à ce processus historique. Mais les faits, passés comme présents, montrent qu'elle est l'artisane principale de son *accession* à la dignité de personne », rappelle Andrée Michel [26]. Tout comme l'esclave de Hegel qui s'arrache de sa condition, la femme a conquis son statut de sujet au sein d'une relation intersubjective individualisée. L'image nouvelle de la femme, qui s'est progressivement imposée, impliquait la transformation radicale des rapports conjugaux [27]. « L'ère de la domesticité » de la femme est en passe de disparaître. Les femmes rejettent les restes de la mystique de service : le rôle de mère et d'épouse dévouée, de soumission au modèle fusionnel de l'amour conjugal, puis familial. Un nouveau type de relation qui tente d'échapper à ce modèle unaire se constitue. Les changements dans le couple résultent ainsi de la plus grande égalité entre les sexes. *Nous émettrons ici l'hypothèse que ce qui a permis l'émergence de l'amour romantique, à savoir la subjectivité intériorisée, est justement ce qui risque de le faire mourir ou de le transformer.* Après le premier processus d'individualisation lié à la modernité, le deuxième processus d'individualisation, qui date de la modernisation de l'après-guerre, a une influence sur la sphère familiale, la sentimentalité, et la sexualité [28]. L'individualisme a d'abord conduit à une relation intersubjective. Relation personnalisée qui condamne toute relation d'intérêt, relation ancillaire, mariage traditionnel. Les époux doivent se choisir librement, c'est l'attirance et elle seule, l'accointance de deux êtres, qui justifie et fonde le mariage romantique. Seul l'affectif y est légitime. Pour cette raison, on parle de fusion. Les époux sont les deux parties d'une même entité, les deux moitiés, comme l'exprime le langage, d'une personnalité plus globale : l'identité du couple. L'illusion romantique tentait de faire croire que le couple trouverait ainsi un unique projet commun. En réalité, l'un des deux imposait à l'autre ses vues.

Un sacrifice devenu impensable

Il est devenu désormais impossible d'accepter le sacrifice d'un des deux partenaires pour réaliser le couple, base de la famille traditionnelle. L'ancien mariage maintenait une stabilité car la femme y était sacrifiée. Suite à l'exigence féministe, l'opposition public-privé s'est estompée [29]. Alain Touraine fait remarquer que l'histoire des mouvements féministes, après la rupture des rôles traditionnels, est une redécouverte de la relation à l'autre, que ce soit à l'enfant, ou à l'homme [30]. L'action des femmes a joué un rôle décisif dans la découverte du sujet. L'accession à une plus grande liberté individuelle a complexifié les relations entre les sexes et sapé les bases de la famille moderne. La distribution sexuelle des rôles, la dépendance des femmes... doivent être repensées. La femme veut affirmer son moi, comme le montre Ibsen dans *La Maison de poupée* (1879) où Torvas dit à son mari : « J'étais ici ta femme poupée comme chez papa, j'étais son enfant-poupée. » Il ne peut plus en être ainsi. Trop souvent l'amour, qui présente un visage égalitaire et qui promet l'harmonie de rapports justes, cache une évolution vers une répartition des rôles moins envoûtante. « L'amour veut la complète égalité des partenaires – du moins au départ », déclare non sans cynisme et sexisme Suzanne Lilar [31], qui entend montrer que l'amour s'exprime, pour la femme, d'abord par la soumission et le dévouement. En réalité, le *un* mythique cache une aliénation de la femme, si ce n'est des deux personnalités composant le couple. « Peu de couples réussissent véritablement à "devenir un" ; tout ce qu'ils arrivent à faire, c'est de se dénier très rapidement le droit à une existence individuelle. [...] Grâce au "tous-les-deux", ils ont fondu leurs identités au point de devenir anonymes. Ils ont réussi à faire deux riens l'un de l'autre [32]. » *Au nom de l'amour s'instaurait une répartition inégalitaire des rôles, une répartition hétérosexuée.* « Du rêve sort une figure-farce : ainsi du couple *fou* naît l'obscène du *ménage* (l'un fait la cuisine à vie pour l'autre) [33]. »

Jusqu'à présent le *un* ne s'incarnait que dans un projet commun, le matériel, l'enfant (où la femme tentait d'affirmer sa personnalité et qui résumait le sens de sa féminité et de son existence) ; ce n'était en réalité que fuite de la dégradation de l'amour. Luce Irigaray estime qu'il faut à présent que les deux existent comme personnalité avec leur subjectivité affirmée. Sans quoi le *un* est mythique, il cache un asservissement qui finit par tuer l'amour, le faire disparaître. « La découverte serait de faire *deux* pour pouvoir peut-être un jour faire *un* dans ce tiers qu'est l'amour, par exemple. Actuellement, il y aurait du *un* construit sur une répartition du travail, des biens, du discours, du *un* qui n'est qu'une complémentarité asservissante : or l'amour n'est que libre. Du *un* qui, d'ailleurs, souvent ne s'incarne que dans l'enfant – ce qui piège les trois termes dans une alliance qui n'en est pas une. Pour que le *un* de l'amour puisse peut-être un jour s'accomplir, il faut découvrir le *deux*[34]. » Découvrir le deux, c'est permettre à l'individualité de la femme de s'exprimer à l'égal de celle de l'homme. C'est-à-dire que la femme puisse être reconnue comme telle, sujet et non objet. La critique féministe insiste particulièrement sur la nécessité pour celle-ci de devenir sujet dans l'histoire et pour cela il est nécessaire de devenir un objet dans la théorie, note Colette Guillaumin[35]. Un matérialisme féministe, une analyse critique, permet selon l'auteur de comprendre le social à partir d'une analyse de classe, le « sexage ».

Georg Simmel montrait avec justesse qu'il « est plus facile de définir la femme que l'homme ; mais plus difficile de définir une femme qu'un homme[36] », ce qui s'explique par ce rapport différent à l'individualité. Il remarquait que « le faible évite l'individualisation ». La domination des femmes a empêché longtemps l'affirmation de leur individualité. Le phénomène de la mode est ainsi, pour Georg Simmel, une sorte de « soupape d'échappement » par laquelle les femmes expriment leur besoin de se distinguer quand cette exigence leur est davantage refusée dans les autres domaines. C'est une façon de sauver, par l'extérieur, leur liberté intérieure. Freud remarquait qu'une personne peut acquérir un taux particulièrement élevé d'assujettissement et de dépendance vis-à-vis d'une autre personne avec laquelle elle est en « commerce » sexuel. Cette sujétion peut mener très loin, jusqu'à ce qu'on perde toute indépendance de la volonté, jusqu'à ce qu'on tolère de sacrifier son propre intérêt. Seulement Freud pensait qu'un degré d'assujettissement est nécessaire pour qu'une liaison dure : la sujétion sexuelle, selon l'expression de Krafft-Ebing, étant inhérente au couple, c'est à la femme qu'il revenait d'en payer le prix : « Ainsi la sujétion est incomparablement plus fréquente et plus intense chez la femme que chez l'homme[37]. » *Or, de par sa condition actuelle, la femme entend accéder au statut de sujet après avoir été cantonnée au rang d'objet.* Cette volonté empêche du même coup la fusion mythique dans le *un* du couple où elle était objet.

Les femmes entendent de moins en moins exister au travers des hommes*. La difficulté réside dans ce que le modèle amoureux de référence n'a pas évolué aussi rapidement. *L'idéal de la fusion mythique demeure bien présent dans les représentations engendrant des contradictions et des déchirements.* La socialisation continue à se faire à partir des anciens parangons de fusion romantique. Ce rêve de fusion s'exprime encore aujourd'hui dans les représentations sociales de l'amour proposées plus spécialement aux femmes. Ainsi *il y a tension entre la nostalgie archaïque de disparaître dans l'autre et de s'y oublier, et la volonté d'affirmer son individualité irréductible.* L'envie de confusion, de fusion, façon de « ne faire qu'un » avec l'autre, de rechercher la moindre différenciation et de s'en remettre à l'individualité du partenaire, demeure. « Le risque de gazification, c'est celui de la dissolution, de la disparition pure et simple, "en fumée", par perte de toute identité, de toute substance [38]. » La fusion n'est pas une affirmation de l'identité, mais une perte de soi. La place prédominante que prennent les femmes dans la société actuelle jette le trouble dans les rôles et dans la conception de l'amour et de la sexualité**. Le mouvement de libération des femmes

* Citons comme contre-exemple cette phrase qui parait désuète de Madeleine Chapsal : « Il n'y a que le regard d'un homme qui puisse vous faire prendre conscience que vous êtes femme, sinon vous êtes quoi ? »

** Roger Bastide voit dans cette tendance des femmes à devenir sujets – « elle refuse d'être un objet » – une cause de la tendance des hommes à se tourner vers l'homosexualité par recherche de tendresse et peur d'une femme agressive. « La femme devenant plus agressive, les hommes sont tentés d'aller quérir la tendresse ailleurs » (Bastide, 1969, p. 127). Même si cette analyse nous semble primaire et sans doute idéologiquement suspecte, il est certain que a été un stimulant à l'égalité des statuts mais interroge aussi la nécessaire construction de nouveaux types affectifs où les deux soient sujets.

Schématiquement, l'idéal du un *de l'amour romantique se concrétisait en une relation binaire réduite à l'individualité de l'homme, où le tiers n'avait de place que comme absent, exclu, ou représentant du projet masculin. C'est-à-dire que la relation était réduite au* un. « Lorsque deux sujets sont pris dans une relation amoureuse, il est courant de dire d'eux qu'ils ne font plus qu'Un ! Mais alors, où est passé l'autre, et duquel s'agit-il ? », demande Pascal Martin [39]. En réalité, on sait bien laquelle des deux personnalités s'affirme dans la majeure partie des unions. La femme disparaît dans le projet amoureux, l'unité se fait au prix du sacrifice de son individualité. Les femmes dont on dit qu'elles « portent la culotte » demeurent les contre-exemples qui permettent de justifier l'ensemble et de cacher des rapports largement inégalitaires. Du reste, le modèle de la femme passive et anéantie dans le projet et au service de l'homme a pu être formalisé en idéal par certains courants de la psychologie au freudisme mal inspiré [40]. « La femme se libère de sa servitude sexuelle et s'immole, ainsi que son mari, dans un égoïsme à deux qui vise à satisfaire tous les besoins de son mari [41]. » Dans ce cas, les femmes devenaient quelqu'un par l'intermédiaire du projet de leurs maris [42].

La fusion est réclamée par une nostalgie archaïque, selon la théorie de Jean Lemaire [43]. Les partenaires se glissent alors avec d'autant plus de facilité dans la fusion que leurs structures inconscientes et pulsionnelles les y incitent. L'auteur explique que parfois l'un des partenaires épouse l'identité de l'autre. *La recherche d'exclusivité fait rejeter toute forme d'amour*

le mouvement d'indépendance des femmes crée une crise de l'identité masculine.

(sexuel, sensuel, d'amitié ou de tendresse...) *qui ne provienne pas de la structure duale.* Les conjoints doivent s'autosuffire affectivement. L'amour exclusif ne saurait souffrir de concurrence. Du moins, l'homme ne saurait en souffrir, et il est ainsi montré que la femme qui entre en couple renonce à ses amies davantage que l'homme [44]. Pire, toute activité autonome semble insupportable à l'homme dans le mariage traditionnel. Annelise Maugue rapporte les tentatives de ces femmes qui, au XIXe siècle, essaient de s'investir dans la création : « Qu'elle pratique à son tour la relativisation de l'autre, qu'elle ne s'anéantisse pas chaque instant dans l'écoute et l'extase, et l'homme aussitôt se sent absolument dépossédé : s'il n'a tout, il n'a rien [45]. » Ces constructions des rôles sociaux sont puissantes et perdurent parfois malgré les prises de conscience et la volonté égalitariste.

Une structure cannibale

> « Dans toute maison heureuse, il est une femme oublieuse d'elle-même. »
>
> Yvonne TROUARD RIOLLE [46]

L'amour fusionnel vit de l'annulation de l'individualité : les amants se fondent dans une identité commune. Il se crée une dépendance à l'autre, l'identité de chacun étant interconnectée à celle de l'autre. Nena et George O'Neill décrivent cet état de dépendance dans ce qu'ils appellent le *mariage clos*. Le contrat du couple dans le mariage clos est de « partager les mêmes amis ; abandonner ceux que l'un des deux ne pouvait supporter ; avoir les mêmes vacances, les mêmes distractions ; être toujours prêt à devancer les désirs de l'autre, à l'encourager, à le consoler ; mettre en commun tout l'argent gagné par chacun ; ne jamais se sentir attiré par une autre personne [47]... ». C'est ce modèle que toute la pression sociale nous prescrit, selon les auteurs. Il n'y a pas d'identité apparente, mais un mimétisme de couple. « … Va de soi le partage des mêmes goûts, des mêmes amis, des mêmes loisirs, du même nom, des mêmes manies, des mêmes tics de langage. Où suis-je dans cette confusion totale des désirs et des choix ? Et toi, où es-tu ? […/…] "Je disparaît, absorbé, noyé dans nous" [48]. » Le rêve de fusion, « l'un pour l'autre », que l'un puisse se substituer à l'autre, peut aller jusqu'à « en allant ensemble l'un pensera pour l'autre [49] ». Ce qui est sans doute « envoûtant » au beau milieu de l'état amoureux le devient moins dans le mariage. Cette dépendance devient insupportable quand elle finit par ne plus laisser de place à la moindre parcelle d'identité autonome. « Le collage effrayant » dont parle Pascal Martin [50], c'est quand chacun sait ce qui est bon pour l'autre. Tout se joue alors dans une relation duale sans distance aucune. Le passé du partenaire est lui-même approprié et une reconstruction de la mémoire individuelle et collective du couple s'opère. Au point que l'un pourra raconter l'enfance de l'autre à des étrangers mieux que l'intéressé lui-même. Ne reste de la fusion que la dépendance et l'engloutissement : l'ivresse a disparu au point que le désir de manger l'autre par amour puisse tourner en désir de l'engloutir, de le dévorer. Un besoin « de bouffer l'autre », de l'absorber dans la fusion, de le faire disparaître, de le dissoudre, pour mieux le posséder, mais aussi pour en finir, c'est ce que Atkinson appelle « le cannibalisme métaphysique [51] ». La fusion est une façon de se débarrasser de l'identité de l'autre, de résorber son altérité par nature troublante et dérangeante. « Comme ils restent bien rarement "deux", comme l'unité est le plus souvent synonyme de mutilation, l'aversion envers une emprise trop forte de la passion amoureuse ne fait que se généraliser », prévenait déjà Lou Andreas-Salomé [52].

Alexandra Kollontaï s'insurgeait contre cet amour de propriétaire qui fait que le partenaire est réduit à une possession. Elle notait, à son époque, ce que cette situation avait de nouveau et de transitoire dans l'histoire de l'amour. La propriété n'est pas seulement physique, elle peut être parfois d'abord morale, prévenait-elle : « L'idée de la propriété s'étend bien au-delà des bornes du mariage légal ; elle est un facteur inévitable, se glissant jusque dans l'union amoureuse la plus "libre". Les amants actuels des deux sexes, malgré tout leur respect "théorique" de la liberté, ne se satisferaient absolument pas de la conscience de la fidélité physiologique de la personne aimée. Afin de chasser de nous le fantôme menaçant de la solitude, nous pénétrons violemment, avec une cruauté et une indélicatesse qui seront incompréhensibles à l'humanité future, dans l'âme de l'être aimé et nous revendiquons nos droits sur son "moi" spirituel le plus secret. L'amant contemporain pardonnera bien plus aisément une infidélité physique que morale, et chaque parcelle d'âme, prodiguée au-delà des limites de *son* union libre, lui apparaît comme un vol impardonnable, commis à ses dépens, de trésors lui appartenant en propre. Et l'indélicatesse naïve et constante, à ce sujet, des amants envers un tiers ! Chacun de nous a pu sans doute observer un fait curieux : deux amants, qui ont à peine eu le temps de se connaître convenablement l'un l'autre, se hâtent d'établir chacun ses droits sur les relations personnelles antérieures de l'autre, d'intervenir dans sa vie la plus intime, la plus sacrée. Deux êtres, hier encore étrangers, liés uniquement par des sensations érotiques communes, s'empressent de porter la main sur l'âme de l'autre, de disposer de cette âme inconnue, mystérieuse, où le passé a gravé des images ineffaçables, de s'y établir comme chez soi. Cette idée de possession réciproque du couple uni s'étend si loin que nous n'en sommes presque plus choqués [53]. » La possession de l'autre va au-delà du contrôle de son identité et de son histoire, mais le processus même du couple conduit à reconstruire les identités de chacun en fonction des exigences du partenaire. Les conjoints finissent par vivre la situation ambivalente de se perdre et de s'asphyxier tout en ne pouvant se révéler que par l'autre : « chacun des deux membres du couple ne peut véritablement vivre ni avec ni sans l'autre [54] ». *L'institutionnalisation de la mise en couple contribue à « typifier » l'autre*, il y a transformation de l'un par l'autre dans les étapes de la mise en couple, bien étudiées par Jean-Claude Kaufmann [55]. L'autre est rigidifié dans un rôle qui l'enserre et auquel il ne peut échapper au risque de surprendre, dérouter, décevoir et éventuellement provoquer une crise dans le couple. Ce processus conduit à l'idée d'aliénation amoureuse.

Dans l'état amoureux, l'autre apporte un sens à l'existence par l'énergie nouvelle mise en jeu. Dans le couple institué, la reconnaissance vient du partage d'habitudes communes. Le « front uni des couples », la cofusion, n'est pleinement visible que de l'extérieur. Cette structure à deux fait écran entre soi et tous les autres. Le couple devient à la fois lieu de protection et d'enfermement. Lieu d'un refuge identitaire, où l'autre me procure une réassurance et finit par reconstruire ma personnalité à mon insu. L'individu se perd dans une relation à laquelle il concède toute autonomie. « L'autre est la preuve de mon existence », « sans un autre regard, je n'existe pas [56] ». Nena et George O'Neill recensent les caractéristiques principales de la vie conjugale dans le contrat clos : possession du partenaire (« tu m'appartiens… ») ; négation du moi (on sacrifie sa propre identité) ; maintien du couple « front unique » (maintenir l'image du couple) ; rôles sclérosés (tâches, conduites, attitudes strictement différenciées selon des lignes préétablies fondées sur les notions de masculin et féminin) ; fidélité absolue (enchaînement physique et psychologique davantage par contraintes que par choix) ; interdépendance totale (le « tous-les-deux » préservera l'union, d'où les concessions de l'individualité respective des partenaires). Ce contrat est rarement celui que choisissent les partenaires au départ de la relation, mais il finit par s'imposer du fait des habitudes, de la pression sociale, du relâchement de l'état amoureux…

David Cooper critique la tendance à la fusion du mariage romantique en entreprenant la topographie de son modèle relationnel : « L'une des pires fatalités qui pèsent sur les relations à deux […] est que ces deux personnes entrent dans *des rapports symbiotiques* tels que chacun devient le parasite de l'autre et que chacun se cache dans l'esprit de l'autre. On cherche A et on le trouve dans l'esprit de B, on trouvera B dans l'esprit de A ; on traversera ainsi une série d'intériorisations des intériorisations de l'autre, et de l'autre intériorisé. De cette façon, A et B deviennent invisibles et bénéficient de toute la sécurité et de tout le calme que procure l'invisibilité sociale. *Voilà un mariage vraiment heureux, on le paye simplement de la suppression de sa personne !* A et B disparaissent au profit d'une entité composite A-B. » David Cooper explique les dangers de cette aliénation en explicitant le rapport qu'entretient le couple fusionnel au tiers : « C arrive alors, il n'est le troisième qu'apparemment puisque A et B sont une plutôt que deux personnes distinctes. C, être illusoire, a des "relations" avec B, qui en tant que B est, lui aussi, illusoire. A est troublé par ces relations. La "jalousie" signifie ici que A se voit dans le regard de C. Autrement dit, C c'est A regardant A : la violence avec laquelle A et B ont supprimé leur existence autonome s'étend maintenant à C, qui cesse d'être lui, quoi qu'il ait été auparavant, et devient l'incarnation autoréfléchissante, jusque-là refusée, de A. » Le tiers ébranle le pacte A-B, vient remettre en cause leur union et renvoie soudainement l'individu rejeté à son unicité. « Le résultat est la rupture soudaine de la pseudo-unité symbiotique A-B ; A doit ainsi pour la première fois se voir isolé dans le monde, affronter seul l'avenir et faire de nouveaux choix à partir de sa nouvelle situation de liberté non désirée. Il est maintenant responsable de ses relations, à moins qu'il ne puisse assez rapidement ré-inventer sa symbiose avec B ou avec n'importe qui d'autre en prétendant qu'il ne s'est rien passé. B aussi doit faire face à la séparation mais dispose d'une source de réconfort. Ses relations avec C ont une certaine allure de normalité, mais elle cache sous des dehors sains *la réalité suicidaire de la symbiose.* Mais B et C sont également libres de faire abandon de leur liberté dans l'intérêt de la sécurité d'une pseudo-unité B-C [57]. » David Cooper décrit ici très bien les processus fusionnels, et les mécanismes sociaux qui nous poussent à « faire du couple ». L'individu face à lui-même est seul, il peut rencontrer l'autre sans s'y perdre, ou au contraire s'y réfugier et disparaître. *La restructuration en couples successifs peut se faire en reconstruisant à chaque fois des binômes fusionnels.*

Une tout autre problématique sur laquelle s'interroge Lévi-Strauss apparaît singulièrement similaire. Il relève ce paradoxe de l'interculturalité : on a besoin d'échanges pour s'enrichir et la diversité crée une émulation et une richesse de l'échange. Mais trop d'échanges tue l'échange car il y a alors universalisation et égalisation des diversités culturelles. C'est ici toute la problématique actuelle de la mondialisation. Ce que Lévi-Strauss souligne sur le plan de l'interculturel nous semble également exact sur le plan interindividuel. « On ne peut, à la fois, se fondre dans la jouissance de l'autre, s'identifier à lui, et se maintenir différent. Pleinement réussie, la communication intégrale avec l'autre condamne, à plus ou moins brève échéance, l'originalité de sa et de ma création [58]. » La création se fait à partir d'un échange suffisant mais pas écrasant. C'est bien le problème du couple moderne, où les êtres pour se rencontrer et s'enrichir doivent conserver une parcelle d'autonomie, d'individualité propre, et ne pas se fondre dans un couple où les partenaires tombent dans un mimétisme qui les fait disparaître. « Si les deux ne font plus qu'un, lequel des deux sera cet un ? Ce n'est pas un simple jeu de mots. La question laisse soupçonner la possibilité d'un cauchemar : que l'un des deux disparaisse dans l'opération [59]. » C'est traditionnellement la femme qui disparaissait comme sujet du couple, le modèle de fusion romantique laissant peu de place pour l'autonomie. « Toute tentative faite pour établir sa propre identité en dehors du mariage devient un tel combat et entraîne une telle résistance de la part de l'autre que l'on se refuse souvent à tenter l'expérience [60]. » Nancy Huston pose de façon intéressante le problème à propos des couples d'écrivains qui supposent une personnalité forte des deux partenaires [61]. Elle questionne l'idéal de fusion de l'amour. Il n'est pas anecdotique de remarquer que les couples célèbres, d'intellectuels par exemple, ont souvent un mode de vie peu commun, dans lequel les deux ont un espace de liberté appréciable, avec un habitat séparé, des voyages en solitaire, etc. Le plus célèbre couple, celui de Simone de Beauvoir et Jean-Paul Sartre, en est l'archétype. Il ne représente aucunement le couple type des années 1950, mais au contraire celui qui tend à se généraliser actuellement, avec la démocratisation de l'émancipation féminine.

La logique de la fusion mythique dans le *un*, au niveau du couple et de la binarité, se retrouve également exprimée sur le plan politique dans la stérilité de l'unité, c'est-à-dire du manque de débat*. Michel Maffesoli pointe cette réflexion d'Aristote qui montre

* Francesco Alberoni a montré dans ses ouvrages que l'analyse macro-sociologique des mouvements sociaux pouvait constituer des modélisations euristiques pour l'analyse des relations interindividuelles.

que la recherche d'unité est ambivalente : « L'unité en bout de course aboutit à une espèce de réduction – c'est ça une réduction ! – qui d'une certaine manière vide de son sens, en terme de logique, l'essence même de ce que cela voudrait être [62]. » En synthétisant, on peut dire que *le couple est une réduction qui s'appauvrit de ce qu'il veut justement sauvegarder.* À vouloir s'enfermer dans un couple pour protéger son amour et se révéler, on le perd et on s'y perd. « À vouloir réduire la diversité, à trop fonctionner sur le fantasme de l'*un*, on oublie, pour le pire, que la vie ne se laisse pas enclore, mais repose essentiellement sur le pluralisme [63]. » La perte des autres s'accompagne progressivement de la perte de l'autre. Le tiers est nécessaire à l'espace du désir et à la réénergétisation de la relation des conjoints elle-même.

La théorie du lit

> « Le mariage est un enfer s'il y a chambre commune ; chambres distinctes, il n'est plus que le purgatoire ; sans cohabitation (en se rencontrant deux fois par semaine), il serait peut-être le paradis. »
>
> MONTHERLANT, *Les Lépreuses*

Dans la *Physiologie du mariage* (1830), Balzac énonce « la théorie du lit » qui est une illustration du problème de la gestion du désir dans la vie conjugale. Trois solutions sont possibles que Balzac énumère. Si le lit conjugal commun est le modèle moderne, la plupart des couples contemporains n'envisagent pas d'autres alternatives, dormir ensemble continuellement amène à un risque d'épuisement énergétique de la relation. Balzac lui donne sa préférence, mais avec réserve. Il le privilégie non pour des raisons d'amour mais parce qu'il permet de surveiller l'autre, en guise de sécurité contre l'adultère ! Une façon de ne pas épuiser le désir consiste à dormir séparément, deuxième solution qui se trouve être les lits jumeaux. C'est le modèle bourgeois puritain qui pose le problème de la séparation et du passage d'un lit à l'autre, de ce que Léon Blum appelle « le détroit [64] ». Balzac évoque le problème posé par ce mode de vie où l'on ne connaît pas à distance les dispositions du partenaire. La concordance des désirs est alors délicate, cahoteuse, d'autant plus dans les couples puritains qui ne s'entretiennent guère de « la chose » ; « être en Sibérie quand elle est sous les Tropiques », ironise Balzac. La troisième solution réside dans la chambre séparée comme il était fréquent dans la noblesse. Bien souvent, les époux ne font pas vie commune sous l'Ancien Régime, ils ont chacun leurs appartements, parfois leurs hôtels particuliers distincts, quand l'un n'est pas à Paris et l'autre en province [65].

C'est la solution qui paraît appropriée à Léon Blum dans sa recherche de mariage idéal. Ce sera également l'avis de féministes, comme Évelyne Le Garrec [66] qui reprend la théorie du lit, énoncée par Virginia Woolf dans *Une Chambre à soi* (1929). Avoir chacun sa chambre permet d'affirmer son individualité, son autonomie, de se retrouver, de s'affirmer dans ses désirs. Léon Blum dira que le régime nocturne mais également diurne doit être indépendant. Les époux ne se doivent pas tout l'un à l'autre, et comme Simmel il attirera l'attention sur l'importance du secret.

Georg Simmel avait bien discerné le risque de confusion et de dégénérescence du désir en interrogeant la volonté de totale transparence des amants. « Dans le mariage comme dans les unions libres de type conjugal, la tentation est très grande, dans les premiers temps, de fusionner complètement avec l'autre, d'abandonner les dernières réserves de l'âme après celles du corps, de se perdre sans la moindre retenue l'un dans l'autre. Mais la plupart du temps cela va menacer considérablement l'avenir de la relation. Seuls peuvent se donner entièrement sans danger les êtres qui ne peuvent pas se donner entièrement, parce que la richesse de leur âme est fondée sur une évolution permanente qui fait que chaque don engendre immédiatement de nouveaux trésors [67]. » L'idée de se donner totalement revient à dire que l'on disparaît et surtout que l'on risque de vite s'épuiser. Rien de pire que de penser « connaître l'autre par cœur ». Les habitudes ne sont pas des moteurs du désir. Simmel a bien noté l'importance du secret, de la nouveauté, du quant-à-soi. Autant dire que le modèle de transparence totale cher à Rousseau est peu tenable. « Ce défaut de discrétion mutuelle, qu'il s'agisse de prendre ou de donner, conduit certainement bien des mariages à leurs pertes, c'est-à-dire qu'ils sombrent dans une habitude banale et sans charme, qu'ils deviennent quelque chose qui va de soi et ne laisse plus aucune place à la surprise [68]. » Contre ce travers de l'amour moderne, les couples préfèrent parfois, à l'image de la noblesse d'Ancien Régime ou d'intellectuels célèbres, habiter séparément, en couple dit non cohabitant, ceci afin de laisser un espace de flou et de secret entre eux et ne pas tomber ainsi dans des habitudes qui conduisent à l'ennui. Ils peuvent encore s'investir dans des domaines privilégiés qui sont leurs « jardins secrets ». L'existence ou non de secret modifie les modes relationnels. Cela ne veut pas dire du reste qu'il soit nécessaire qu'il y ait occultation, cachotterie, tromperie… Le secret peut prendre la forme de la mise à distance, chacun vit alors des expériences temporaires qu'il pourra avoir la joie de faire partager ensuite lors des retrouvailles. L'intrusion et la discrétion sont l'un des problèmes que la vie conjugale doit régler. « Cela fait partie d'un champ problématique tout à fait général, extrêmement important pour la sociologie de la relation intime : la question de savoir si le maximum de valeurs communes peut être obtenu si les personnes renoncent totalement, pour l'autre, à leur être-pour-soi, ou au contraire, en le conservant, si elles ne s'appartiendraient pas *plus* qualitativement en s'appartenant *moins* quantitativement. [.../...] comment tracer, parmi toutes les choses que l'homme peut communiquer, la limite au-delà de laquelle pourraient éventuellement commencer la réserve et le respect de l'autre ? », s'interroge François de Singly [69]. Si dans le mariage traditionnel les choses étaient établies d'avance, le mariage moderne, au contraire, répond au cas par cas, relativement au contrat du couple. Ceci est surtout manifeste dans les classes supérieures où le mariage n'est qu'une partie de l'identité de la personne, alors que les classes populaires conservent un projet collectif [70]. Mais les uns et les autres se différencient aussi par leurs manières publiques de se définir, dans leur volonté de démarcation, de distinction, d'afficher une autonomie, dans leurs intentions de couple, davantage peut-être que par des pratiques très différentes [71]. Là encore, il ne faut pas confondre pratiques et discours. Globalement, les changements dans le couple résultent de la plus grande égalité entre les sexes : « une image nouvelle de la femme s'est ainsi progressivement imposée : elle impliquait à terme une transformation radicale des rapports conjugaux », commente Louis Roussel [72]. « L'ère de la domesticité » de la femme est terminée : les femmes rejettent le rôle de mère et d'épouse dévouée. Une nouvelle relation qui tente d'échapper à ce modèle unaire peut se constituer.

On l'a indiqué, l'idéal d'autosuffisance amoureuse et sexuelle d'une union légitime a été le modèle dominant, partagé par les deux partenaires dans l'époque contemporaine. Ceux-ci seront bientôt placés devant des contraintes non prévisibles. La double vie, l'adultère, la fréquentation des prostituées, comme toutes relations amoureuses illégitimes, ne relèvent plus désormais seulement du secret et d'un domaine privé plus ou moins occulté, mais de la trahison et signifient pour soi-même l'échec certain de sa vie sentimentale. Différence fondamentale avec le mariage bourgeois du XIXe siècle, les époux ne peuvent plus développer le même type de relation. Après une période amoureuse fusionnelle, ils doivent nécessairement se renier pour admettre des relations avec des tiers. Ce qui était précédemment au pire un sale petit secret, une mesquine cachotterie, révèle tout son aspect dramatique de reniement et de négation de sa propre identité. Car la trahison est moins désormais envers son partenaire, amenant son lot de mauvaise conscience, qu'envers soi-même et son idéal, et envers ses promesses de fidélité pour un amour qui nous a autrefois transporté. La culpabilité ne peut qu'envahir ce reniement de soi-même. La relation au tiers est nécessairement empoisonnée dans la culture de l'amour fusionnel. Ce qui était autrefois plutôt valorisant, dans la culture masculine – avoir la capacité d'entretenir une maîtresse, « être un homme à femmes », un don Juan –, tend à devenir un signe d'échec de sa vie affective, et se trouve marqué du signe de la honte. C'est le synonyme d'une incapacité à mener une vie conjugale réussie. Par ailleurs, l'univers du couple devient vite insupportable quand il s'agit de mener une double vie, le mensonge affectif apparaissant particulièrement abject et immoral. Passe encore que l'on entretienne un ménage de circonstance en menant une double vie, avec des rapports affectifs à l'extérieur, mais la simulation des gestes de tendresse et des inclinations jette le trouble sur l'ensemble des relations entretenues. L'authenticité est devenue primordiale pour exprimer la profondeur de ses sentiments, aussi toute relation secrète ne peut être que vile. Ce qui pouvait être amusant dans les histoires de cocuage chères au théâtre de boulevard devient existentiellement tragique pour les amants. Comment faire confiance à ce mari infidèle, comment porter crédit à l'authenticité de ses sentiments, s'il est capable de les simuler par ailleurs ? Pire, se demande le mari, comment me faire confiance ? Les dés sont jetés. Il est plus logique et plus commode de penser à la séparation. À une union autosuffisante, monogame, succède une nouvelle union autosuffisante, monogame... Monogamie séquentielle, polygamie successive, quel que soit le terme, il désigne le mode de relation le plus fréquent de l'époque contemporaine.

Les conséquences de l'amour romantique, l'injonction à la fidélité, la connaissance du partenaire, l'égalité des individus, des sexes, tout concourt à rendre logique l'amour monogame exclusif. Pour des auteurs aussi divers qu'Engels, Georg Simmel ou Léon Blum, l'avenir est à l'union librement consentie et monogame. Curieusement, cette position rejoint celle de l'amour conjugal chrétien, de Jean Guitton, ou celle, morale, de Suzanne Lilar. Le couple semble être la base incontournable de l'amour. Même si, dans la modernité, le nombre de célibataires augmente, le statut matrimonial et les rapport amoureux ne sont plus les mêmes, François de Singly rappelle que le couple reste de toute façon le point de référence pour chacun [73]. L'idéal de celui-ci demeure socialement peu discuté. Le tiers continue à être appréhendé inévitablement comme exclu de la relation amoureuse moderne. Il pose néanmoins des problèmes au couple qui n'arrive jamais à le tuer complètement, à moins de vivre sur une île déserte. Or, Robinson et Vendredi ne peuvent que développer un rapport de maître à esclave quand le tiers est réduit à ne fonctionner que dans l'imaginaire. La binarité fonctionne dans le registre de l'antagonisme et du blocage, de la fixité. Il faut l'intervention d'un tiers pour qu'il puisse y avoir alliance et renversement des positions, changement possible, évolution...

CHAPITRE IX

Vers un nouveau modèle, l'amour fissionnel

« L'amour n'est ni le couple fusionnel, ni l'appropriation de l'autre, ni la "substantialisation" des relations d'alliances et de parenté. »

Marie-Odile MÉTRAL [1]

Dans l'amour courtois et la préciosité, la relation amoureuse est bien le sens de l'existence mais le tiers n'y est pas exclu : il est au cœur même du drame. En revanche, l'amour moderne est un « tout donné », une relation à soi-même, une aventure « entre soi ». L'amour romantique devient la seule source possible de sens dans une vie restreinte à l'univers conjugal. Une causalité de type magique dans la rencontre du partenaire imprime l'idée d'un destin, d'une fatalité qui restreint le vécu affectif à un être unique. La relation est coupée de l'entourage, seul le couple demeure central, la parenté s'efface, la relation est présentée comme totalement suffisante. En somme, toute forme de tiers est exclue. Nous avons décrit les formes de cette relation et évoqué les contradictions qu'elle engendre. L'amour, malgré les apparences, est une forme sociale en constante mutation. Les transformations sociales contemporaines conduisent à l'émergence d'un nouveau modèle. Le tiers, hier exclu de la relation, redevient une force vitale et nécessaire à l'épanouissement des deux partenaires dans un couple dont la philosophie de vie se redessine. Un type original de relation, une définition nouvelle du mariage qui permet à un homme et à une femme de vivre ensemble tout en conservant leur individualité propre, émergent peu à peu, de manière confuse et inconsciente, et proposent de nouveaux repères [2].

Amours postmodernes, diront certains, qui permettent de s'associer à des réseaux affectuels sans les amalgamer. Il s'agit pour l'individu de ne pas tout partager, mais de vivre des relations affectives d'intensité et de nature différentes, selon les moments et les groupes d'adhésion, mais sans les occulter ou les dissimuler. Il s'agit de vivre une relation au tiers qui ne soit pas d'adultère, mais ouvertement affirmée sans pour autant faire l'objet d'une revendication militante. Chaque partenaire se donne la liberté mutuelle de vivre des relations indépendamment du conjoint, à des degrés divers et à des niveaux relationnels négociés au préalable. Il ne s'agit pas de « se tromper », ce qui apparaît comme mesquin et un peu archaïque, mais de reconnaître et d'accepter l'affirmation de ses désirs et de ceux de son partenaire, quelle que soit leur cible. Bien évidemment, ce mode relationnel demeure un archétype plus ou moins abouti, revendiqué, actualisé selon les couples, mais il dessine une tendance. Toute une gradation existe entre le couple totalement fusionnel et le couple qui a tendance à s'autodissoudre dans l'hétérogénéité de relations sociales indépendantes. Chaque union définit son propre contrat qui fixe des limites à l'indépendance de ses membres. Une liberté d'action plus ou moins grande à l'extérieur de la cellule conjugale sera accordée qui variera en fonction de la distance acceptée envers les idéaux du couple fusionnel.

Des histoires exemplaires ont fourni des antécédents à ce type de relations que l'on voit se démocratiser aujourd'hui au plus grand nombre. Ce sont surtout des femmes qui ont d'abord affirmé leur volonté de s'émanciper des figures classiques de la relation amoureuse refermée sur elle-même. Renouant avec la tradition libertine du XVIIIe siècle, des intellectuels et artistes du début du siècle vivent la liberté amoureuse au travers d'une vie de bohème. Dans l'esprit de la relation qu'entretient Madame du Châtelet avec Saint-Lambert et Voltaire, Lou-Andreas Salomé, par exemple, développe une passion partagée entre Paul Rée et Nietzsche. Ce modèle peu théorisé au moment où Henri-Pierre Roché écrit *Jules et Jim* se débarrasse des derniers oripeaux romantiques qui l'empêchaient de s'affirmer, notamment l'idéalisation et l'enfermement de la femme comme muse et le refoulement de l'homosexualité. Depuis *Sérénade à trois* de Lubitsch, le cinéma offre des figures multiples de ces trios qui osent rarement s'affirmer pleinement comme tel. On voit se rapprocher des partenaires qui prennent peu à peu conscience qu'ils peuvent vivre au-delà d'une rivalité un peu puérile. Ainsi les amours offertes dans les comédies de Bertrand Blier, tout en cultivant un ton loufoque, expriment une volonté de dépasser des schémas conventionnels et de prospecter des terres d'utopies. Si la comédie permet de traiter un sujet encore largement tabou, les films aussi contrastés soient-ils que *Berlin Affair*, *Sérieux comme le plaisir*, *La Fête des pères*, *Attention une femme peut en cacher une autre*, *Garçon d'honneur*, *Gazon maudit*... abordent tous une émancipation de la structure duale et adultère pour découvrir des formes relationnelles multiples et non antagonistes. On pourrait en ajouter bien d'autres. Un remake moderne de *Jules et Jim* montre bien la distance parcourue : il ne s'agit plus d'intellectuels vivant un amour idéalisé mais des étudiants d'un campus américain qui découvrent que l'amour peut ne pas s'arrêter au couple et qui en explorent les méandres. Évidemment *Une fille, deux garçons, trois possibilités* ne fait pas figure de chef-d'œuvre cinématographique, loin s'en faut, et il ne demeurera pas comme référence mythique, mais il présente simplement le mythe vécu par tout un chacun.

Être ensemble sans se confondre

Les nouvelles relations développées dans la société contemporaine consistent en la pleine reconnaissance des deux subjectivités-individualités. C'est-à-dire des deux *un*, pour construire une relation qui représente une tierce histoire. Il ne s'agit plus qu'un des deux partenaires disparaisse lors de la mise en couple. Chacun entend conserver son identité spécifique et affirmer le droit à une existence autonome. Symbolique de cette volonté, les femmes mariées entendront conserver leur « nom de jeune fille ». Il est devenu hors de question qu'elles se résignent à abandonner leur activité professionnelle ou leurs anciennes relations amicales. Encore trop souvent des mécanismes insidieux de rapports de couple parviendront quand même à concrétiser les volontés masculines en ce qui concerne l'organisation domestique, cependant les choix ne peuvent plus être faits délibérément de manière sexiste. Ce ne sont plus les seules volontés du mari qui deviennent ceux du couple, et par conséquent de l'épouse. Le nouveau couple se complexifie de l'existence de deux personnes autonomes qui vont créer une troisième dimension, l'histoire du couple lui-même. Ce dernier ne se substitue plus aux deux premiers, il vient se surajouter à l'histoire des deux êtres qui continuent à se poursuivre de manière indépendante. Ces trois histoires « parallèles » ne sont pas sans créer des nouveaux problèmes, dus aux interactions inévitables, mais surtout aux tensions engendrées par les relations de chacune de ces histoires avec un tiers, hors du couple. Le nouveau duo doit, par conséquent, définir ses propres modes de régulation de rapport au tiers, ses propres limites. Ce qui était auparavant plus simple, se calquant sur un schéma dominant quasi unique, se complexifie à l'infini. C'est l'une des caractéristique des amours modernes que de ne plus se calquer sur un modèle hégémonique, mais de décliner de multiples possibilités. Le propre du nouveau modèle est d'être polyphonique.

Affirmer une existence autonome par rapport à celle du couple conduit à délimiter l'acceptable et l'inacceptable pour chacun des deux époux. Un contrat, négocié souvent de manière informelle à la suite d'expériences avec des tiers, viendra fixer les limites que le couple entend se donner. Si, pour certains, l'autonomie de chacun des partenaires se limitera à avoir le droit de développer des amitiés particulières, pour d'autres il sera possible de reconnaître des élans affectifs amoureux ou sexuels. Parmi les jeunes couples canadiens, où l'égalité sexuelle est plus affirmée, on constate particulièrement ce mode de vie plus libéré. Chaque conjoint conserve ses amis avec lesquels il passe ses soirées ou ses vacances. Il semblerait particulièrement insupportable de devoir tout partager à la façon de ces couples qui se croient obligés d'adopter communément les amis de chacun des partenaires ou d'y renoncer d'une seule voix. Cependant, reconnaître à l'autre le droit de vivre en dehors de soi, c'est s'exposer inévitablement à rencontrer plus certainement le tiers amoureux et l'omniprésence des désirs. Inévitablement, et ce malgré toutes les pétitions de principe, le tiers survient toujours. Quelle que soit la forme du désir, et sa réciprocité, le problème de l'exclusivité ne peut pas ne pas se poser. Il se pose d'autant plus infailliblement que les partenaires ne sont pas éternellement soudés l'un à l'autre. Il convient, par conséquent, de s'entendre sur les limites que l'on se donne. Entre le tolérable et l'insupportable, toutes les variations sont possibles. La question n'est d'ailleurs pas automatiquement sexuelle, même si elle peut l'être. Certaines personnes ne sauraient supporter que leur conjoint passe un « bon moment » avec une autre personne, *a fortiori* de l'autre sexe. Que ces deux discutent ensemble, qu'ils s'amusent, qu'ils dansent ou qu'ils échangent une quelconque forme de tendresse voire seulement un sourire… et c'est le drame ! Si auparavant, dans le couple fusionnel, ces choses pouvaient être passées sous silence, les deux conjoints ayant peu d'occasion de contact « dangereux » avec un tiers car se séparant rarement, les choses sont différentes dans le couple autonome. N'ayant pas les moyens de contrôler les faits et actes de l'autre, les rapports doivent s'établir sur la confiance et le dialogue. Il s'agit de définir à l'avance ce que l'on est capable d'accepter pour soi et pour l'autre.

Un nouveau mode relationnel qui s'ouvre sur le « trois », d'où le tiers ne serait plus systématiquement exclu, émerge des nouvelles pratiques de couple. Il ne s'agit pas automatiquement d'accepter que le partenaire puisse vivre des relations amoureuses ou sexuelles avec un tiers – ce contrat de couple est encore minoritaire –, mais le principe est d'accepter que des échanges puissent avoir lieu, dont chaque couple détermine la forme. Le principe d'ouverture sur le tiers devient le type dominant, l'ouverture se manifestant à des degrés divers. Conscients de la nécessité de s'ouvrir au tiers pour renouveler la mécanique des désirs, mais empreints d'une idéologie fusionnelle, certains couples pratiquent ensemble l'échangisme, solution pour s'ouvrir tout en demeurant sous surveillance. Cette pratique permet d'accepter une ouverture sous contrôle qui engage de façon limitée l'autonomie de chacun. Le couple peut demeurer fusionnel dans le quotidien et s'accorder une pratique transgressive de temps à autre, moyen supplémentaire de raffermir son union. Ce type de liaison maintient l'ancien modèle du couple fusionnel, mais canalise les désirs envers le tiers qui ne s'exprime plus que sous la forme normalisée d'une sexualité le plus souvent génitale. Moyen commode pour éliminer les formes plus confuses et plus troubles d'une sexualité polymorphe, mais aussi les séductions, les fascinations, les manifestations de tendresse dans leurs extrêmes diversités ou les amitiés passionnées... La canalisation dans les formes étroites des pratiques échangistes est une façon de régler le problème du tiers en en radicalisant l'expression et en désindividualisant les rapports. Une logique assez proche préside dans les couples qui s'autorisent des aventures sexuelles, à condition qu'elles ne soient pas chargées d'affectivité. Les problématiques du couple *open* nous semblent beaucoup plus complexes et plus subversives. Il ne s'agit pas de canaliser le tiers pour ne vivre une relation avec lui que dans des moments définis à l'avance et sous des formes ritualisées. Il s'agit de demeurer ouvert pour le rencontrer à tous moments et pour des relations toujours nouvelles, par nature imprévisibles. Il est alors impossible de demeurer dans les rets de l'amour fusionnel : une remise en cause de ces logiques s'impose et un nouveau contrat de couple est nécessaire.

Certes, peu de conjoints se permettent mutuellement de vivre des relations sans en fixer les limites à l'avance au moins de façon implicite. Le modèle le plus répandu consiste à permettre à l'autre de « vivre sa vie » du moment qu'il n'y a pas de relation sexuelle et amoureuse en jeu. Le couple puisera alors ses fantasmes dans ses relations ambiguës faites de séduction et d'échanges polymorphes, manifestées à l'occasion de danses, de jeux, voire de rapports de travail... Le désir sera relancé entre les partenaires à l'occasion de ces échanges à fleurets mouchetés avec des tiers. Plus rares mais réels sont les couples qui n'accepteront que des échanges rigides et sans ambiguïtés. La moindre allusion, le moindre sourire avec un tiers pouvant présenter le caractère dramatique de l'infidélité aggravée. Il apparaît tout à fait incongru au couple fusionnel que l'un des deux entretienne des relations privilégiées avec un tiers de l'autre sexe, fussent-elles purement amicales. Relations qui, du reste, ne manquent pas de faire jaser l'entourage, rappelant la force de coercition d'une pression sociale omniprésente dans ce domaine. Dans *Cousin-Cousine*, Marthe et Ludovic se sentent obligés de céder à la pression sociale et de transformer leur amitié en relation amoureuse. Le film de Jean-Charles Tacchella dessine le passage d'une conjugalité bourgeoise mortifère au mode de vie ouvert d'une relation illégitime qui renonce à l'hypocrisie de l'adultère. À l'autre extrémité de cet axe, des couples iront le plus loin possible dans la liberté réciproque qu'ils s'offrent. Davantage que d'entretenir un jeu érotique avec les tiers, un degré réel de liberté sera laissé à l'autre pour manifester et vivre ses désirs. Bien souvent il s'agit de liberté sexuelle, plus rarement de liberté amoureuse. Celle-ci semble être la plus difficile à concéder et la plus dangereuse à expérimenter pour les conjoints.

Des changements silencieux se manifestent dans les idéaux et les modes de vie des couples contemporains. Une liberté de plus en plus grande est laissée au conjoint « pour vivre ses expériences » ou aller « se ressourcer ». C'est au sein même du couple qu'il est possible désormais de recevoir le tiers en l'hébergeant le temps de vacances, d'un week-end, d'une soirée... Il n'y a pas alors de rivalité entre ceux traditionnellement considérés comme rivaux, mais une entente complice, qui peut se manifester par des taquineries. Les relations sont clairement posées comme ambiguës ! Ainsi ce couple au mode de vie affectif en apparence des plus classiques, longtemps croyant et pratiquant, mais qui a abandonné la pratique des rituels, qui reçoit durant une semaine dans son foyer une jeune femme rencontrée par le mari durant ses explorations sur le Minitel. En fait, il est sous-entendu que le couple n'est pas remis en cause mais qu'il s'agit d'un principe d'hospitalité, à la manière des peuplades inuit, par exemple. Certes, ce cas de figure demeure tout à fait marginal et impensable pour la plupart des partenaires, bien qu'il existe de façon limitée et atteste dans sa forme extrême une plus grande ouverture pour accueillir et recevoir le tiers au sein de la cellule conjugale – ou du moins pour en tolérer consciemment l'existence à l'extérieur. Ce modèle appelé *mariage ouvert* ou *open mariage*, théorisé dans la mouvance soixante-huitarde, était demeuré au stade du discours ou avait pris des formes excessives et limitées dans le temps. Ce type de relation, même s'il ne prend plus aujourd'hui les formes revendicatives et visibles des années 1970-1980, nous semble être intégré peu à peu de façon plus euphémisée et plus inconsciente par le plus grand nombre. S'il s'agit très rarement de fonder un couple à trois ou une communauté, où le partage sexuel est de mise, le couple en revanche ne se réfère plus à l'idéal fusionnel pour vivre son quotidien. Ainsi, chacun tolère de mieux en mieux que son partenaire aille voir ailleurs pour ses loisirs comme pour des escapades plus intimes.

Des pratiques d'émancipation

Ce que l'on appelle le mariage ouvert est à l'avantage des femmes. C'est l'affirmation du droit à l'indépendance des femmes dans le domaine professionnel ou dans les loisirs qui a fait évoluer les idéaux du couple. En effet, le mariage fusionnel n'était pas trop pesant pour l'homme qui parvenait toujours à préserver son indépendance et à ne pas fusionner tout à fait ! S'échappant du domaine privé de la famille par les relations de travail, les femmes ont pu gagner une indépendance, y compris dans le domaine familial, puis conjugal. Les discours les plus réactionnaires des hommes avaient d'ailleurs bien pris, en leur temps, la mesure du danger de l'émancipation professionnelle, c'est-à-dire économique des épouses. Celles-ci ont donc impulsé cette dynamique d'ouverture du couple. Le mariage ouvert offre l'égalité de statut entre les sexes, l'abolition de la dualité des normes, la nécessaire répartition égalitaire des tâches et de la prise en charge de l'éducation des enfants. Il écarte l'adultère et la double morale dangereuse pour les conjoints. Les conventions de couple fixant les limites que l'on s'accorde mutuellement permettent de débattre et d'aller à l'encontre d'un double discours. Cette nouvelle éthique offre une égalité de condition. Le vieil adage : « ce qui est bon pour moi n'est pas bon pour toi », n'est plus de mise. Il n'est qu'à penser à ces couples vertueux dont l'un des partenaires, très attaché aux principes de fidélité sexuelle pour l'autre, ne se les applique pas pour lui-même, mais ce dans le plus grand secret. Cette règle n'est pas de mise dans le couple *open* qui perçoit l'infidélité davantage dans la tromperie d'un double discours englué dans l'hypocrisie que dans une relation avec un tiers ouvertement revendiquée. Répétons toutefois que tous les couples *open* n'iront pas jusqu'à accepter toutes formes de relations avec un tiers. Des restrictions très complexes peuvent intervenir, mais le principe d'une ouverture est admis. De plus ceux-ci vont évoluer et, selon les périodes de leur vie commune, admettre une plus ou moins grande ouverture. Les contrats sont sans cesse redéfinis au gré des événements traversant leur histoire.

Le couple *open* permet d'assurer son propre rythme social et sexuel dans ses relations. Très souvent, on remarque que ce sont les femmes qui semblent avoir le plus de relations extérieures. Elles sont davantage attachées à ce mode de vie non traditionnel. Knapp et Whitehurst distinguent ces formes de relations comme deux cultures qu'ils appellent le *hot-sex culture* et le *cool-sex culture* [3]. La première est traditionnelle, c'est une relation fermée, aux rôles rigides, aux statuts inégaux, où l'exclusivité possessive règne. Elle désigne une relation régentée par l'homme, avec la dualité des normes, l'obsession des rapports sexuels, la possessivité, les stéréotypes sexistes. En revanche, le *cool-sex* est une relation ouverte, où il y a flexibilité des rôles, égalité entre les époux. Elle signifie l'égalité, l'unicité des normes, la pluralité des préoccupations sexuelles, la tendance à l'intimité, l'ouverture, une synergie dans les relations avec d'autres personnes. Le *hot-sex* est perturbé par la question sexuelle alors que le *cool-sex* envisage celle-ci de façon sereine [4]. Le terme de *sex* est du reste gênant car il renforce l'idée que les deux types se distinguent essentiellement par cette différence de rapport à la sexualité avec des tiers, alors que la différence est beaucoup plus large. Il s'agit de deux éthiques de couple qui représentent deux extrêmes sur un axe, avec tous les intermédiaires possibles. Ainsi de nombreux couples seront plus proches du pôle du *cool-sex* tout en refusant toute relation affective ou sexuelle avec des tiers. Cependant, leur mode de vie en général laissera à chacun des conjoints une grande indépendance. C'est le mode dominant des nouveaux couples. Jean Kellerhals distingue deux types de couples qui traduisent mieux cette idée : l'un vit par assimilation, il interagit constamment avec l'extérieur ; le second vit sur l'exclusion, il limite au maximum ces interférences [5].

La relation postmoderne n'est plus construite sur le modèle de l'amour romantique, c'est-à-dire de l'unité, de la fusion, mais au contraire sur celui où chaque membre veut pouvoir conserver son autonomie, son unicité, sa personnalité, son indépendance, sa subjectivité. « J'ai gagné quelque chose de capital, mon identité. Tout le monde sait qu'on est ensemble mais les gens ne nous considèrent pas comme une entité inséparable [.../...]. J'existe par moi-même et pas comme moitié de l'autre », confie cette jeune femme interviewée lors d'une enquête journalistique sur la question des couples non cohabitants [6]. L'apparentant à la philosophie orientale, Roland Barthes définissait cette relation comme le NVS : le non-vouloir-saisir [7], c'est-à-dire ne pas vouloir retenir, le refus de prendre et de fusionner avec l'autre. Il est essentiel pour les conjoints du couple ouvert d'avoir des identités distinctes. Un partenaire dit lucidement : « si l'un de nous mourait ou abandonnait l'autre, l'autre en souffrirait certainement et se sentirait en deuil, mais il survivrait. Notre identité personnelle est capable de survivre à notre relation et nous pourrions être heureux l'un sans l'autre. [...] Dès lors la crainte de la perte n'est plus aussi obsédante [8] ». On voit bien ici la distance d'avec le mariage romantique où les amants se promettent de ne pas se survivre : « je ne pourrais pas vivre sans toi », « si tu me quittais, j'en mourrais », « je ne suis rien sans toi », etc. L'idéal du don de sa propre identité à l'autre finit par être un étouffement. Dans la famille postmoderne, il y a davantage d'autonomie de la part des partenaires, accroissement d'un territoire personnel, « le *je* l'emporte sur le *nous* [9] ». Christine Castelain-Meunier remarque également cette ambiguïté contemporaine : « la recherche du bonheur fait partie des impératifs contemporains. Ça peut friser l'obsession. On l'associe à la fusion avec la personne de ses rêves et c'est l'équation 1 + 1 = 1. Toute la difficulté consiste à savoir faire de la place à l'autre, en soi et dans la relation. Tout l'art consiste à articuler fusion et autonomie : c'est alors 1 + 1 = 2 [10] ». Cette tendance est assimilée, par certains, à de l'égoïsme ou de l'individualisme. Pour Louis Roussel par exemple [11], les conjoints sont surtout soucieux de maintenir leur autonomie. L'auteur repère à cette occasion des types de familles établis selon des contrats particuliers. Pourtant, seule une relation permettant aux partenaires de faire face à eux-mêmes, « le tête à tête avec soi », selon l'expression d'Évelyne Le Garrec, à leurs individualités irréductibles, à leurs problèmes existentiels (confrontation à la mort...), leur permet de rencontrer l'autre (l'altérité), sans oublier « les autres » (le tiers), afin de construire un projet commun et de ne pas fuir en une fusion mythique. *Le couple est un binarisme qui ne fait jamais deux*, mais un peu plus (3, car le tiers toujours là, comme dans le nouveau couple), ou un peu moins (1, par la fusion recherchée, comme dans le couple romantique). *Ne pas se fondre ainsi d'une relation binaire dans « l'unaire », qui se réduit à l'oubli d'une des deux individualités, si ce n'est des deux et à l'exclusion du tiers, mais ouvrir le binaire au trinitaire semble être l'enjeu contemporain.*

La plupart des thérapies centrées sur la personne qui se sont développées ces vingt dernières années insistent particulièrement sur ce point : ne pas sacrifier sa subjectivité dans une relation à autrui, mais construire une relation à partir du respect de sa subjectivité et de celle de l'autre. Ceci revient à *pouvoir intégrer le tiers à l'intérieur de sa relation à l'autre, au moins comme possible.* Même s'il n'y a pas passage à l'acte, on sait qu'il est possible que le tiers survienne, « on n'est pas à l'abri d'une aventure ». C'est-à-dire que l'on ne maîtrise pas l'autre, ni son propre ressenti ultérieur. Il ne peut pas y avoir de projet fusionnel. Ainsi les partenaires du couple ne se disent plus : « je te serai fidèle pour la vie » ; « je suis à toi pour la vie », « à la vie, à la mort » ; expressions un peu vieillottes qui, au-delà de l'emportement passionnel momentané, se révèlent vite illusoires. On pense davantage son couple comme une union temporaire, on affirme même que « c'est pour un temps », « un passage », « on fait un bout de chemin ensemble », « une étape », mais sans savoir ce que réserve l'avenir. La liberté de séparation est une caractéristique essentielle de la cohabitation, aiguillon contre l'inertie et l'engourdissement du couple [12]. On peut espérer même, plus ou moins secrètement, que l'histoire d'amour que l'on est en train de vivre ne sera pas la dernière. L'envie d'être « encore amoureux », d'avoir des frissons de découvertes fait rêver. Se jurer fidélité éternelle, c'est être un peu mort. Les relations de couple sont plus complexes, aujourd'hui, mais aussi plus fragiles.

Le nouveau modèle de la famille n'est plus fusionnel, mais éclaté. Ce modèle se voit confirmé par des indicateurs contemporains tels que l'indépendance de plus en plus grande des partenaires dans la vie quotidienne ; le projet de chacun non identique au projet du couple ; les activités autonomes des partenaires ; l'habitat séparé de ceux que l'on appelle désormais les CNC : couples non cohabitants ; l'affirmation de la solitude comme choix de vie, etc. Coline Serreau dans *La Crise* fait un portrait réaliste de ces jeunes femmes qui n'entendent plus sacrifier leur liberté et qui préfèrent pour cela habiter seules. « Vivre chacun chez soi, c'est aussi garder ses copains, sortir seule et rentrer à 4 heures du matin sans inquiéter personne. Dormir paisiblement, en diagonale dans le lit », remarque l'une d'entre elles [13]. Les 9 % de couples non cohabitants aujourd'hui en France [14] sont la figure de proue d'une tendance plus diffuse et aux formes parfois moins radicales chez les autres couples. Citons le cas de ces jeunes partenaires mariés qui, pour conserver intacte la flamme du désir et préserver une indépendance respectueuse des choix réciproques, préfèrent maintenir des habitats séparés, en possédant chacun de leur côté un appartement en colocation. Elle habitera avec un ami homosexuel, lui avec une connaissance étudiante. Certes les ambiguïtés sont ainsi en partie écartées, mais il demeure un espace de flou et de liberté qui ira à l'encontre d'un affadissement de la relation. Le partage est celui d'expérience émotionnelle, sentimentale et non d'une infrastructure matérielle. Toute notion d'intérêt est ainsi écartée. Sans aller vers ces formes extrêmes, nombre de concubins continuent également pendant de longues années à ne pas faire bourse commune, et à gérer leurs affaires matérielles de manière indépendante. Ce modèle fréquent au Canada tend à se diffuser. Il a pour référence sous-jacente l'organisation des amours homosexuelles, au moment où ces derniers réclament la légitimité du modèle hétérosexuel traditionnel. Il y a ainsi convergence des deux formes et plus grande tolérance des uns envers les autres.

Cette tendance contemporaine à l'individualisation des formes conjugales n'est pas sans contrepartie. Les références différentes des partenaires, leur difficulté à se repérer eux-mêmes entre les idéaux fusionnels encore très présents, notamment au niveau des représentations sociales du couple idéal, et les nouveaux impératifs sociaux d'indépendance, les aspirations de chacun à l'autonomie, font que des divergences apparaissent, des conflits éclatent. Des époux se séparent. Les familles monoparentales, de plus en plus nombreuses, sont également une conséquence de cette évolution des mœurs. Les femmes se montrent logiquement les plus attachées à préserver une indépendance, récemment acquise. Cependant, les deux modèles se chevauchent, sont encore mal définis et produisent des confusions, les partenaires allant de l'un à l'autre, voulant à la fois la fusion et l'indépendance. Ils demeurent pétris d'anciennes représentations de l'amour fusionnel dont ils ne se sont pas encore détachés. L'amour y étant synonyme d'exclusivité, de possession, de jalousie, de vies imbriquées l'une dans l'autre. Ils doivent de plus affronter la pression sociale, pour affirmer un choix de vie différent, notamment quand leur conjoint manifeste son indépendance. Les images infantiles sont également importantes. L'une attend une prise en charge docile par un bon père aimant tout en ne supportant pas le paternalisme d'un mari dominant ; l'autre a besoin du confort douillet et chaud dispensé par une maman secourable et étouffe dans les bras d'une épouse par trop possessive. Les deux réclament la sécurisation liée à un couple replié sur lui-même et protecteur envers les menaces provenant d'une société agressive. Mais ce sont les mêmes qui manifestent leur droit à l'aventure et leur soif d'exotisme. Le couple moderne est pétri de ces contradictions. Il cherche une nouvelle voie tout en étant encore englué dans les logiques de l'ancien modèle. Tel le reptile qui se débarrasse progressivement de sa mue, le couple métamorphose ses valeurs, ses points de repères, ses références, ses anciens réflexes, d'où le nombre conséquent de couples « en crise » dans les sociétés contemporaines. Les anciens modèles ne conviennent plus, mais on continue de les prendre pour références, les nouveaux parangons émergents étant encore largement inconscients. Il faut surtout insister sur l'importance des représentations sociales de l'art d'aimer qui continuent à assurer principalement une socialisation amoureuse suivant l'ancien modèle, ce alors que les pratiques sociales ont changé.

Dressant un récapitulatif de la mythologie de l'amour romantique, Nena et George O'Neill [15] avaient déjà repéré les éléments qui fondent la relation de « mariage clos », et qui séparent cette morale de celle du couple *open*. Un ensemble de normes, de valeurs, de croyances, d'idéaux sont constitutifs de la relation romantique. D'une part, la relation romantique veut se persuader qu'elle apportera forcément le bonheur, le confort et la sécurité et qu'elle durera toujours. Elle signifie un engagement total, dans lequel les partenaires s'appartiennent l'un l'autre. Chacun attend de son conjoint attention, intérêt, admiration, considération, et de ne jamais se retrouver seul face à lui-même. Il est implicite qu'en toutes circonstances l'autre préférera être avec son partenaire plutôt qu'avec n'importe qui d'autre, qu'il ne sera jamais attiré par une autre personne et demeurera toujours fidèle. Contrevenir à ces principes signifie porter une atteinte à l'idéal fondant l'union. La jalousie constitue un signe d'amour, et la fidélité la mesure de l'amour réciproque. Une croyance un peu scientiste postule qu'il suffit de connaître les bonnes techniques, les bonnes positions pour avoir de bons rapports sexuels qui résolvent les problèmes du couple. La fidélité ira jusqu'à une ressemblance d'existence, les époux se devant de tout partager, y compris les loisirs, les pensées et les opinions. Le couple romantique aura tendance à être chagriné d'observer des divergences dans la manière de vivre ou de penser, signe d'une limitation d'un amour qui, pour être absolu, doit être entier. Découle de ce principe que le partenaire doit répondre à tous vos besoins, économiques, physiques, psychologiques, sexuels, affectifs, intellectuels... Ceci amène du reste les mariés à se ressembler et le mimétisme de couple à rendre effectivement opérante une complémentarité artificielle. Le sacrifice est considéré comme la preuve même de la grandeur de l'amour. Une croyance particulièrement ancrée identifiera le couple au renoncement et les concessions au compromis. Celui qui refusera de renoncer ou d'endurer tel ou tel investissement de son conjoint, sous prétexte de vie conjugale, se verra considéré comme peu ou mal aimant. L'histoire de vie de chacun des conjoints devra se confondre avec l'histoire du couple elle-même. Vient s'ajouter à ces croyances le *corpus* des valeurs familialistes qui prétend que le but ultime du mariage est d'avoir des enfants, unique moyen de se réaliser et de devenir une personnalité mature. Enfanter devient un signe d'amour réciproque qui apportera un renouveau dans un couple, une vitalité nouvelle. Plus subtile à débusquer, mais constitutive de l'union romantique traditionnelle, une idéologie sexiste est repérable qui assigne aux hommes et aux femmes des positions sociales différentes dans le mariage, la famille, et donc dans la société. Ce destin biologique conduit à attendre telle ou telle attitude d'un homme et d'une femme : ainsi, l'homme devra être virilement protecteur, alors que la femme le sera maternellement. Conception qui servira finalement à instaurer un ordre sexué inégalitaire et un ordre des familles immuable.

Les éléments indiqués par Nena et George O'Neill sur le mariage ouvert s'opposent terme à terme à ceux du mariage clos. S'ils ne sont pas tous actualisés dans le couple actuel, une tendance au mariage *open* s'observe pour le plus grand nombre. À la propriété s'oppose l'indépendance, à la fermeture du couple sur soi, l'ouverture sur les autres et sur le monde. À l'asservissement du moi au couple, l'enrichissement du couple par des projets individuels forts. À la négation du moi, l'autonomie individuelle. À la vie fusionnelle, l'indépendance des projets. À la tromperie de l'adultère, la franchise de relations multiples ouvertement vécues. À la fidélité de la chair, une fidélité de l'esprit. À l'exclusivisme de principe, l'ouverture inclusive. À un amour limité, un amour ouvert. À une énergie refermée sur elle-même, un renouvellement des énergies. Au refus des autres, l'intégration. Aux rôles stéréotypés, la polyvalence des rôles sexués. À des prescriptions rigides, une plasticité des comportements. À une inégalité de condition, une égalité dans les faits. Au mimétisme du couple, l'autonomie des conjoints. À une hétérosexualité impérieuse, une bisexualité de principe. À la peur du changement, l'adaptation. À un cadre statique, un cadre dynamique. Ainsi ce qui était encore confiné à quelques avant-gardes il y a vingt ans semble bien se démocratiser tout en prenant des formes moins conscientes et moins revendicatives. Bien sûr ces deux cas sont des archétypes. La plupart des couples se trouvent quelque part sur l'axe entre ces extrêmes. Entre celui totalement fusionnel et le couple *open* existent – et ils sont les plus nombreux – ceux à autonomie limitée qui s'accordent un degré de liberté variable, s'arrêtant le plus souvent au seuil des investissements sexuels et affectifs. De plus en plus d'unions se constituent avec cet idéal et évoluent vers un degré d'autonomie de plus en plus grand.

Trois relations types

> « Faire l'amour n'est pas ne faire qu'un, ni même deux, mais faire cent mille. »
>
> Gilles DELEUZE, Félix GUATTARI [16]

À partir de la lecture de l'évolution des rapports conjugaux, formulée dans cette troisième partie, trois idéaux types de relation sont repérables. D'abord le couple fusionnel. Il entend faire *un*. C'est le fantasme de l'amour-fusion qui cherche à se réaliser. Les femmes en pâtissent davantage que les hommes. Ceux-ci s'en accommodent car ils ne s'y investissent guère, ils ne font qu'en retirer les bénéfices par une plus grande disponibilité de la femme. C'est un modèle intenable face aux exigences de l'émancipation féminine car il suppose que la femme n'est jamais sujet de l'histoire. Il consiste à tout faire ensemble, en couple, ce qui empêche que le tiers ne s'y immisce. En cela, il offre une sécurisation. C'est une référence aliénante pour l'individualité de chacun, pour son autonomie. L'amour fusionnel se dégrade du reste rapidement en habitudes familiales. On peut postuler que ce modèle de couple est en retrait dans la société contemporaine. Il tend à se transformer dans les deux cas suivants qui font émerger la figure de *l'amour fissionnel*.

Dans le *couple à autonomie limitée*, chacun fait sa vie jusqu'à un certain point, le contrat est établi sur la confiance, la fidélité connaît une limite. Ainsi, le couple se permet une autonomie de chacun mais se promet une exclusivité sexuelle et affective. Cependant cette union n'est jamais à l'abri d'un tiers qui s'immisce dans le duo : la remise en cause peut surgir à tout instant, ce qui est facteur d'une plus grande angoisse que dans le premier modèle. Un tiers peut venir prendre la place d'un des deux partenaires. Ce modèle fonctionne tant que le contrat est respecté mais si l'un trahit et part avec un tiers, il est difficile de faire confiance à nouveau. La souffrance résultant de la trahison du contrat amène à rechercher le modèle du couple fusionnel. De plus, l'autonomie a ses limites : si le conjoint va trop loin dans l'aventure avec un tiers, surgit le dilemme fatidique : « c'est moi ou lui (elle) ». Le plus souvent, le couple a un idéal égalitariste au départ, mais ne tarde guère à réinstituer les anciennes répartitions inégalitaires des rôles à l'intérieur du couple. C'est l'idéal dominant dans la société contemporaine.

Dans le couple *open*, la fidélité est exprimée dans le temps, non dans le rapport physique. Le partenaire peut vivre des expériences avec des tiers. L'idée est qu'il n'y a jamais remplacement mais complémentarité. Il ne peut donc pas y avoir rupture, tout au plus éloignement. Le problème de ce modèle est qu'il se heurte à la socialisation qui pousse au fusionnel et à la structure du couple unaire. Il est nécessaire que l'alliance manifeste une certaine volonté commune à se doter d'une nouvelle éthique pour ne pas retomber dans le modèle fusionnel, d'autant plus quand l'histoire d'amour est nouvelle et que la passion pousse au fusionnel amoureux [17] ; et quand la relation est ancienne et que les habitudes poussent au fusionnel mimétique [18] ! Ce modèle suppose égalité des partenaires, transparence, complicité, confiance. Le couple vit des choses différentes dans des lieux différents, mais il n'est pas dans la stratégie, la simulation ou la dissimulation, la manipulation. Il n'y a rien à cacher puisqu'il n'y a pas de faute, mais il n'y a pas non plus forcément « à dire » car il n'y a pas de compte à rendre. En cas d'expériences malheureuses, il peut y avoir repli sur les modèles précédents pour éviter la souffrance. Cette référence est bien évidement difficile à vivre, il est invention de tout instant, puisque la socialisation n'y a pas préparé. Même s'il demeure minoritaire parmi les unions contemporaines, plusieurs indices montrent qu'il constitue une référence de plus en plus partagée.

L'amour fissionnel n'est pas un amour qui concrétise forcément des relations sexuelles vis-à-vis de tiers, même si elles peuvent potentiellement survenir. La caractéristique de ce mode relationnel est surtout sa grande adaptabilité aux situations nouvelles. Les individus peuvent vivre ensemble, puis décider, pour des raisons professionnelles ou par projet de vie individuelle, de reprendre pour un temps plus ou moins long leur indépendance, et se transformer en couple non cohabitant avant de revenir à une vie commune. Une alternance peut ainsi exister entre des phases de vie successives qui ménagent les possibilités d'aller se ressourcer vers autrui ou au contraire de vivre des phases de sécurisation à l'intérieur d'une relation plus fusionnelle. Chaque partenaire va affirmer son désir de ne pas fusionner pendant un temps au moins, que ce soit, pour elle, de partir en vacances avec des amies, ou, pour lui, d'investir son énergie à reconstruire une vieille masure qui sera *son chez lui* et où il viendra faire des fêtes avec ses copains ou passer de temps à autre une nuit en solitaire. Cette nouvelle forme de la garçonnière ne sera pas pour autant secrète et chacun y fera allusion avec amusement. Une distance entre les conjoints sera parfois mise pour des raisons professionnelles, soit que l'on se sépare pour la semaine et que le couple se reforme le temps des week-ends, soit que l'on ne puisse se retrouver que pour les vacances, soit encore que quelques mois de voyage viennent de temps à autre interrompre la relation. Cette séparation, parfois imposée par une société au travail en miettes, suscitera l'apitoiement d'un entourage prêt à plaindre les malheureux amants, mais qui n'auront pourtant pas toujours envie d'améliorer leur sort. Soit que l'objectif professionnel passe avant la raison conjugale, soit que l'on apprécie finalement assez cette séparation obligée qui crée l'occasion de retrouvailles d'autant plus fortes, permettant à chacun de continuer à mener ses projets personnels et à développer son réseau particulier de relations sociales. La séparation professionnelle est alors un prétexte qui arrange les amants pour affirmer un mode de vie éclaté.

Ce qui caractérise le modèle du couple fissionnel, c'est son extrême polyvalence. Outre l'autonomie des partenaires, leur mode de relation est fonction du contrat passé. Il varie de la relation de fidélité sexuelle la plus absolue à une relation d'ouverture, voire de dissolution dans des relations multiples. Cependant dans tous les cas, les partenaires s'autorisent à vivre une vie sociale indépendante de leur conjoint. Les liens sont noués et dénoués selon les affinités. On ne réclamera pas le consentement et l'on ne supportera pas le droit de regard du conjoint sur ces choix relationnels, même si des contrats implicites peuvent être passés. La confiance et la dédramatisation sont de mise pour accepter que le conjoint puisse ressentir l'envie d'aller se ressourcer à un quelconque degré ailleurs.

La relation fissionnelle s'accompagne surtout d'une transformation de la conception même de la sexualité qui revêt un caractère polymorphe, moins étroitement canalisé dans la seule génitalité-analité. Le rapport sexuel n'est plus synonyme de pénétration, mais recouvre des dimensions dont on perçoit bien l'impossibilité de les contraindre à demeurer exclusives. Une conception élargie de la sexualité permet de reconnaître le droit à l'homo- et à la bisexualité en soi et chez les autres, d'accroître la tolérance et, ce faisant, de combattre l'homophobie et le machisme. L'ouverture à des formes diversifiées de sexualités rend la délimitation entre le permis et le réservé plus délicate à définir. Le tandem se jurera davantage une fidélité dans les intentions et les attentions mutuelles que dans les actes qui demeurent relatifs et apparaissent finalement non signifiants en eux-mêmes. Le sens qui y est attachée correspond au registre de repères que les partenaires du couple définissent préalablement. Ainsi un geste insignifiant pour ceux-là revêtira un caractère tragique pour d'autres. Selon que les individus se référeront au modèle fusionnel ou au modèle fissionnel, des mésententes et des incompréhensions surviendront. Ainsi Laura, dans *Les Nuits fauves*, prisonnière des schémas adolescents d'un amour possessif et exclusif par elle idéalisé, ne supportera pas les escapades de Jean. Même quand il s'agit d'une nuit de tendresse partagée avec une ancienne amante devenue amie, Laura n'y verra que raison à jalousie, réduisant toute relation physique à un empiétement sur son amour. Le film de Cyril Collard a le mérite de mettre en scène ce dilemme entre deux types d'amours, avec les nostalgies exprimées par Jean envers les rêves d'un amour romantique fusionnel qu'il sait impossible. La culpabilisation sera assez forte pour parvenir à le faire douter dans ses choix, et à réduire ce que serait « le vrai amour » au seul amour exclusif. Les critiques du film jugeront également les amours multiples de Jean comme indignes, contribuant à renforcer les stéréotypes et autres idées convenues sur la nature de l'amour et, par là, alimenter le discours moralisateur.

La relation « ouverte », l'amour non exclusif

> « On peut même ainsi être amoureux de beaucoup de jeunes filles à la fois car on l'est différemment pour chacune. Il est trop peu d'en aimer une seule, et superficiel de les aimer toutes ; mais se connaître et en aimer le plus grand nombre possible, garder disponibles en son âme toutes les puissances de l'amour, en donnant à chacune son aliment propre, tout en gardant la conscience de l'ensemble : voilà qui est jouir, voilà qui est vivre. »
>
> Sören KIERKEGAARD,
> *Le Journal du séducteur*

Pour Nena et George O'Neill, c'est le modèle de l'amitié qui doit servir à élaborer une relation rationnelle. La *philia* permet de construire un *amour ouvert*, c'est-à-dire non exclusif, qui respecte et favorise l'épanouissement de chacun. On y retrouve les mêmes principes que dans l'amour camaraderie d'Alexandra Kollontaï. Il ne s'agit pas d'un amour libertin qui implique une duplicité et un rapport de pouvoir et de manipulation. C'est au contraire un amour plus proche de l'idéal de transparence de la relation rousseauiste, où les partenaires ne jouent pas de double jeu, mais ne sont pas pour autant prisonniers de l'engagement formulé avec un partenaire. C'est un amour qui nécessite une certaine maturité puisqu'il implique le respect des choix et des désirs de l'autre, pleinement formulés et conscients. Stéphane Frears, dans *Samy et Rosie s'envoient en l'air*, donne un exemple cinématographique de ce nouveau couple.

Non exclusifs, les conjoints cultivent à la fois la tendresse amicale l'un envers l'autre et des liens qui s'actualisent à des niveaux différents, allant du libertinage aux relations amoureuses plus impliquées. Le film montre également les dangers de ces nouveaux rapports qui sans cesse interrogent le couple et le forcent à se remettre en cause. Ce type n'est pas aussi reposant que les précédents, il crée davantage de zones de turbulence, mais il suppose aussi des investissements forts. Les relations sont sans cesse soumises à l'épreuve du tiers. « La caractéristique essentielle commune aux mariages et aux relations sexuellement ouverts est l'engagement mutuel de ne pas se montrer sexuellement exclusif et d'élargir les limites des relations émotionnelles, physiques et sociales pour y inclure d'autres personnes [19]. »

Même si tous les « nouveaux couples » ne sont pas sexuellement infidèles, ils ont surtout en commun de redéfinir la notion de fidélité et de ne pas la limiter ou la faire se superposer avec la relation sexuelle. L'infidélité résidera davantage dans le fait de se cacher ou de se renier que dans des actes dont les limites sont toujours très relatives. Pour les Pères de l'Église, l'infidélité commençait avec des pensées coupables, et pour cette raison les femmes devaient être idéalement voilées pour ne pas susciter de convoitise. Charles Fourier, plus conséquent sur ce principe, condamnait toute tentative de vouloir forclore le désir pour le maîtriser. Conscient que celui-ci était poreux, que les machines désirantes envahissaient tous les domaines de la vie dès qu'on prétendait les limiter, il proposait de lever toutes les inhibitions, de les « positiver » en s'en servant plutôt qu'en les muselant. L'infidélité était ainsi à ses yeux non pas dans l'acte lui-même, mais dans la tromperie qui consistait à le masquer à son partenaire. Le modèle du mariage ouvert est à ce titre l'héritier des réflexions de Fourier. Si l'on applique une réflexion rationnelle et conséquente dans ce domaine, on admettra que la fidélité des corps est bien difficile à limiter. Un échange de regard ne peut-il pas être parfois plus fort et plus dense qu'une relation sexuelle ? A-t-on le droit de se toucher et jusqu'où ? Dans quel contexte ? De s'embrasser ? Et comment ? La femme Sedang, rapporte Georges Devereux, n'était infidèle à son mari qu'en cas de pénétration vaginale, aussi pouvait-elle pratiquer la sodomie avec des amants en toute impunité [20] ! On voit combien les normes de la fidélité sont variables et au fond peu rationnelles. Une réflexion philosophique permet de mieux définir ce que peut être réellement l'infidélité, qui n'est pas celle des corps mais des esprits. La relation au tiers implique de poser la question des limites du permis et de l'interdit dans le désirable. Question qui impose de redéfinir les frontières de la sexualité. Si la conception limitative d'une sexualité génitale permet de tracer des frontières artificielles, en revanche, une conception polymorphe de la sexualité montre bien que d'autres critères que ceux du contrôle et de la limitation des désirs doivent être trouvés, si l'on veut demeurer vivant et conséquent. Dans *Électre*, Jean Giraudoux évoque ce polymorphisme de la sensualité qui nargue une volonté castratrice du désir. Inutile de préciser que là, la notion de tiers se trouve élargie à l'ensemble du monde : « Nous vous trompons avec tout. Quand ma main glisse au réveil, et machinalement tâte le bois du lit, c'est mon premier adultère… Que je l'ai caressé, ce bois, en te tournant le dos, durant mes insomnies ! C'est de l'olivier. Quel grain doux ! Quel nom charmant ! Quand j'entends le mot Olivier dans la rue, j'en ai un sursaut. J'entends le nom de mon amant ! Et mon second adultère, c'est quand mes yeux s'ouvrent et voient le jour à travers la persienne. Et mon troisième, c'est quand mon pied touche l'eau du bain, c'est quand j'y plonge. Je te trompe avec mon doigt, avec mes yeux, avec la plante de mes pieds. Quand je te regarde, je te trompe. Quand je t'écoute, quand je feins de t'admirer à ton tribunal, je te trompe. Tue les oliviers, tue les pigeons, les enfants de cinq ans, fillettes et garçons, et l'eau, et la terre, et le feu ! Tue ce mendiant. Tu es trompé par eux. » Est exprimé ici magnifiquement cet antagonisme entre un érotisme de tous les instants et un désir d'enclore, de maîtriser, d'enfermer, de « garder à jamais et pour soi seul », la jouissance de l'autre. Bref, de liquider le tiers. Il s'agit bien sûr plus fondamentalement d'une opposition entre la Loi du Père au fondement d'un patriarcat dominateur et la malignité de la revanche des dominés.

Nena et George O'Neill, en proposant les principes d'une relation ouverte sur le tiers, attestent que l'égalité et la permutation des rôles sont de rigueur, inversement au mariage clos. Contrairement à la croyance de la nécessaire polarité des sexes, les couples androgynes ouverts connaissent une intensification de leurs rapports et une plus grande intimité. Dans les mariages ouverts, il y a égalité des époux avec une tendance à ce que les femmes soient dominantes et les hommes passifs [21]. L'égalité homme-femme conduit à une relation non fusionnelle où les femmes peuvent affirmer une individualité plus épanouissante. La femme a généralement plus de relations avec des partenaires que les hommes [22]. L'ouverture conduit à multiplier les amours*. Libéré de l'amour romantique irrationnel et de l'idée que l'amour est limité, l'amour croît alors continuellement : plus on en donne, plus en en a. « Plus on en donne, plus on reçoit et plus on est capable de recevoir ; plus on a, plus on est capable de donner [23]. » Suzanne et Peter Heck renversent l'idée couramment

* Remarquons qu'amour est l'un des trois mots de la langue française, avec délice et orgue, qui est masculin au singulier et féminin au pluriel ! Marina Yaguello, 1989, p. 28.

admise, celle de Benjamin Péret et de l'amour sublime par exemple, et affirment que c'est le sexe qui est limité en quantité et non pas l'amour. Il n'y a pas de raison pour qu'il soit cantonné à deux personnes [24]. Iris, la messagère, court de l'un à l'autre et apporte à chacun un élan de vie nouveau. L'amour a alors un effet multiplicateur, qui vient alimenter chaque amour d'une charge énergétique démultipliée : « dans la synergie, 1 + 1 = 3, et pas seulement 2. Cet effet particulier, cet accroissement permet aux époux, dans le mariage ouvert, d'exister et de croître comme deux individus distincts, et en même temps de transcender leur dualité et de réaliser leur unité à un autre niveau, au-delà d'eux-mêmes, une unité qui naît de l'amour et de la croissance réciproque [25] ». Dans cet amour, il y a un processus dynamique qui fait que celui-ci en s'ouvrant sur le tiers se complexifie, s'enrichit. Il y a un accroissement, un enrichissement synergétique. Comme une réaction en chaîne, la synergie une fois amorcée se construit elle-même, s'intensifie, s'élargit. Pour Bernard Murstein, l'argument « plus on aime, plus on est capable d'aimer » correspond à ce qu'enseignent les théories de l'apprentissage selon lesquelles la répétition de réponses positives et enrichissantes mène à la généralisation des réponses positives.

Déjà Noyes, au XIXe siècle, allait-il à l'encontre de nombre de préjugés, notamment la croyance que l'on ne peut aimer qu'une seule personne à la fois [26] : « L'expérience nous enseigne que contrairement à ce qui se passe dans les romans, l'amour sexuel ne se limite pas naturellement au couple… les hommes et les femmes du monde entier découvrent (même si on le cache) que leur capacité d'aimer n'est pas épuisée par une lune de miel, ni satisfaite par un amant. Au contraire, l'histoire secrète de l'âme humaine confirme l'idée qu'on peut aimer de nombreuses fois, dans sa vie, un nombre illimité de personnes et que *plus on aime, plus on est capable d'aimer...* ». Fort de cette constatation, Bernard Murstein va à l'encontre de l'affirmation traditionnelle des conseillers conjugaux qui prétendent qu'il est névrotique d'aimer plus d'une personne (et une personne autre que son conjoint) [27]. On repère dans ce type de relation d'amour oblatif les éléments opposés à l'amour captatif du libertin : « ce qui te fait jouir me fait jouir... ». La jouissance la plus forte se révèle être celle d'autrui, que l'on communique, et non celle dont on bénéficie directement. Le plaisir partagé dans l'instant, non prévisible, spontané, est principe de non-enfermement : « l'expression physique du désir spontané de l'individu, tel qu'il le vit dans l'instant, quelle qu'en soit la forme, si elle s'effectue dans une expérience de plaisir partagé, n'enferme pas l'individu de façon répétitive dans son désir, mais l'ouvre au contraire à lui-même et aux autres », affirme Max Pagès [28]. L'ouverture au désir permet de découvrir les autres comme enrichissement et non comme des obstacles. Elle développe n'importe quels désirs, l'initiative, la capacité de créer, etc. L'ouverture sur le tiers fournit de l'exaltation, donne un regain d'intensité au couple qui se « redécouvre [29] ». C'est dire de façon différente l'actualisation du principe d'hospitalité. « La solution des dilemmes est qu'il n'est pas nécessaire que tout soit concentré en un seul individu, dans la perspective de l'unicité exclusive de l'amour ; puisqu'il est multiple par essence, il multiplie aussi ses suppôts (comme dirait Klossowski) et ses jouissances. L'important est que toutes soient actualisées », écrit René Schérer [30]. Il y a croissance exponentielle des désirs.

Conscient de ses risques d'autisme, Teilhard de Chardin dénonçait déjà la tendance du duo à se refermer sur lui-même, il exhortait à choisir l'amour ouvert et non l'amour clos, à préférer, à l'univers à deux, l'univers à trois. Bien sûr, il ne s'agissait pas, dans ses propos, de transcender le couple dans l'enfantement, comme le proposent Jean Guitton et l'ensemble de la littérature chrétienne, encore moins de s'ouvrir à l'amour physique avec un troisième partenaire, mais d'intégrer Dieu ! « Sans sortir de soi, le couple ne trouve son équilibre que dans un troisième en avant de lui », commente-t-il. C'est *l'amour traversé*, pour Suzanne Lilar. Teilhard de Chardin propose de mettre à la place du tiers nécessaire une relation d'ouverture vers un infini divin, une relation hypnotique envers un tiers virtuel qui nourrit sans risques toutes les sublimations. Ce modèle prend cependant une tournure plus transgressive et politique à partir du moment où la personne humaine est considérée comme divine ! L'altérité est considérée comme le messager divin qui vient recharger, alimenter la flamme des désirs. La figure de l'ange dans *Théorème* de Pasolini est cet étranger qui, loin d'engendrer la méfiance et d'apporter la discorde, amène le désordre parce que suscitant le renouveau. Éros personnifié, il apporte la jouissance même. C'est le tiers perturbateur, mais qui signifie le principe de vie confronté au principe mortifère des structures sclérosées. Vœu des principes communautaires, la personne humaine infiniment respectée devient source de joie. L'utopie d'une fontaine de jouvence d'harmonie et d'allégresse n'est pas recherchée dans une relation à la transcendance avec une divinité virtuelle, mais dans l'utopie concrète des liens sociaux ouverts sur la multitude. Il ne s'agit pas de sombrer dans l'orgie d'une préhension captative, mais de s'élever au sentiment de don et de communion des élans partagés. Ce que le couple amoureux trouve dans une transcendance privatisée, le groupe le recherche dans une relation communautaire.

Comme chez les Murias, dont il faudrait exposer le système des amours multiples [31], ce type d'union implique le polymorphisme : tous les sens y sont convoqués et pas seulement le génital. Francesco Alberoni définit le concept de *grand érotisme* pour désigner cette forme. Éros complet qu'il est également possible d'appeler *amour énergétique* : « C'est sur ce mode que les personnes douées d'une grande charge érotique vivent la sexualité : plus elles donnent, plus elles reçoivent. Quoique très étroitement lié à la passion amoureuse, cet érotisme généreux peut se présenter, dans certains cas, sous les apparences de la légèreté et de la sensualité. Il n'a nul besoin de se fixer sur un objet ; il est excité par des formes toujours neuves, des corps toujours nouveaux. Il est basé sur une excitabilité de tous les sens : vue, ouïe, odorat, toucher, mais aussi sensibilité musculaire et cutanée. Il répond aux stimulations les plus fugaces, aux signaux les plus ténus ; [...] les gens ainsi faits aiment la vie et les plaisirs sous toutes leurs formes. L'homme de cette espèce trouve en toute femme quelque chose de beau et d'excitant [32]. » C'est une boucle récurrente qui fait que l'amour se multiplie. « Comme système, la rétroaction enrichissante opère dans tous les domaines : l'amour engendre plus d'amour [33]. » Une représentation de ce type de relation est donnée par Emmanuelle Arsan, dans *Les Enfants d'Emmanuelle*, selon Alberoni. Emmanuelle multiplie les amours, les formes et relations amoureuses et sexuelles diverses. Premièrement, pour un mari et pour ceux qu'elle appelle « ses maris », puis pour des amours plus superficielles, amants et amis, et aussi pour ses enfants et aux enfants en général. Ces formes d'amours ne sont pas exclusives. L'érotisme est généralisé, il touche tout le monde, indistinctement, jeunes et vieux, enfants et adultes, il n'y a ni dégoût, ni lassitude, ni refus. C'est une sorte de bain d'amour, d'amour partagé. Alberoni y reconnaît le grand érotisme, capable de démultiplier les relations : « Dans l'ensemble, Emmanuelle Arsan nous propose une rêverie bisexuelle dans laquelle l'érotisme se mêle à toutes les formes d'amour et où la promiscuité n'empêche pas les sentiments profonds : elle nous propose une utopie [34]. » Une autre figure de ce non-exclusivisme multiplicateur est, par exemple, donné par Gilles Carles dans *La Vraie Nature de Bernadette*. Même si la sexualité avec amour est forte et intense, cela ne signifie pas que les autres formes de sexualités soient perverses, dégradantes et à négliger. Il y a la place pour différents types de relations dont chacune a sa spécificité. Ne pas être exclusif, c'est aussi ne pas être sectaire sur les diverses expériences possibles. Le plaisir sexuel correspond à des types divers d'affections, de chaleur, de camaraderie hétérogènes.

La relation ouverte sur le tiers ne peut être possible qu'élaborée sur la confiance et sur la non-exclusion. On ne peut pas mettre de limites au désir et à l'amour, car le limiter c'est le contraindre, empêcher son expansion et déclencher sa décroissance. Dans la relation ouverte, l'honnêteté est de mise, on ne se cache pas ses relations, c'est la règle prioritaire. Il paraît inacceptable et répugnant aux individus qui vivent le rapport *open* de se cacher pour aimer, et de cacher une relation aux partenaires. En cas de cachotterie, la confiance n'est pas possible. C'est dans ce cas chacun pour soi… le modèle de la stratégie où il n'y a pas de véritable union, d'authenticité. Si le tiers est inévitable, alors la relation de réciprocité authentique n'est pleinement possible sur un long terme que dans une relation ouverte ! Comme Fourier l'avait décrit, ce sont les sentiments d'exclusivité, de possession, de secret qui entraînent la tromperie, la jalousie, l'hypocrisie, la méfiance et l'angoisse de la perte. Sans cela « tout rapport sexuel de l'un ou de l'autre avec un tiers devrait être considéré comme une expérience joyeuse et agréable que votre partenaire peut partager dans son cœur et parfois même physiquement [35] ». Ce qui veut dire aussi qu'il ne doit jamais y avoir obstacle pour que les deux conjoints aient eux-mêmes une relation affective, que les trois partenaires puissent devenir finalement communément amants. On passe alors d'une structure du couple ouvert à une relation trine. Il n'y a plus de relation duale primordiale mais d'emblée une figure trine, collective d'amour.

Il y a dans ce cas, bien sûr rarissime dans l'ordre conjugal, actualisation de ce qui existe potentiellement dans le mariage ouvert, c'est-à-dire la question du rapport homosexuel et de la bisexualité. Nous n'avons pas assez insisté sur l'importance primordiale des mouvements homosexuels dans l'évolution des mœurs conjugales, y compris hétérosexuelles. Si les nouveaux couples sont plus ouverts et plus sereins quant à la relation éventuelle avec un tiers, c'est aussi que la question de la rivalité se pose autrement, que la reconnaissance de sa propre homosexualité permet aux partenaires hétérosexuels de se situer autrement vis-à-vis de la question du désir et de l'identité sexuelle. Si les hommes acceptent plus facilement l'affirmation des femmes à prétendre à une nouvelle identité, c'est qu'eux-mêmes ont évolué vers une reconnaissance des éléments féminins refoulés de leurs identités. Les présentations ridicules qui réjouissaient le public bourgeois des théâtres de boulevard du mari tombant amoureux de l'amant de sa femme sont en passe de se transformer en une relation qui ne laissera pas indemne la conjugalité de papa. C'est Alain Tanner qui nous montre, dans *Le Journal de Lady M*, Myriam Mézières tombant amoureuse de la femme de son amant et celui-ci peut alors plier bagage. Les exemples cinématographiques abondent, hors du champ du fantasmatique ou du burlesque, et rendent compte d'un mouvement social plus profond où le rapport au tiers et les identités amoureuses et sexuelles sont repensés. Bien sûr, les personnes vivent rarement dans la réalité ce qui demeure des histoires de vies exceptionnelles. Celles-ci ont toutefois le mérite de condenser des situations, des tendances à l'œuvre, repérables sous des traits plus diffus, peut-être moins spectaculaires, mais plus certains.

Même si elle n'évolue pas en relation trine, comme dans *Pourquoi Pas ?* de Coline Serreau, film qui pose ironiquement la question de l'intégration d'un quatrième dans un *couple* de trois personnes qui partagent déjà leurs amours, la relation ouverte pose le problème du tiers et de la position des partenaires du couple à son endroit, bref de la question de la tolérance et de la jalousie, mais aussi du rapport fondamental à l'homosexualité. La plupart des unions demeurent dans la sphère de la binarité, car bien peu admettent l'inclusion du tiers dans le champ amoureux avec passage à l'acte. Le tiers est là comme présence potentielle, comme fantasme, voire comme menace. Il n'est pas nié mais il n'est pas non plus intégré. La psychanalyse et ses dérivés continuent à concevoir le couple comme cellule de base normale et évidente de l'amour, mais aussi de la famille et de la société. *Les représentations sociales de l'amour demeurent globalement régies par les modèles de l'amour romantique fusionnel.* Peut-être serait-il nécessaire, pour résoudre les paradoxes et les conflits de l'amour moderne, que l'idéal de l'amour éternel connaisse des mutations ?

CONCLUSION

Vers le temps de la fission amoureuse

« Je ne suis pas une partie de toi. Tu n'es pas une partie de moi. Nous ne sommes pas des mécaniques finies qui peuvent s'emboîter. »

François COUPRY [1]

La fusion est composée de noyaux légers assemblés pour en donner de plus lourds. Pour que les deux puissent s'agréger, il faut vaincre la force de répulsion des charges électriques de même signe qu'ils contiennent. Les noyaux de ces corps peuvent être rapprochés si on les projette l'un contre l'autre à une vitesse suffisante. Ce rapprochement crée une énergie conséquente. Mais une force bien plus importante encore peut être produite. C'est le procédé de la fission. Dans ce cas, le point de départ est, au contraire, un noyau d'atome lourd que l'on va diviser en le bombardant d'un corps étranger. Les deux parties constituées possèdent alors une masse du même ordre de grandeur. L'énergie considérable libérée par la fission de ces deux corps trouvant une autonomie propre peut devenir, dans certaines conditions, auto-entretenue et conduire à une production continue d'énergie : c'est ce que l'on nomme la fission en chaîne. Au-delà de toute métaphore, le couple moderne s'est constitué par un processus de fusion de deux vies que la société traditionnelle maintenait distinctes. Les partenaires se sont identifiés à l'histoire du couple dans une romance amoureuse dont l'idéal demeurait le plus souvent littéraire. Cette nouvelle unité, cellule de base de la société bourgeoise moderne, reposait sur un modèle formé en plusieurs siècles et mis en acte par quelques générations de jeunes mariés. Il s'agissait de ne faire qu'*un*. Pour cela, l'individualité des personnes était niée, ou annihilée. Celles-ci finissaient par se ressembler tout à fait. Deux corps étaient unis en un seul désir, un seul projet de vie, une seule unité.

Les apories de l'union moderne ont conduit à une transformation de ce modèle. Le modèle du couple fissionnel qui se met progressivement en place dans la société contemporaine consiste à séparer ce qui était hier uni, à savoir les deux identités des deux partenaires. L'ancien modèle est bombardé de nouveaux repères. Une troisième histoire singulière surgit qui prend place aux côtés des deux histoires de vie des protagonistes, celle du couple. Ils doivent apprendre à vivre l'un sans l'autre et l'un avec l'autre. À respecter l'identité de l'autre et ses choix, à prendre en charge une vie autonome tout en sachant ménager des points de rencontre pour une vie en commun. La fission est provoquée par un tiers, elle conduit aussi vers des tiers. Le couple n'est pas ce refuge sécuritaire dans une société agressive, qui oblige « à se faire la belle » quand le refuge se mue en prison. Il est plutôt une ancre qui sert de point de repère pour aller à la rencontre des autres. Le couple permet de faire des haltes et d'avoir un commun partage d'expériences qui s'enrichit à chaque voyage. Certaines escales se feront en solitaire, d'autres traversées de concert. Toutes les harmonies sont possibles. Ce qui importe, c'est l'accord que l'on se donne, sous forme d'un contrat négocié, discuté, même s'il s'agit aussi de points d'accord implicites conclus par phases d'ajustements successives. Chaque union a ses points de repères, pour définir ces zones d'interdits et de permissibilité. La fission nous projette vers les autres et nous invite aux associations temporaires, aux adhésions momentanées, aux affinités électives. Véritable rencontre entre le vœu fouriériste des associations passionnées et les adhésions affectuelles des tribus postmodernes, chaque partenaire fait une partie du voyage selon ses propres cartes. Le double de ce noyau primordial demeure quelque part dans la proximité pour servir de point de repère, de boussole, d'indicateur et de havre, tout en poursuivant lui-même son propre voyage. Le nouveau couple est d'autant plus uni qu'il s'offre des moments de totale confiance et se retrouve pour des partages d'autant plus forts qu'ils ont été exotiques.

La forme d'amour romantique nous apparaît encore comme la seule possible : « non seulement l'amour aime tout son aimé, mais il n'aime que lui seul [...] : c'est un Autre (l'aimé) qui chasse pour lui tous les autres et qui devient le centre du monde ; l'amour monogame est semblable en cela au Dieu unique et jaloux du monothéisme, ce Dieu qui chasse de l'Olympe tout le pluriel des dieux païens », écrit Vladimir Jankélévitch dans *Les Vertus de l'amour* [2]. De même qu'avant le monothéisme régnait le polythéisme, nous avons vu qu'avant l'amour romantique exclusif, la place existait pour des formes d'affections différentes ! L'amour n'est pas obligatoirement exclusif, mais l'amour romantique, monogame, tel le Dieu unique et jaloux, a chassé toutes les autres formes d'amour ! Si, concernant les temps modernes, il n'existe plus qu'un seul amour et une seule sexualité, comme le remarque Philippe Ariès [3], peut-être ne s'agit-il que d'une transition : le cycle des valeurs polythéistes revenant sur le devant de la scène postmoderne. Il n'existe plus de référence unique, mais bien plutôt un modèle fissionnel composé de multiples expérimentations qui ont toutes pour point commun un certain nombre de valeurs tendant à l'autonomie et au respect des partenaires. Le souci de se ménager des ouvertures ne s'impose pas par égoïsme ou par prudence, mais par une prise de conscience du caractère mortifère et par essence raté de la fusion et afin d'en éviter les effets pervers dans la vie quotidienne de la relation. Cette duplicité qui n'est pas une tromperie, ce quant-à-soi – pour reprendre les expressions que Michel Maffessoli utilise pour d'autres sphères de la vie sociale –, proposent d'autres modes relationnels qui composent avec les nécessaires remises en cause des rapports de sexe, et redistribuent d'une nouvelle façon les frontières du privé et du public.

L'amour romantique apparaît comme une forme déterminée et transitoire de l'histoire, forme tyrannique qui a cherché à exclure toutes les autres. Les logiques contradictoires exacerbées et la confusion résultant d'une volonté de marier les extrêmes génèrent des problèmes insurmontables. Ceux-ci ne peuvent être dépassés que par un changement de repère. Kostas Axelos constate ces difficultés du couple moderne : « Ce n'est pas seulement l'insatisfaction érotique générale – liée à l'insatisfaction de la vie privée et publique des hommes et des femmes modernes, dans les mondes de l'existence, du travail, de la politique, des paroles et des relations humaines – qui agit constamment comme corrosif sur le couple. Le couple lui-même, la figure et la structure de la monogamie, est devenu problématique [4]. » La contradiction entre un modèle devenu classique de l'amour, qui demeure l'idéal de référence – à partir duquel s'opère toujours la socialisation –, et les exigences de la modernité appelant à l'autonomie et à l'indépendance des partenaires ne peut qu'engendrer des conflits qui aboutissent aux désunions. L'amour romantique monogame, s'exprimant dans le cadre du couple moderne, pose problème : « N'y aurait-il pas d'autres perspectives pour les relations entre hommes et femmes ? », se demande Kostas Axelos qui invite à une sorte de couple *open* : « Le couple se maintenant comme couple, tant qu'il le veut et le peut, ne pourrait-il pas vivre une monogamie polygamique et une monoandrie polyandrique ? » L'idéal des deux moitiés retrouvées, du prince ou de la princesse, est mis à mal et peut-être faut-il retrouver le polythéisme, c'est-à-dire la place pour des formes d'amours plurielles et différentes ? Le couple comme union de base de deux entités complémentaires s'avère un mythe auquel il est de plus en plus difficile de s'identifier. Peut-être faut-il faire place à une « troisième moitié » ? À des relations non exclusives ? À un couple qui ne cherche plus à s'autocontenter ? « Les relations excentriques, quand elles sont plus faibles que le noyau, maintiennent et renforcent le couple », constate Kostas Axelos, comme Jacques Ruffié[5]. Ce nouveau modèle suppose de changer d'idéal mais aussi de mythe de référence. Il faut abandonner la croyance envers une moitié complémentaire. Il faut percevoir comme étant de l'ordre du discours idéologique le couple romantique considéré comme donnée naturelle évidente.

Vers ailleurs

> « Le plaisir, il faut vraiment le couper pour que ça existe ? Seulement, si c'est doublé quand on est deux, alors ça doit être triplé quand on est trois, quadruplé quand on est quatre, centuplé quand on est cent, non ? On a le droit d'être cent pour partager ? »
>
> Tony DUVERT[6]

L'amour fissionnel échappe au passionnel et propose bien sûr un autre modèle de rapport au tiers qui ne soit plus dans l'obligation de le sublimer du fait de sa négation, mais dans ses pleines reconnaissance et acceptation. Les attitudes et les nouveaux comportements sont encore hésitants, mais manifestent de plus en plus une volonté de sortir des normes de l'amour romantique pour abandonner les valeurs d'exclusivité et de possessivité. Le mal être et l'incapacité à vivre selon les figures dessinées par le rêve de la confusion amènent à détourner le mythe et à inventer de nouvelles voies. Cela se fait de manière plus euphémisée et douce que lors des remises en cause qui ont frappé l'institution du mariage dans les années 1970. Aujourd'hui, le couple peut ou non décider de se marier sans que cela soit signifiant de l'ouverture qu'il acceptera de vivre ensuite envers des tiers. Certains époux font une expérimentation radicale des nouvelles formes de conjugalité. Si une grande majorité des couples demeurent dans les références du couple fusionnel et que beaucoup de jeunes recherchent encore à réaliser ce que les autres ont raté, de plus en plus nombreux sont ceux qui entendent dépasser ces référents et vivre selon d'autres règles. Peu d'entre eux effectuent une démarche consciente et délibérée, la plupart entendent vivre simplement un épanouissement personnel et conjugal et trouvent par tâtonnements et approximations une voie qui, tout en permettant le partage de moments communs, laisse aussi à chacun une part d'autonomie « pour vivre sa vie ». Ces marges de liberté prises avec le modèle fusionnel vont de la simple escapade temporaire et transgressive aux projets conjugaux dans lesquels le respect de l'autonomie de chacun est la valeur fondamentale.

Si les histoires d'amour fusionnel font encore rêver, du fait d'une nostalgie archaïque d'être pris en charge et pouponné, dans la réalité, les couples sont de moins en moins enclins à prétendre incarner le mythe. Non seulement le prince et surtout la princesse n'entendent pas disparaître dans un projet commun, et ce faisant renoncer à leurs ambitions et leur volonté d'épanouir une personnalité préexistante, mais ils sont également de plus en plus conscients que les concessions faites au nom de leur idéal ne font qu'entamer la longévité de leur relation affective. Ils ne veulent pas non plus renoncer au désir et au bonheur des jeux de la séduction et des nouvelles rencontres. Même s'ils demeurent prisonniers des anciens clichés et des références sociales du couple fusionnel, d'autres formes de vécus se mettent en place qui attendent leurs formulations et leurs représentations. Il est nécessaire pour résoudre les paradoxes et les tensions de la conjugalité que les idéaux évoluent afin de rendre compte des mutations actuellement à l'œuvre. L'amour éternel du prince et de la princesse amoureusement enlacés pour la vie doit-il encore fournir matière à rêver ? Le tiers doit sans doute retrouver une place moins symbolique dans les contes pour enfants... et les scénarios de cinéma. Il serait temps de rétablir la légende de Tristan et Iseult, mais sans oublier le roi Marc qui remplirait pleinement et ouvertement son rôle amoureux...

NOTES

INTRODUCTION

1. J.-G. Lemaire, 1979.
2. F. Alberoni, 1981.
3. S. Chaumier, 1996.
4. G. Simmel, 1988.
5. L. Roussel, 1989.
6. A. Corbin, 1985.
7. S. Lallemand, 1994.
8. I. Théry, 1993.
9. J.-C. Kaufmann, 1994.
10. E. Morin, 1991.

CHAPITRE PREMIER
Qu'est-ce que l'amour ?

1. S. Alexandrian, 1977.
2. E. Morin, 1962.
3. P. Bourdieu, 1982.
4. F. de Singly, 1990.
5. F. Henriquez, 1959.
6. B. Spira et N. Bajos, 1993.
7. G. Durand, 1984.
8. D. Martuccelli, 1995.
9. S. Petit-Skinner, 1982.
10. P. Guiraud, 1978.
11. N. Luhmann, 1990.

CHAPITRE II

Les mythes et croyances de l'amour romantique

1. P. Veyne, 1983.
2. G. Simmel, 1988.
3. W. Goode, 1973.
4. M. Godelier, 1982.
5. J. Duvignaud, 1992, p. 53.
6. R. Flacelière, 1960.
7. J. Van Ussel, 1972.
8. B. I. Murstein, 1974.
9. P. Veyne, 1991, p. 199.
10. O. Paz, 1993.
11. B. Malinowski, 1969.
12. B. Malinowski, 1970, p. 225.
13. S. Freud, 1969.
14. F. Henriquez, 1959.
15. B. Malinowski, 1970.
16. M. Leenhardt, 1985.
17. J. Cazeneuve, 1971.
18. D. Le Breton, 1990.
19. M. Mead, 1963, p. 463.
20. F. Henriquez, 1959.
21. F. Fournier, 1990.
22. B. Spira et N. Bajos, 1993.
23. M. Onfray, 1991.
24. T. Apostolidis, 1993.
25. E. Morin, 1961.
26. Platon, 1992, p. 57.
27. D. Vander Gutht, 1994.
28. E. Morin, 1980.
29. F. Alberoni, 1987.
30. E. Morin, 1961.
31. B. Peret, 1988, p. 74.
32. M. Marcuse, 1964.
33. E. Durkheim, 1983, p. 106.
34. E. Durkheim, 1969.
35. S. Petit-Skinner, 1982.
36. B. I. Murstein, 1981.
37. R. Benedict, 1950.
38. R. Brain, 1980.
39. D. Vander Gutht, 1994.
40. S. Freud, 1986.
41. M. Marcuse, 1964.
42. Stendhal, 1971, p. 165.
43. R. Barthes, 1977, p. 80.

44. R. Girard, 1961.
45. N. et G. O'Neill, 1976.
46. F. Alberoni, 1981.
47. P. Salomon, 1994.
48. V. Elwin, 1947.
49. L.-L. Constantine, 1981.
50. A. Corbin, 1991.
51. L. Adler, 1983.
52. J. Borie, 1976.
53. L. Adler, 1983 ; p. 133.
54. V. Jankélévitch, 1949.
55. C. Fourier, 1967 ; Alexandrian, 1977.
56. A. Comte-Sponville, 1995.
57. R. Mendès-Leite, 1995.
58. L. Blum, 1962, p. 94.
59. G. Talese, 1980.
60. J.-J. Knapp et R.-N. Whitehurst, 1981.
61. S. et P. Heck, 1976.
62. S. Freud, 1969, p. 128.
63. J. Baudrillard, 1979.
64. A. Gide, 1989.
65. S. Lilar, 1963.
66. C. Guillaumin, 1992.

CHAPITRE III
Les étapes de l'effusion

1. B. Malinowski, 1969.
2. D. de Rougemont, 1939.
3. S. Freud, 1970.
4. F. Alberoni, 1981.
5. J.-M. Gauthier, 1980.
6. A. Corbin, 1985.
7. T. Zeldin, 1994.
8. C. Kruithof, 1979.
9. S. Freud, 1971, p. 60.
10. E. Fromm, 1968, p. 88.
11. C. Olivier, 1990.
12. M. Bozon, 1993.
13. S. Freud, 1971, p. 60.
14. Terme utilisé par Jean Guitton (1965, p. 90) et repris par Emmanuelle Arsan de façon quelque peu différente !
15. P. Berger et P. K. Hansfried, 1980.
16. J.-C. Kaufmann, 1994a.
17. R. Barthes, 1977, p. 166.

18. K. Axelos, 1992, p. 14.
19. D. Martuccelli, 1995, p. 157.
20. S. Alexandrian, 1977.
21. P. Berger et H. Kellner, 1988 ; J.-C. Kaufmann, 1994.
22. E. Bloch, 1976.
23. L. Havas et L. Pauwels, 1969.
24. P. Caillé, 1991, p. 43.
25. R. Tremblay, 1993.
26. A. Gide, 1989, p. 361.
27. L. Roussel, 1986, p. 24.
28. L. Roussel et O. Bourguignon, 1978.
29. L. Roussel, 1989.
30. C. Demar, 1976, p. 71.
31. A. Jeannière, 1966.
32. L. Roussel, 1986, p. 24.
33. *Ibid.*
34. J. Kellerhals *et al.*, 1984.
35. L. Roussel, 1989.
36. L. Roussel, 1986.
37. C. Castelain-Meunier, 1991, p. 177.
38. P. Bruckner et A. Finkielkraut, 1977, p. 142.

CHAPITRE IV
Une autonomie affective et sexuelle

1. L. Andreas-Salomé, 1984, p. 63.
2. C. Lévi-Strauss, 1949.
3. G. Tillion, 1966.
4. J. Van Ussel, 1972.
5. J.-L. Flandrin, 1981 ; 1983 ; J. Solé, 1976 ; R. Tannahill, 1982 ; B. I. Murstein, 1974.
6. P. Hanry, 1970 ; R. Brain, 1980.
7. Cai Hua, 1997.
8. E. Westermarck, 1943.
9. F. Henriquez, 1959.
10. De même, R. Lewinsohn, 1957, p. 27.
11. J. Malaurie, 1976 ; D. C. Talayesva, 1982.
12. S. Petit-Skinner, 1982.
13. N.-C. Mathieu, 1991.
14. F. Lebrun, 1975 ; F. Ronsin, 1990.
15. M. Foucault, 1984.
16. Voir à ce sujet : F. Buffière, 1980 ; B. Sergent, 1984, 1986 ; J.-P. Sartre, 1986 ; K.-J. Dover, 1982 ; R. Flacelière, 1971 ; R. de Becker, 1964 ; également les contributions de P. Veyne, P. Ariès, M. Pollack *in* P. Ariès et A. Béjin, 1982.

17. L. Stone, 1987, p. 106.
18. M. Foucault, 1984.
19. L. Stone, 1987.
20. L'auteur cite de nombreuses traces qui ne correspondent pas à l'exigence vertuiste. Voir aussi F.-K. Forberg (1824), 1985.
21. Sur la poésie, P. Veyne, 1983 ; P. Quignard, 1994.
22. P. Veyne, 1978 ; P. Grimal, 1979.
23. M. Grant, 1975 ; J. Lacour, 1914.
24. P. Brown, 1995.
25. V. Ranke-Heinemann, 1991.
26. P. Veyne, 1991.
27. J.-N. Robert, 1994.
28. M. Foucault, 1984, p. 202.
29. J. Le Goff, 1991.
30. C. Grimmer, 1983.
31. P. Ariès, 1982.
32. F. Fournier, 1990.
33. J. Solé, 1991, p. 97.
34. P. Camby, 1989.
35. A. Burguière, 1986 ; G. Duby, 1988.
36. A. Gauthier, 1992, p. 142.
37. M. Maffesoli, 1985.
38. A. Corbin, 1991.
39. G. Duby, 1988.
40. B. Geremek, 1991.
41. J. Rossiaud, 1989 ; 1976.
42. C. Grimmer, 1983.
43. N. Elias, 1973, p. 258.
44. E. Le Roy Ladurie, 1975.
45. D. Le Breton, 1985.
46. P. Darmon, 1983.
47. G. Duby, 1981.
48. J.-C. Bologne, 1995.
49. J.-L. Flandrin, 1982.
50. N. Elias, 1973, p. 266.
51. Voir, par exemple, C. Grimmer, 1983 ; T. Tarczylo, 1983. Sur les amours paysannes, J.-L. Flandrin, 1975 ; 1976 ; A. Fillon, 1989 ; M. Segalen et J. Chamarat, 1981 ; E. Le Roy Ladurie, J.-B. Fabre, P. Gardy, 1980 ; M.-C. Phan, 1986 ; R. Guy, 1985 ; J.-B. Molin et P. Mutemble, 1974.
52. N. Elias, 1973, p. 266.
53. J. Solé, 1976.
54. G. Duby, 1981.
55. J. Delumeau, 1983, p. 244.
56. A. Villeneuve, 1963.
57. J. Rossiaud, 1994.

58. J. Delumeau, 1983.
59. J. Van Ussel, 1972.
60. *Ibid.*, p. 30.
61. B. Lhoest, 1990.
62. P. Bérard, 1984.
63. H. Rey-Flaud, 1985.
64. M. Weber, 1964.
65. T. Tarczylo, 1983.
66. Jean Duvignaud montre l'ambivalence des deux paradigmes, celui du catholicisme et celui qui anime l'esprit de la Réforme (J. Duvignaud, 1986b).
67. J. Van Ussel, 1972.
68. M.-O. Métral, 1977.
69. C. Grimmer, 1983.
70. T. Tarczylo, 1983.
71. P. Bérard, 1984, p. 142.
72. D. Vander Gutht, 1994, p. 345.
73. N. Luhmann, 1990.
74. B. Lhoest, 1990.
75. N. Elias, 1973.
76. L. Stone, 1987 (II), p. 311.
77. A. Fillon, 1989.
78. J.-C. Bologne, 1995.
79. J. Van Ussel, 1972, p. 40.
80. P. Bérard, 1984.
81. E. Le Roy Ladurie, 1975.
82. R. Brain, 1980.
83. J. Solé, 1976, p. 169.
84. É. Reclus, 1982, p. 66 ; F. Henriquez, 1959.
85. G. Dormann et F. Henriquez, 1971.
86. R. Nelli, 1972.
87. J. Solé, 1976.
88. A. Van Gennep, 1937 ; J. Van Ussel, 1972 ; M. Segalen, 1980.
89. J. Perez, 1985.
90. J.-L. Flandrin, 1981.
91. E. Le Roy Ladurie, 1979 ; 1975.
92. E. Shorter, 1977.
93. M. Maffesoli, 1991.
94. « Par la proximité des choses auxquelles elle touche : *la fête est le cauchemar de la société occidentale*. Le cauchemar du sexuel », écrit Armando Verdiglione, 1976, p. 139.
95. R. Nelli, 1972.
96. J. Van Ussel, 1972, p. 186.
97. M. Jeay, 1977 ; M. Bakhtine, 1970.
98. M. Onfray, 1994.
99. T. Zeldin, 1978.

100. P. Morali-Daninos, 1963.
101. J. Solé, 1976 ; E.-M. Benabou, 1987.
102. C. Grimmer, 1983.
103. Sur la profusion de la littérature érotique au XVIIIe siècle, voir P. Tacussel, 1993 ; P. Pia, 1971 ; Alexandrian, 1989 ; R. Pintard, 1943.
104. B. Lhoest, 1990.

CHAPITRE V
À L'ORIGINE DU MODÈLE FUSIONNEL

1. J. DUVIGNAUD, 1990.
2. G. DUBY, 1981, P. 172.
3. D. DE ROUGEMONT, 1939.
4. *IBID.*, P. 29.
5. G. DUBY, 1988, P. 288.
6. R. CAILLOIS, 1991.
7. D. DE ROUGEMONT, 1939, P. 287.
8. J. MARKALE, 1987 ; P. ROUSSELOT, 1981.
9. A. LE CHAPELAIN, 1974.
10. ARRÊT VIIIE, rendu le 3e jour de mai 1174, cité par Alexandra Kollontaï, 1977, p. 189.
11. J.-L. Flandrin, 1981.
12. J. Duvignaud, 1969.
13. M. Onfray, 1991.
14. D. de Rougemont, 1939, p. 44.
15. R. Nelli, 1972.
16. O. Paz, 1993, p. 75.
17. G. Duby, 1981.
18. K. Millett, 1971.
19. G. Duby, 1988.
20. B. Roy, 1980.
21. M.-O. Métral, 1977, p. 129.
22. G. Duby, 1988.
23. A. Ségal, 1977.
24. M.-O. Métral, 1977.
25. R. Nelli, 1966, p. 126.
26. P. Guiraud, 1978.
27. M. Detienne, 1972.
28. R. Nelli, 1966, p. 120.
29. O. Paz, 1993.
30. M.-O. Métral, 1977, p. 119.
31. G. Duby, 1983.
32. J. Leclercq, 1983.
33. J. Solé, 1991.
34. M.-O. Métral, 1977.

35. J. Solé, 1991.
36. A. Nygren, 1952.
37. J. Kristeva, 1983, p. 78.
38. G. Simmel, 1988.
39. M. Ficin, 1978 ; J. Festugière, 1942.
40. O. Paz, 1993.
41. J. Solé, 1976, p. 255.
42. M. Scheler, 1950.
43. D. de Rougemont, 1939, p. 168.
44. N. Luhmann, 1990.
45. D. Vander Gutht, 1994.
46. J.-C. Bologne, 1995, p. 342.
47. N. Luhmann, 1990.
48. C. Grimmer, 1983.
49. N. Elias, 1973, p. 266.
50. F. Engels, 1975.
51. A. Corbin, 1978 ; J. Donzelot, 1978.
52. T. Zeldin, 1978.
53. L. Blum, 1962.
54. L. Adler, 1983.
55. C. Demar, 1976.
56. J. Van Ussel, 1972.
57. A. Corbin, 1991 ; A. Corbin et A. Parent-Duchâtelet, 1981 ; J.-P. Aron et R. Kempf, 1978 ; M. Maffesoli, 1984 ; J. Solé, 1993.
58. A. Stora-Lamare, 1990 ; S. Petit-Skinner, 1991.
59. A. Corbin, 1978 ; 1985 ; 1991.
60. J. Solé, 1976.
61. J. Guillais, 1986 ; J.-L. Hennig, 1985 ; G. London, 1937.
62. R. Mendès-Leite, 1995.
63. N. Luhmann, 1990.
64. P. Ariès, 1977.
65. G. Falconnet et N. Lefaucheur, 1975 ; E. Shorter, 1977 ; P. Dibie, 1990.
66. N. Elias, 1973.
67. J.-C. Bologne, 1986.
68. D. Roche, 1981.
69. D. Le Breton, 1985.
70. R. Senett, 1979.
71. D. Vander Gutht, 1994.
72. F. Fournier, 1990.
73. D. Martuccelli, 1995.
74. R. Hurtubise, 1992.
75. F. Fournier, 1990, p. 396.
76. L. de Heusch, 1961.
77. M. Lalonde et R. Montour, 1983.
78. F. de Singly, 1990.

79. J.-C. Kaufmann, 1988.
80. S. Dayan-Herzbrun, 1982.

CHAPITRE VI
La construction de l'amour chrétien

1. D. de Rougemont, 1939, p. 229.
2. R. Brain, 1980.
3. D. de Rougemont, 1939, p. 291.
4. T.-G. Atkinson, 1974, p. 218.
5. A. Nygren, 1944.
6. G. Duby, 1988.
7. A. Rousselle, 1983.
8. P. Brown, 1995.
9. *Ibid.*
10. J.-C. Bologne, 1995.
11. G. Duby, 1988.
12. J. Delumeau, 1983.
13. J. Boswell, 1981.
14. J. Pérez, 1985.
14. J. Le Goff, 1991.
16. M.-O. Métral, 1977 ; J.-B. Molin et P. Murtemble, 1974 ; J. Delumeau, 1983 ; J. Leclercq, 1983.
17. J. Gaudemet, 1987.
18. J.-L. Flandrin, 1983 ; R. Tannahill, 1982.
19. G. Duby, 1981.
20. M.-O. Métral, 1977, p. 164.
21. B. Lhoest, 1990.
22. P. Ariès, 1977, p. 10.
23. J. Delumeau, 1983, p. 240.
24. S. Petit-Skinner, 1991.
25. W. Schubart, 1972.
26. J. Delumeau, 1983.
27. J.-L. Flandrin, 1981.
28. G. Duby, 1983, p. 5.
29. M. Bernos, 1994.
30. R. Brain, 1980.
31. Th. Zeldin, 1994 ; F. Alberoni, 1984.
32. J.-C. Bologne, 1995.
33. P. Brown, 1995.
34. G. Duby, 1981.
35. G. Parrinder, 1986.
36. G. Duby, 1988.
37. P. Brown, 1995.
38. M.-O. Métral, 1977, p. 142.

39. G. Duby, 1983, p. 9.
40. *Ibid.*
41. G. Duby, 1981, p. 229.
42. J. Solé, 1991.
43. A. Burguière, 1986.
44. L. Roussel, 1990, p. 27.
45. Éphésiens 5, 22-24.
46. M. Foucault, 1984, p. 56.
47. O. Paz, 1993.
48. J.-L. Flandrin, 1981.
49. R. Poulin et C. Coderre, 1986.
50. M. Bernos, 1994, p. 72.
51. S. Firestone, 1972.
52. P. Ariès, 1982, p. 143.
53. G. Duby, 1988.
54. M.-L. Swiderski, 1980, p. 159.
55. T. Zeldin, 1978.
56. Stendhal, 1971.
57. A. Fillon, 1989, p. 429.
58. E. Legouvé, 1849, p. 392, cité par L. Adler, 1983, p. 167.
59. A. Burguière, 1986, p. 119.
60. J. Guitton, 1948, p. 232.
61. J.-L. Flandrin, 1981.
62. M.-O. Métral, 1977, p. 68.
63. Y. Knibiehler, 1980.
64. A. Maugue, 1987.
65. P. Salomon, 1991, p. 155.
66. R. Reiche, 1971.
67. J.-C. Bologne, 1995.
68. T. Zeldin, 1978.
69. M.-O. Métral, 1977.
70. S. Lilar, 1963.
71. J. Guitton, 1965.
72. M.-O. Métral, 1977, p. 211.
73. T. Anatrella, 1990.
74. P. Ariès, 1977, p. 9.
75. J.-M. Brohm, 1995, p. 21.
76. E. Drewermann, 1992, p. 115.

CHAPITRE VII
L'affirmation à devenir sujet

1. É. Le Garrec, 1979, p. 12.
2. T. Laqueur, 1990.
3. A. Maugue, 1987.

4. R. Schérer, 1995.
5. P. Darmon, 1983.
6. A.-M. Dardigna, 1978.
7. A. Comte, 1957, p. 341.
8. F. Engels, 1975.
9. L. Devance, 1972.
10. D. Welzer-Lang, 1993.
11. J.-C. Kaufmann, 1992.
12. F. Picq, 1993.
13. F. de Singly, 1986.
14. P. Bourdieu, 1990 ; 1998.
15. M. Bozon, 1993 ; D. Welzer-Lang, 1998.
16. A. Maugue, 1989.
17. A.-M. Dardigna, 1978.
18. B. Friedan, 1964.
19. J. Stora-Sandor, 1977, p. 153.
20. A. Goldmann, 1984.
21. R. Nelli, 1972.
22. J. Van Ussel, 1972.
23. W. Lederer, 1970.
24. F. Mernissi, 1983 ; E. Goffman, 1968.
25. M.-O. Métral, 1977, p. 301.
26. M. Duru-Bellat, 1990 ; A. Michel, 1977.
27. T.-G. Atkinson, 1974, p. 133.
28. É. Le Garrec, 1979.
29. C. Delphy, 1974 ; 1998.
30. G. Falconnet et N. Lefaucheur, 1975.
31. C. Dowling, 1982.
32. M. Duru-Bellat, 1990.
33. A.-M. Dardigna, 1978.
34. N. et G. O'Neill, 1976, p. 25.
35. S. Faludi, 1993.
36. D. Russianoff, 1982.
37. S. Dayan-Herzbrun, 1982.
38. H. Olsson, 1984.
39. E. G. Belotti, 1974 ; C. Olivier, 1980 ; M. Laïk, 1976 ; M. Feigen Fasteau, 1980.
40. M.-L. Swiderski, 1980.
41. P. Bourdieu, 1990.
42. G. Falconnet, 1973.
43. H. Olsson, 1984.
44. J.-L. Flandrin, 1981, p. 92.
45. G. Falconnet et N. Lefaucheur, 1975, p. 84.
46. M. Bernos, 1994.
47. P. Ansart, 1983, p. 65.
48. *Ibid.*, p. 66.

49. P. Bourdieu, 1990.
50. R. Barthes, 1957, p. 252.
51. L. Althusser, 1976.
52. S. Dayan-Herzbrun, 1984.
53. M. Duru-Bellat, 1990.
54. C. Guillaumin, 1979.
55. T.-G. Atkinson, 1974, p. 61.
56. G. Greer, 1971.
57. S. Firestone, 1972.
58. Claudine, 1974.
59. A.-M. Dardigna, 1978.
60. P. Bourdieu, 1990.
61. G. Duby, 1988.
62. G. Simmel, 1989.
63. T.-G. Atkinson, 1974, p. 78.
64. A. Miller, 1984.
65. P. Legendre, 1974.
66. E. Enriquez, 1983.
67. T.-G. Atkinson, 1974, p. 79.
68. S. Dayan-Herzbrun, 1982, p. 123.
69. S. Firestone, 1972.
70. C. Guillaumin, 1992, p. 147.
71. G. Falconnet et N. Lefaucheur, 1975, p. 87.

CHAPITRE VIII
Les contradictions de l'amour fusionnel

1. C. Malraux, 1973.
2. K. Axelos, 1992, p. 42.
3. F. Alberoni, 1997.
4. M. Maffesoli, 1991.
5. M. Horkheimer, 1974, p. 299.
6. J.-G. Lemaire, 1979.
7. E. Morin, 1961.
8. J. Kellerhals *et al.*, 1984.
9. K. Axelos, 1992, p. 23.
10. F. de Singly, 1996.
11. C. Olivier, 1990, p. 140.
12. C. Croisille, 1980.
13. M. Scheler, 1950.
14. R. Tremblay, 1993, p. 115.
15. D. Martuccelli, 1995.
16. F. de Singly, 1992, p. 37.
17. J. Kellerhals *et al.*, 1984, p. 20.
18. E. Levinas, 1983, p. 65.

19. P. Martin, 1994.
20. C. Castelain-Meunier, 1991, p. 173.
21. L. Irigaray, 1984.
22. B. Friedan, 1964.
23. S. Rowbotham, 1973, p. 61.
24. É. Le Garrec, 1979.
25. N. et G. O'Neill, 1976, p. 193.
26. A. Michel, 1960, p. 1772.
27. L. Roussel, 1989.
28. K. Chaland, 1994.
29. A. Michel, 1960 ; F. Picq, 1993.
30. A. Touraine, 1992.
31. S. Lilar, 1967.
32. N. et G. O'Neill, 1976, p. 190.
33. R. Barthes, 1977, p. 268.
34. L. Irigaray, 1984, p. 69.
35. C. Guillaumin, 1992.
36. G. Simmel, 1989, p. 105.
37. S. Freud, 1969, p. 66.
38. M. Juffé, 1995, p. 72.
39. P. Martin, 1987.
40. H. Deutsch, 1987.
41. R. Brain, 1980, p. 307.
42. B. Friedan, 1964.
43. J. Lemaire, 1988.
44. I. Pennacchioni, 1986.
45. A. Maugue, 1989, p. 87.
46. Y. Trouard-Riolle, dans *Pour préparer le bonheur de votre foyer*, 1947, citée par S. Dayan-Herzbrun, 1984, p. 151.
47. N. et G. O'Neill, 1976, p. 28.
48. É. Le Garrec, 1979, p. 18.
49. R. Barthes, 1977.
50. P. Martin, 1987.
51. T.-G. Atkinson, 1974.
52. L. Andreas-Salomé, 1984, p. 66.
53. A. Kollontaï, 1977, p. 173.
54. K. Axelos, 1992, p. 13.
55. J.-C. Kaufmann, 1994.
56. É. Le Garrec, 1979.
57. D. Cooper, 1972, p. 48.
58. C. Lévi-Strauss, 1983, p. 47.
59. F. Flahaut, 1991, p. 289.
60. R. Brain, 1980, p. 307.
61. N. Huston, 1990.
62. M. Maffesoli, 1991, p. 29.
63. *Ibid.*, p. 157.

64. L. Blum, 1962.
65. J.-C. Bologne, 1995.
66. É. Le Garrec, 1979.
67. G. Simmel, 1991, p. 37.
68. *Ibid.*, p. 41.
69. F. de Singly, 1993, p. 35.
70. J. Kellerhals *et al.*, 1982.
71. F. de Singly, 1993.
72. L. Roussel, 1989, p. 203.
73. F. de Singly, 1990.

CHAPITRE IX
Vers un nouveau modèle, l'amour fissionnel

1. M.-O. Métral, 1977, p. 271.
2. S. et P. Heck, 1976.
3. J.-J. Knapp et R.-N. Whitehurst, 1981.
4. A. et R. Francœur, 1974.
5. J. Kellerhals *et al.*, 1982.
6. S. Hérédia, 1991.
7. R. Barthes, 1977.
8. L.-L. Constantine, 1981, p. 90.
9. F. de Singly, 1993, p. 89.
10. C. Castelain-Meunier, 1991, p. 42.
11. L. Roussel, 1991.
12. Fine et Lalanne, 1980.
13. S. Hérédia, 1991.
14. C. Villeneuve-Gokalp, 1997.
15. N. et G. O'Neill, 1976.
16. G. Deleuze et F. Guattari, 1972, p. 352.
17. F. Alberoni, 1981 ; J. Lemaire, 1988.
18. J.-C. Kaufmann, 1994.
19. J.-J. Knapp et R.-N. Whitehurst, 1981, p. 56.
20. G. Devereux, 1980.
21. B. I. Murstein, 1981 ; L.-L. et J.-M. Constantine, 1973.
22. J.-J. Knapp et R.-N. Whitehurst, 1981.
23. N. et G. O'Neill, 1976.
24. S. et P. Heck, 1976.
25. N. et G. O'Neill, 1976, p. 242.
26. J.-H. Noyes, 1961.
27. B. I. Murstein, 1981.
28. M. Pagès, 1977, p. 43.
29. Wendy et Burt, 1981.
30. R. Schérer, 1993, p. 132.

31. V. Elwin, 1947.
32. F. Alberoni, 1987, p. 241.
33. N. et G. O'Neill, 1976, p. 245.
34. F. Alberoni, 1987, p. 113.
35. S. et P. Heck, 1976, p. 160.

CONCLUSION
Vers le temps de la fission amoureuse

1. F. Coupry, 1978, p. 95.
2. V. Jankélévitch, 1986, p. 235.
3. P. Ariès, 1982.
4. K. Axelos, 1992, p. 12.
5. J. Ruffié, 1986.
6. T. Duvert, 1974, p. 9.

BIBLIOGRAPHIE GÉNÉRALE

I. – Ouvrages

ADLER L., *Secrets d'alcôve. Histoire du couple de 1830 à 1930*, Paris, Hachette, 1983.

ALBERONI F., *Le Choc amoureux*, Paris, Ramsay, 1981.

ALBERONI F., *L'Amitié*, Paris, Ramsay, 1984.

ALBERONI F., *L'Érotisme*, Paris, Ramsay, 1987.

ALBERONI F., *Je t'aime. Tout sur la passion amoureuse*, Paris, Plon, 1997.

ALEXANDRIAN S., *Les Libérateurs de l'amour*, Paris, Seuil, coll. « Points », 1977.

ALEXANDRIAN S., *Histoire de la littérature érotique*, Paris, Seghers, 1989.

ANATRELLA T., *Le Sexe oublié*, Paris, Flammarion, 1990.

ANDREAS-SALOMÉ L., *Éros*, Paris, Minuit, 1984.

ANQUETIL G., *La Maîtresse légitime. Essai sur le mariage polygamique de demain*, Paris, Éd. Anquetil, 1923.

ANSART P., *La Gestion des passions politiques*, Lausanne, L'Âge d'homme, 1983.

ARENDT H., *Le Concept d'amour chez Augustin*, Paris, Deux temps Tierce, 1991 (rééd., Paris, Rivages, coll. « Petite Bibliothèque Rivages », 1996).

ARIÈS P. et BÉJIN A. (sous la dir.), *Sexualités occidentales*, Paris, Seuil, 1982 (rééd. de *Communication*, n° 35, 1982).

ARIÈS P. et DUBY G. (sous la dir.), *Amour et Sexualité en Occident*, Paris, Seuil, 1991 (rééd. de *L'Histoire*, n° 63, janv. 84).

ARIÈS P. et DUBY G. (sous la dir.), *Histoire de la vie privée*, 5 tomes, Paris, Seuil, 1985.

ARON J.-P. et KEMPF R., *Le Pénis et la démoralisation de l'Occident*,

Paris, Grasset, 1978, rééd. *La Bourgeoisie, le sexe et l'honneur*, Paris, Complexe, 1984.
ATKINSON T.-G., *L'Odyssée d'une Amazone*, Paris, Éditions des femmes, 1974.
AXELOS K., *L'Errance érotique*, Paris, Minuit, 1964, rééd. *La Lettre volée*, Bruxelles, 1992.
BADEAUX S., *Comment réussir un ménage à trois. Un guide sexuel inédit*, Québec, Les Presses libres, 1883.
BADINTER É., *XY, De l'identité masculine*, Paris, Odile Jacob, 1992.
BAKHTINE M., *L'Œuvre de François Rabelais et la culture populaire au Moyen Âge et sous la Renaissance*, Paris, Gallimard, 1970, tome 17, Paris, Éd. Club de l'honnête homme, 1956 (1830), Méditation XVII.
BARRY J., *À la française. Le couple à travers l'histoire*, Paris, Seuil, 1985.
BARTHES R., *Mythologies*, Paris, Seuil, 1957.
BARTHES R., *Fragments d'un discours amoureux*, Paris, Seuil, 1977.
BATAILLE G., *L'Érotisme*, Paris, Minuit, 1957.
BATTAGLIOLA F., *La Fin du mariage ?*, Paris, Syros, 1988.
BAUDRILLARD J., *De la séduction*, Paris, Galilée, 1979 ; Paris, Gallimard, coll. « Folio », 1988.
BAUDRY P., *Le Corps extrême*, Paris, L'Harmattan, 1991.
BAUDRY P., *La Pornographie et ses images*, Paris, Armand Colin, 1997.
BECHTEL G., *La Chair, le diable et le confesseur*, Paris, Plon, 1994.
BECKER de R., « L'érotisme d'en face », *BIE*, n° 12, Paris, Pauvert, 1964.
BELOTTI E. G., *Du côté des petites filles*, Paris, Éditions des femmes, 1974.
BENABOU E.-M., *La Prostitution et la police des mœurs au XVIIIe siècle*, Paris, Perrin, 1987.
BENEDICT R., *Échantillons de Civilisations*, Paris, Gallimard, 1950.
BERGER P. et HANSFRIED P. K., *Affrontés à la modernité*, Paris, Centurion, 1980.
BERGER P. et LUCKMANN T., *La Construction sociale de la réalité*, Paris, Méridiens Klincksieck, 1986.
BERNOS M., RONCIÈRE C. de la, GUYON J., LECRIVAIN P., *Le Fruit défendu. Les Chrétiens et la sexualité de l'Antiquité à nos jours*, Paris, Le Centurion, 1985.
BLOCH E., *Le Principe Espérance*, tome I, Paris, NRF, Gallimard, 1976.
BLUM L., « Du mariage », *in* « L'Œuvre de Léon Blum », tome 2, Paris, Albin Michel, 1962.
BOLOGNE J.-C., *Histoire du mariage en Occident*, Paris, Lattès, 1995.
BOLTANSKI L., *L'Amour et la justice comme compétence*, Paris, Métailié, 1990.

BONNET M.-J., *Un choix sans équivoques. Recherches historiques sur les relations amoureuses entre les femmes. XVIe-XXe s.*, Paris, Denoël, 1981.
BORIE J., *Le Célibataire français*, Paris, Le Sagittaire, 1976.
BOSWELL J., *Christianisme, tolérance sociale et homosexualité en Europe occidentale, des débuts de l'ère chrétienne au XVIe siècle*, Paris, Gallimard, 1985.
BOURDIEU P., *Leçon sur la leçon*, Paris, Minuit, 1982.
BOURDIEU P., *La Domination masculine*, Paris, Seuil, 1998.
BRAIN R., *Amis et Amants*, Paris, Stock, 1980.
BRETON A., *L'Amour fou*, Paris, NRF, Gallimard (1937), 1964.
BRISSON M. (sous la dir.), *Éros au pluriel*, Québec, Hurtubise hmh, 1984.
BROWN P., *Le Renoncement à la chair. Virginité, célibat et continence dans le christianisme primitif*, Paris, NRF, Gallimard, 1995.
BRUCKNER P. et FINKIELKRAUT A., *Le Nouveau désordre amoureux*, Paris, Seuil, 1977.
BRUNNER C., *L'Amour*, Paris, Gallimard, 1925, rééd. 1968.
BUFFIÈRE F., *Éros adolescent, la pédérastie dans la Grèce ancienne*, Paris, Les Belles Lettres, 1980.
BURGUIÈRE A. (sous la dir.), *Histoire de la famille*, Paris, Armand Colin, 1986, tome 2.
CAI HUA, *Une société sans père ni mari. Les Na de Chine*, Paris, PUF, 1997.
CAILLÉ P., *Un et un font trois. Le couple révélé à lui-même*, Paris, ESF, 1991.
CAILLOIS R., *Les Jeux et les hommes. Le Masque et le vertige*, Paris, Gallimard, 1991.
CAMBY P., *L'Érotisme et le sacré*, Paris, Albin Michel, 1989 (1re édition sous le pseudonyme d'Alexandre MAUPERTUIS, *Le Sexe et le plaisir avant le christianisme. L'érotisme sacré*, CAL, 1977).
CAPLOW T., *Deux contre Un. Les coalitions dans les triades*, Paris, ESF, 1984.
CASTELAIN-MEUNIER C., *L'Amour en moins. L'apprentissage sentimental*, Paris, Olivier Orban, 1991.
CAZENEUVE J., *Sociologie des rites*, Paris, PUF, 1971.
CHALVON-DEMERSAY S., *Concubin, Concubine*, Paris, Seuil, 1983.
CHATELET N., *Le Corps à corps culinaire*, Paris, Seuil, 1977.
COHN N., *Les Fanatiques de l'Apocalypse. Millénaristes révolutionnaires et anarchistes mystiques au Moyen Âge*, Paris, Payot (1962), 1983.
Collectif, « L'amour-problème », *Arguments*, n° 21, 1er trim., rééd., tome 2, Toulouse, Privat, 1983.
Collectif, « Le sexuel », *Cahiers internationaux de sociologie*, vol. LXXVI, 1984.

Collectif, « L'individu, l'affectif et le social », *Revue internationale d'action communautaire*, *RIAC*, Montréal, n° 26-27, 1992.

Collectif, « L'amour à l'époque moderne », Actes du Colloque, 1992, Paris, PUF-Sorbonne, *Bulletin de l'association des historiens modernistes*, n° 17, janvier 1994.

COMTE A., *Catéchisme positiviste*, Rio de Janeiro, Éd. Temple de l'Humanité, 1957, republié chez Fata Morgana, postface de Patrick Tacussel.

COMTE-SPONVILLE A., *Petit Traité des grandes vertus*, Paris, PUF, 1995.

CONSTANTINE L.-L. et CONSTANTINE J.-M., *Group Marriage : A Study of Contemporary Multilateral Marriage*, New York, Macmillan, 1973.

COOPER D., *Mort de la famille*, Paris, Seuil, coll. « Points », 1972.

CORBIN A. et PARENT-DUCHÂTELET A., *La Prostitution à Paris au XIXe siècle*, Paris, Seuil, 1981.

CORBIN A., *Les Filles de noce. Misère sexuelle et prostitution, XIXe-XXe siècles*, Paris, Aubier, 1978.

COUPRY F., *Je suis lesbien*, Paris, Balland, 1978.

DARDIGNA A.-M., *La Presse « féminine ». Fonction idéologique*, Paris, Maspero, 1978.

DARMON P., *Mythologie de la femme dans l'ancienne France*, Paris, Seuil, 1983.

DAUMAS M., *La Tendresse amoureuse. XVIe-XVIIIe siècles*, Paris, Perrin, 1996.

DAVID P., *Le Nouveau Mariage open*, Montréal, Éd. Quebecor, 1983.

DELEUZE G. et GUATTARI F., *L'Anti-Œdipe. Capitalisme et schizophrénie*, Paris, Minuit, 1972.

DELPHY C., *L'Ennemi principal*, Paris, Syllepse, 1998.

DELUMEAU J., *Le Péché et la Peur. La culpabilisation en Occident. XIIIe-XVIIIe siècles*, Paris, Fayard, 1983.

DEMAR C., « Ma loi d'avenir », in *L'Affranchissement des femmes (1833)*, Paris, Payot, 1976.

DETIENNE M., *Les Jardins d'Adonis : la mythologie des aromates en Grèce*, Paris, Gallimard, 1972.

DEUTSCH H., *La Psychologie des femmes*, Paris, PUF, 1987.

DEVEREUX G., *De l'Angoisse à la méthode*, notamment chap. 9 : « L'irrationnel dans la recherche sur la sexualité », Paris, Flammarion, 1980.

DIBIE P., *Ethnologie de la chambre à coucher*, Paris, LGF, 1990.

DONZELOT J., *La Police des familles*, Paris, Minuit, 1974.

DOVER K.-J., *Homosexualité grecque*, Grenoble, La Pensée sauvage, 1982.

DOWLING C., *Le Complexe de Cendrillon*, Paris, Grasset, 1982.

DREWERMANN E., *L'Amour et la réconciliation, Psychanalyse et morale*, tome II, Paris, Cerf, 1992.
DUBY G. et PERROT M. (sous la dir.), *Histoire des femmes*, 5 vol., Paris, Plon, 1991.
DUBY G., *Le Chevalier, la femme, le prêtre. Le mariage dans la France féodale*, Paris, Hachette, 1981.
DUBY G., *Mâle Moyen Âge, de l'amour et autres essais*, Paris, Flammarion, 1988.
DUBY G., « Que sait-on de l'amour en France au XIIe siècle ? », in *Mâle Moyen Âge*. De l'amour et autres essais, Paris, Flammarion, coll. « Champs », 1988.
DUFOUR D.-R., *Les Mystères de la trinité*, Paris, NRF, 1990.
DURAND G., *Les Structures anthropologiques de l'imaginaire*, Paris, Dunod, 1984.
DURKHEIM É., *Leçons de sociologie*, Paris, PUF, 1969.
DURKHEIM É., *Les Règles de la méthode sociologique*, Paris, PUF (1937), 1983.
DURU-BELLAT M., *L'École des filles. Quelle formation pour quels rôles sociaux ?*, Paris, L'Harmattan, 1990.
DUVERT T. *Le Bon Sexe illustré*, Paris, Minuit, 1974.
DUVIGNAUD J., *Fêtes et Civilisations*, Paris, Weber, 1973, Éd. Scarabée, 1984.
DUVIGNAUD J., *Hérésie et subversion. Essais sur l'anomie*, Paris, La Découverte, 1986.
DUVIGNAUD J., *La Solidarité*, Paris, Fayard, 1986.
DUVIGNAUD J., *La Genèse des passions dans la vie sociale*, Paris, PUF, 1990.
ELIAS N., *La Civilisation des mœurs*, Paris, Calmann-Lévy, 1973.
ELWIN V., *Maisons de jeunes chez les Murias*, Paris, Gallimard (1947), 1959.
ENGELS F., *L'Origine de la famille, de la propriété privée et de l'État*, Paris, Éd. Sociales, 1975.
ENRIQUEZ E., *De la horde à l'État*, Paris, NRF, Gallimard, 1983.
ERLICH M., *La Femme blessée. Essai sur les mutilations sexuelles féminines*, Paris, L'Harmattan, 1986.
FALCONNET G., *Le Prince charmant ou la femme mystifiée*, Paris, Mercure de France, 1973.
FALCONNET G. et LEFAUCHEUR N., *La Fabrication des mâles*, Paris, Seuil, 1975.
FALUDI S., *Backlash : la Guerre froide contre les femmes*, Paris, Éditions des femmes, 1993.
FEIGEN FASTEAU M., *Le Robot mâle*, Paris, Denoël, 1980.
FESTUGIÈRE J., *La Philosophie de l'amour chez Marsile Ficin*, Paris, Vrin, 1942.
FICIN M., *Commentaire sur le* Banquet *de Platon ou de l'amour*, Paris, Les Belles Lettres, 1978.

FILLON A., *Les Trois Bagues aux doigts. Amours villageoises au XVIIIe siècle*, Paris, Laffont, 1989.
FINKIELKRAUT A., *La Sagesse de l'amour*, Paris, Gallimard, 1984.
FIRESTONE S., *La Dialectique du sexe*, Paris, Stock, 1972.
FLACELIÈRE R., *L'Amour en Grèce*, Paris, Hachette, 1960.
FLANDRIN J.-L., *Un Temps pour embrasser. Aux origines de la morale sexuelle occidentale (VIe-IXe siècles)*, Paris, Seuil, 1983.
FLANDRIN J.-L., *Le Sexe et l'Occident, Évolution des attitudes et des comportements*, Paris, Seuil, 1981.
FORBERG F.-K., *Manuel d'érotologie classique*, 1824 (rééd., Monaco, Éd. du Rocher, 1979, Éd. d'Aujourd'hui, 1985).
FOUCAULT M., *Histoire de la sexualité*, tomes 1, 2 et 3, Paris, Gallimard, 1976-1984.
FOURIER C., *Œuvres complètes*, tome 1 (introduction de Simone Debout), Paris, Anthropos, 1967.
FRANCŒUR A. et FRANCŒUR R., *Hot and Cool Sex Cultures in Conflict*, New York, Harcourt, Brace, Jovanovitch, 1974.
FREUD S., *Essais de psychanalyse*, notamment chap. 8 : « État amoureux et hypnose », Paris, Payot, 1970.
FREUD S., *L'Avenir d'une illusion*, Paris, PUF, 1971.
FREUD S., *La Vie sexuelle*, Paris, PUF, 1969.
FREUD S., *Totem et Tabou*, Paris, Payot, 1986.
FREUND J., *Sociologie du conflit*, Paris, PUF, 1983.
FRIEDAN B., *La Femme mystifiée*, Paris, Gonthier, 1964.
FRISCHAUER P., *La Sexualité dans l'Antiquité*, Paris, Marabout, 1974.
GAUDEMET J., *Le Mariage en Occident*, Paris, Cerf, 1987.
GAUTHIER A., *La Trajectoire de la modernité. Représentations et images*, Paris, PUF, 1992.
GEREMEK B., *Les Marginaux parisiens aux Xe et XVe siècles*, Paris, Flammarion, 1991.
GIDE A., *Les Faux-Monnayeurs*, Paris, Larousse, 1989.
GIDDENS A., *The Transformation of Intimacy : sexuality, love and eriticism in modern societies*, Cambridge, Polity Press, 1992.
GIRARD R., *Mensonge romantique et vérité romanesque*, Paris, Grasset, 1961.
GODELIER M., *La Production des grands hommes*, Paris, Fayard, 1982.
GOFFMAN E., *Asiles. Études sur la condition sociale des malades mentaux*, Paris, Minuit, 1968.
GOLDMANN A., *Rêves d'amour perdus. Les femmes dans le roman du XIXe siècle*, Paris, Denoël-Gonthier, 1984.
GRANT M., *Éros à Pompéi : Le Cabinet secret du musée de Naples*, Paris, Laffont, 1975.
GREER G., « Le mythe de l'amour et du mariage dans les classes moyennes », in *La Femme eunuque*, Paris, Laffont, 1971, p. 252-277.

GRIECO M., *Ange ou diablesse : La représentation de la femme au XVIe siècle*, Paris, Flammarion, 1991.
GRIMAL P., *L'Amour à Rome*, Paris, Hachette, 1963, Les Belles Lettres, 1979, Payot, 2002.
GRIMMER C. (préface de E. Le Roy Ladurie), *La Femme et le bâtard : amours illégitimes et secrètes dans l'ancienne France*, Paris, Presses de la Renaissance, 1983.
GUILLAIS J., *La Chair de l'autre*, Paris, Olivier Orban, 1986.
GUILLAUMIN C., *Sexe, Race et Pratique du pouvoir. L'idée de Nature*, Paris, Éd. Côté-femmes, 1992.
GUIRAUD P., *Sémiologie de la sexualité*, Paris, Payot, 1978.
GUITTON J., *L'Amour humain*, Paris, Éd. Montaigne, 1948, rééd. Livre de vie, 1965.
GUY R., *Histoire de l'amour en France : du Moyen Âge à la Belle Époque*, Paris, Lattès, 1985.
HANRY P., *Érotisme africain. Le Comportement sexuel des adolescents guinéens*, Paris, Payot, 1970.
HAVAS L. et PAUWELS L., *Les Derniers Jours de la monogamie*, Paris, Mercure de France, 1969.
HECK P. et HECK S., *Les Joies de l'open mariage*, Montréal, Sélect, 1976.
HEINICH N., *États de femmes. L'identité féminine dans la fiction occidentale*, Paris, Gallimard, 1996.
HENNIG J.-L., *Obsessions*, Paris, Albin Michel, 1985.
HENRIQUEZ F., *Panorama de l'amour à travers les civilisations*, Paris, Éd. La Table ronde, 1959 [réédité sous le titre : *La Sexualité sauvage*, Paris, Éd. Planète (s.d.)].
HÉRITIER-AUGÉ F., *Masculin-Féminin. La Pensée de la différence*, Paris, Odile Jacob, 1996.
HORKHEIMER M., « Autorité et famille », in *Théorie traditionnelle et théorie critique*, Paris, NRF, Gallimard, 1974.
HOSKEN F., *Les Mutilations sexuelles féminines*, Paris, Denoël, 1983.
HUSTON N., *Le Journal de la création*, Paris, Seuil, 1990.
IRIGARAY L., *Éthique de la différence sexuelle*, Paris, Minuit, 1984.
JANKÉLÉVITCH V., *Les Vertus de l'amour*, vol. 2, Paris, Flammarion, 1986.
JANKÉLÉVITCH V., *Traité des vertus*, Paris, Bordas, 1949.
JUFFÉ M., *Les Fondements du lien social. Le justicier, le sage et l'ogre*, Paris, PUF, 1995.
KAUFMANN J.-C., *La Chaleur du foyer, Analyse du repli domestique*, Paris, Méridiens Klincksieck, 1988.
KAUFMANN J.-C., *La Trame conjugale. Analyse du couple par son linge*, Paris, Nathan, 1992.
KELLERHALS J. *et al.*, *Mariages au quotidien*, Lausanne, Éd. P.M. Favre, 1982.

KELLERHALS J. *et al.*, *Microsociologie de la famille*, Paris, PUF, 1984.
KELLERHALS S., *Le Journal du séducteur*, Paris, Gallimard, 1989.
KELLERHALS S., *Vie et Règne de l'amour*, Paris, Aubier, 1956.
KOLLONTAÏ A., *Marxisme et révolution sexuelle*, Paris, Maspéro, 1977.
KRISTEVA J., *Histoires d'amour*, Paris, Gallimard, coll. « Folio », 1985.
KRUITHOF C., *L'Amour phénomène social (étude philosophique sociologique d'un phénomène de la vie quotidienne)*, Bruxelles, Éd. de l'Université de Bruxelles, 1979.
LACOUR J., *Le Musée secret de Naples et le culte des organes générateurs*, Bruges, Imprimerie centrale, 1914.
LAPASSADE G. et SCHERER R., *Le Corps interdit. Essai sur l'éducation négative*, Paris, ESF, 1980.
LAQUEUR T., *La Fabrique du sexe. Essai sur le corps et le genre en Occident*, *Essais*, Paris, Gallimard, 1990.
LE BRETON D., *Corps et sociétés. Essai de sociologie et d'anthropologie du corps*, Paris, Méridiens Klincksieck, 1985.
LE BRETON D., *Anthropologie du corps et modernité*, Paris, PUF, 1990.
LE BRETON D., *Les Passions ordinaires. Anthropologie des émotions*, Paris, Armand Colin, 1998.
LEBRUN F., *La Vie conjugale sous l'Ancien Régime*, Paris, Armand Colin, 1975.
LE CHAPELAIN A., *Traité de l'amour courtois*, Paris, Klincksieck, 1974.
LECLERCQ J., *L'Amour vu par les moines au XIIe siècle*, Paris, Cerf, 1983.
LEDERER D.-W., *Gynophobia ou La Peur des femmes*, Paris, Payot, 1970.
LEENHARDT M., *Do Kamo*, Paris, Gallimard, 1985.
LE GARREC É., *Un Lit à soi. Itinéraires de femmes*, Paris, Seuil, 1979.
LEGENDRE P., *L'Inestimable Objet de la transmission*, leçons IV, Paris, Fayard, 1985.
LEGENDRE P., *L'Amour du censeur*, Paris, Seuil, 1974.
LEGOUVÉ E., *Histoire morale des femmes*, Paris, G. Sandré, 1849.
LEMAIRE J.-G., *Le Couple, sa vie, sa mort. La structuration du couple humain*, Paris, Payot, 1979.
LE ROY LADURIE E., FABRE J.-B., GARDY P., *L'Argent, l'amour et la mort en pays d'oc*, Paris, Seuil, 1980.
LE ROY LADURIE E., *Le Carnaval de Romans*, Paris, Gallimard, 1979.
LE ROY LADURIE E., *Montaillou, village occitan, de 1294 à 1324*, Paris, Gallimard, 1975.

LÉVI-STRAUSS C., *Les Structures élémentaires de la parenté*, Paris, PUF, 1949, Paris, Mouton, 1967.
LÉVI-STRAUSS C., « Famille, mariage, parenté » et « Race et culture », in *Le Regard éloigné*, Paris, Calmann-Lévy, 1983.
LEVINAS E., « L'Éros », in *Le Temps et l'autre*, Fata Morgana, 1979, Paris, PUF, 1983.
LEWINSOHN R., *Histoire de la vie sexuelle*, Paris, Payot, 1957.
LHOEST B., *L'Amour enfermé. Amour et sexualité dans la France du XVIe siècle*, Paris, Olivier Orban, 1990.
LILAR S., *À propos de Sartre et l'amour*, Paris, Grasset, 1967.
LILAR S., *Le Couple*, Paris, Grasset, 1963.
LONDON G., *Vénus et Cie en correctionnelle*, Paris, Éd. de France, 1937.
LUHMANN N., *Amour comme passion. De la codification de l'intimité*, Paris, Aubier, 1990.
MAFFESOLI M., *L'Ombre de Dionysos*, Paris, Méridiens Klincksieck, 1985.
MALAURIE J., *Les Derniers Rois de Thulé*, Paris, Plon, 1976.
MALINOWSKI B., *La Sexualité et sa répression dans les sociétés primitives*, Paris, Payot, 1969 (rééd. « Petite Bibliothèque Payot », 2001).
MALINOWSKI B., *La Vie sexuelle des sauvages du nord-ouest de la Mélanésie*, Paris, Payot, 1970 (rééd. « Petite Bibliothèque Payot », 2000).
MALRAUX C., *Le Bruit de nos pas*, tome IV, Paris, Grasset, 1973.
MARBECK G., *L'Orgie. Voie du sacré, fait du prince, instinct de fête*, Paris, Laffont, 1993.
MARCUSE H., *Éros et Civilisation*, Paris, Minuit, 1955 (1963).
MARKALE J., *L'Amour courtois : ou le couple infernal*, Paris, Éd. Imago, 1987.
MATHIEU N.-C., *L'Anatomie politique. Catégorisations et idéologies du sexe*, Paris, Côté-femmes, 1991.
MAUGUE A., *L'Identité masculine en crise, au tournant du siècle. 1871-1914*, Paris, Rivages, 1987 (rééd. Paris, Payot, coll. « Petite Bibliothèque Payot », 2001).
MEAD M., *Mœurs et sexualité en Océanie*, Paris, Plon, 1963 (rééd. Presses Pocket, 1982).
MENDÈS-LEITE R., *Bisexualité, le dernier tabou*, Paris, Calmann-Lévy, 1996.
MERNISSI F., *Sexe, idéologie, Islam*, Paris, Tierce, 1983.
MÉTRAL M.-O., *Le Mariage : les hésitations de l'Occident*, Paris, Aubier, 1977.
MICHEL A., *Femmes, sexisme, société*, Paris, PUF, 1977.
MILLER A., *C'est pour ton bien*, Paris, Aubier, 1984.
MILLETT K., *La Politique du mâle*, Paris, Stock, 1971.

MOLIN J.-B. et MUTEMBLE P., *Les Rituels de mariage en France du XIIe au XVIe siècle*, Paris, Beauchesne, 1974.
MORALI-DANINOS P., *Histoire des relations sexuelles*, Paris, PUF, coll. « Que sais-je ? », 1963.
MORIN E., *L'Esprit du temps*, Paris, Grasset, 1962.
MORIN E., *La Méthode*, « La Vie de la Vie », tome II, Paris, Seuil, coll. « Points », 1980.
MOULIN M. et ERALY A. (textes réunis par), *Sociologie de l'amour. Variations sur le sentiment amoureux*, Bruxelles, Institut de sociologie, Éd. de l'Université de Bruxelles, 1995.
MURSTEIN BERNARD I., *Love, Sex, and Marriage through the Ages*, New York, Springer Publishing Company, 1974.
MURSTEIN BERNARD I. (sous la dir.), *Styles de vie intime*, Bruxelles, Pierre Mardaga, 1981.
NÉDONCELLE M., *Vers une philosophie de l'amour et de la personne*, Paris, Aubier, 1957.
NELLI R., *Érotique et Civilisation*, Paris, Weber, 1972.
NOSSINTCHOUK R., *L'Extase et la blessure. Crimes et violences sexuelles de l'Antiquité à nos jours*, Paris, Plon, 1993.
NOYES J.-H., *History of American Socialisms*, New York, Hillary House, 1961.
NYGREN A., *Éros et Agapè. La Notion chrétienne de l'amour et ses transformations*, tomes I, II et III, Paris, Aubier, 1944 et 1952.
O'NEILL N. et O'NEILL G., *Le Mariage open*, Montréal, Select, 1976.
OLIVIER C., *Filles d'Ève. Psychologie et sexualité féminines*, Paris, Denoël, 1990.
OLIVIER C., *Les Enfants de Jocaste. L'empreinte de la mère*, Paris, Denoël-Gonthier, 1980.
ONFRAY M., *L'Art de jouir*, Paris, Grasset, 1991 (rééd. Paris, Le Livre de Poche, 1994).
PAGÈS M., *Le Travail amoureux, éloge de l'incertitude*, Paris, Dunod, 1977.
PARETO V., *Le Mythe vertuiste et la littérature immorale*, Genève, Droz, 1971 (1re édition 1911).
PARRINDER G., *Le Sexe dans les religions du monde*, Paris, Le Centurion, 1986.
PAZ O., *La Flamme double. Amour et érotisme*, Paris, Gallimard, 1993.
PENACCHIONNI I., *De la guerre conjugale*, Mazarine, 1986.
PERET B., *Anthologie de l'amour sublime*, Paris, Albin Michel (1956), 1988.
PETIT-SKINNER S., *Pêcheurs de Nauru*, Paris, Nouvelles Éditions latines, Éd. Lanore, 1982.
PHAN M.-C., *Les Amours illégitimes : histoires de séduction en Languedoc*, Paris, CNRS, 1986.

PIA P., *Dictionnaire des œuvres érotiques*, Paris, Mercure de France, 1971.
PICQ F., *Libération des femmes. Les Années mouvement*, Paris, Seuil, 1993.
PINTARD R., *Le Libertinage érudit dans la première moitié du XVIIe siècle*, Paris, Boivin, 1943.
PLATON, *Le Banquet*, Paris, Flammarion, 1992.
POIRIER J. (sous la dir.), *Histoire des mœurs*, 5 vol., Paris, Pléiade, Gallimard, 1991.
POULIN R. et CODERRE C., *La Violence pornographique, la virilité démasquée*, Hull, Asticou, 1986.
QUIGNARD P., *Le Sexe et l'Effroi*, Paris, Gallimard, 1994.
RANKE-HEINEMANN U., *Des Eunuques pour le Royaume des cieux, L'Église catholique et la sexualité*, Paris, Laffont, 1991.
RAULIN A., *Femmes en cause*, Paris, FEN, 1987.
RECLUS É., *L'Homme et la Terre*, tome I, Paris, La Découverte, 1982.
REDONDO A. (sous la dir.), *Amours légitimes, amours illégitimes en Espagne (XVIe-XVIIe siècles)*, colloque en Sorbonne du 3 au 6 octobre 1984, Paris, Publications de la Sorbonne, 1985.
REICHE R., « Sexualité et lutte de classes », *Cahiers libres*, 203-204, Paris, Maspero, 1971.
REY-FLAUD H., *Le Charivari : les rituels fondamentaux de la sexualité*, Paris, Payot, 1985.
ROBERT J.-N., *Les Plaisirs à Rome*, Paris, Payot, 1994 (rééd. « Petite Bibliothèque Payot », 2001).
ROCHE D., *Le Peuple de Paris*, Paris, Aubier-Montaigne, 1981.
RONSIN F., *Le Contrat sentimental. Débat sur le mariage et l'amour de l'Ancien Régime à la Restauration*, Paris, Aubier, 1990.
ROSSIAUD J., *La Prostitution médiévale*, Paris, Flammarion, 1989.
ROUGEMONT de D., *L'Amour et l'Occident*, Paris, Plon, 1939.
ROUGEMONT de D., *Les Mythes de l'amour*, Paris, Gallimard, 1961.
ROUSSEL L., *La Famille incertaine*, Paris, Odile Jacob, 1989.
ROUSSELLE A., *Porneia. De la Maîtrise du corps à la privation sensorielle. IIe-IVe siècle de l'ère chrétienne*, Paris, PUF, 1983.
ROUSSELOT P., *Pour l'histoire du problème de l'amour au Moyen Âge*, Paris, Vrin (1933), 1981.
ROWBOTHAM S., *Féminisme et révolution*, Paris, Payot, 1973.
ROY B. (sous la dir.), *L'Érotisme au Moyen Âge*, Montréal, L'Aurore, 1977.
RUFFIÉ Jacques, *Le Sexe et la mort*, Paris, Odile Jacob, 1986.
RUSSIANOFF P., *Who do I Think, I am Nothing Without a man ?*, New York, Bantam Book, 1982.
SALOMON P., *La Femme solaire. La fin de la guerre des sexes*, Paris, Albin Michel, 1991.
SALOMON P., *La Sainte Folie du couple*, Paris, Albin Michel, 1994.

SCHELER M., *Nature et formes de la sympathie. Contribution à l'étude des lois de la vie émotionnelle*, Paris, Payot, 1950.
SCHÉRER R., *Zeus hospitalier, Éloge de l'hospitalité*, Paris, Armand Colin, 1993.
SCHUBART W., *Éros et religion*, Paris, Fayard, 1972.
SEGALEN M. et CHAMARAT J., *Amours et mariages de l'ancienne France*, Paris, Berger-Levrault, 1981.
SEGALEN M., *Maris et femmes dans la société paysanne*, Paris, Flammarion, 1980.
SENNETT R., *Les Tyrannies de l'intimité*, Paris, Seuil, 1979.
SERGENT B., *L'Homosexualité dans la mythologie grecque*, Paris, Payot, 1984.
SERGENT B., *L'Homosexualité initiatique dans l'Europe ancienne*, Paris, Payot, 1986.
SHORTER E., *Naissance de la famille moderne. XVIIIe-XXe siècles*, Paris, Seuil, 1977.
SIBONY D., *Perversions*, Paris, Grasset, 1987.
SIMMEL G., *Philosophie de l'amour*, Paris, Rivages, 1988.
SIMMEL G., *Philosophie de la modernité*, Paris, Payot, 1989.
SIMMEL G., *Secret et sociétés secrètes* (postface de Patrick Watier), Paris, Circé, 1991.
SINGLY de F., *Fortune et infortune de la femme mariée*, Paris, PUF, (1986), 1990.
SINGLY de F., *Sociologie de la famille contemporaine*, Paris, Nathan, 1993.
SINGLY de F., *Le Soi, le couple et la famille*, Paris, Nathan, 1996.
SOLÉ J., *L'Âge d'or de la prostitution, De 1870 à nos jours*, Paris, Plon, 1993.
SOLÉ J., *L'Amour en Occident à l'époque moderne*, Paris, Albin Michel, 1976.
SPIRA B. et BAJOS N. (groupe ACSF), *Les Comportements sexuels en France*, Paris, La Documentation française, 1993.
STENDHAL, *De l'Amour*, Lausanne, Rencontre, 1971.
STORA-LAMARE A., *L'Enfer de la IIIe République : censeurs et pornographes 1881-1914*, Paris, Imago, 1990.
TALAYESVA D. C., *Soleil Hopi*, Paris, Plon, 1982.
TALESE G. R., *La Femme du voisin*, Paris, Julliard, 1980.
TANNAHILL R., *Le Sexe dans l'histoire*, Paris, Marabout, 1982.
TARCZYLO T., *Sexe et liberté au siècle des Lumières*, Paris, Presses de la Renaissance, 1983.
THÉRY I., *Le Démariage. Justice et vie privée*, Paris, Odile Jacob, 1993.
TILLION G., *Le Harem et les cousins*, Paris, Seuil, coll. « Points », 1966.
TOURAINE A., *Critique de la modernité*, Paris, Fayard, 1992.
TREMBLAY R., *Couple, sexualité et société*, Paris, Payot, 1993.

VAN GENNEP A., *Manuel de folklore français contemporain*, Paris, Maisonneuve et Larose (1937), 1992.
VAN USSEL J., *Histoire de la répression sexuelle*, Paris, Laffont, 1972.
VERDIGLIONE A. (sous la dir.), *La Sexualité dans les institutions*, Paris, Payot, coll. « Petite Bibliothèque Payot », 1978.
VERNANT J.-P., « Un, deux, trois : Éros », in *L'Individu, la mort, l'amour. Soi-même et l'autre en Grèce ancienne*, Paris, Gallimard, 1989, p. 153-171.
VEYNE P., *L'Élégie érotique romaine. L'amour, la poésie et l'Occident*, Paris, Seuil, 1983.
VIALLANEIX P. et EHRARD J. (textes recueillis et présentés par), *Aimer en France. 1760-1860*, Actes du Colloque international de Clermont-Ferrand, fascicule 6-1, tome II, Faculté des lettres et sciences humaines de l'Université de Clermont-Ferrand, 1980.
VILLENEUVE A., « Le Diable. Érotologie de Satan », *BIE*, n° 10, Paris, Pauvert, 1963.
VOLCHER R. (sous la dir.), *Encyclopédie de la sexualité*, Paris, Éd. Universitaires, Bordas, 1974.
VOVELLE M., *Idéologie et mentalités*, Paris, Maspero, 1982.
WEBER M., *L'Éthique protestante et l'esprit du capitalisme*, Paris, Plon, 1964.
WELZER-LANG D. (sous la dir.), *La Peur de l'autre en soi. Du sexisme à l'homophobie*, Montréal, Veb Éditeur, 1995.
WELZER-LANG D. et FILIOD J.-P., *Les Hommes à la conquête de l'espace... domestique*, Montréal, Veb Éditeur, 1993.
WELZER-LANG D. et JACKSON D., *Violence et masculinité*, Publications, 1998.
WESTERMARCK E., *Histoire du mariage*, tomes 1 à 6, Paris, Payot, 1943.
WILLY A. et JAMONT C. (sous la dir.), *La Sexualité*, Paris, Marabout, 1964.
YAGUELLO M., *Le Sexe des mots*, Paris, Belfond, 1989 (rééd. Paris, Seuil, coll. « Points virgule », 1995).
ZELDIN T., *Histoire des passions françaises. 1845-1945, tome I : Ambition et amour*, Paris, Éd. Recherches, 1978 (rééd. Paris, Payot, coll. « Petite Bibliothèque Payot, 2002).
ZELDIN T., *Les Françaises et l'histoire intime de l'humanité*, Paris, Fayard, 1994.

II – Articles, préfaces, thèses et rapports [1]

ALTHUSSER L., « Les appareils idéologiques d'États », *Positions*, Paris, Éd. Sociales, 1976, p. 67-125.

APOSTOLIDIS T., « Pratiques "sexuelles" *versus* pratiques "amoureuses" ». Fragments sur la division socio-culturelle du comportement sexuel », *Sociétés*, n° 39, 1993, p. 43.

ARIÈS P., préface à M.-O. Métral, *Le Mariage. Les hésitations de l'Occident*, Paris, Aubier, 1977, p. 7-11.

BASTIDE R., *Plexus*, n° 26, juillet 1969, p. 127-128.

BÉRARD P., « Le sexe entre tradition et modernité, XVIe-XVIIIe siècle », *in* « Le sexuel », *Cahiers internationaux de sociologie*, vol. LXXVI, 1984, p. 135-160.

BERGER P. et KELLNER H., « Le mariage et la construction de la réalité », *Dialogue*, 4e trim. 1988, n° 102, p. 6-23.

BERNOS M., « L'église et l'amour humain à l'époque moderne », *in* coll., *L'Amour à l'Époque moderne*, janv. 1994, p. 61-84*.

BOSWELL J., « Christianisme et homosexualité au Moyen Âge », *Le Débat*, n° 10, mars 81, p. 144-160.

BOTTERO J., « Tout commence à Babylone », *in* Ariès et Duby, 1991, p. 17-36*.

BOURDIEU P., « La domination masculine », in *Masculin-Féminin*, 2, Actes de la Recherche en sciences sociales, n° 84, sept. 1990, p. 3-31.

BOZON M., « L'entrée dans la sexualité adulte : le premier rapport et ses suites », *in* Sexualité et sciences sociales : les apports d'une enquête, *Population*, n° 5, sept.-oct. 1993, p. 1317.

BOZON M., « La violence sexuelle », in *Les Comportements sexuels en France*, ACSF, Paris, La Documentation française, 1993, p. 214-220.

BROHM J.-M., « La lutte contre la répression sexuelle », *Partisans* n° 56, nov. 1970, p. 77 à 93, réédition augmentée de *Partisans*, n° 32-33, oct. 1966.

BROHM J.-M., « Sexualités et reproduction sociale. Approche freudo-marxiste », *Quel Corps ?* n° 47-48-49, avril 1995, p. 5-47.

BURGER G.-C., *La Métasexualité*, Document ronéotypé.

CHALAND K., « Normalité familiale plurielle. Morcellement des biographies et individualisation », *Revue des sciences sociales de la France de l'Est*, n° 21, 1994, p. 129-134.

CHALAND K., « La famille et l'individu chez Platon et Aristote », in *Revue des sciences sociales de la France de l'Est*, n° 25, 1998.

CHAUMIER S., « Tiers exclu-Tiers inclus. Sociologie du rapport au tiers dans les récits théoriques et filmiques sur l'amour », Thèse

1. Pour les références suivies d'un astérisque, on se reportera pour les références complètes à la bibliographie des ouvrages.

de sociologie (sous la dir. de P. Baudry), Université Bordeaux III, 1996.
CHAUMIER S., « Les représentations filmiques des triades amoureuses », *Sociologie et Sociétés*, vol. XXIX, n° 1, 1997.
CLAUDINE, « La parole des femmes dans la presse féminine », *Les Temps modernes*, n° 333-334, mai 1974, p. 1770.
CONSTANTINE L.-L., « Les relations multilatérales révisées : le mariage de groupe dans une perspective élargie », *in* Murstein, 1981, p. 166-181*.
CORBIN A., « La fascination de l'adultère », *in* Ariès et Duby, 1991, p. 133-142*.
CORBIN A., « La relation intime ou les plaisirs de l'échange », *in* Ariès et Duby, tome IV, 1985, p. 503-561*.
CROISILLE C., « Rapport », *in* Viallaneix et Ehrard, 1980, p. 123*.
DAYAN-HERZBRUN S., « Production du sentiment amoureux et travail des femmes », *Cahiers internationaux de Sociologie*, vol. LXXII, 1982, p. 114-130.
DAYAN-HERZBRUN S., « L'amour et la morale de l'histoire », in *Les Femmes et la question du travail*, Lyon, PUL, 1984, p. 149-156.
DAYAN-HERZBRUN S., « La sexualité au regard des sciences sociales », in *Sciences sociales et Santé*, vol. IX, n° 4, déc. 91, p. 7-21.
DELPHY C., « Mariage et divorce : l'impasse à double face », *in* « Les femmes s'entêtent », *Les Temps modernes*, n° 333-334, avril-mai 1974, p. 1815-1829.
DESROSIERS H. et LE BOURDAIS C., « Progression des unions libres et avenir des familles biparentales », *Recherches féministes*, Montréal, vol. 9, n° 2, 1996, p. 81.
DEVANCE L., *La question de la famille dans la pensée socialiste*, thèse de 3e cycle, Dijon, Université de Dijon, 1972.
DEVEREUX G., préface à Fernando Henriquez, *La Sexualité sauvage*, Paris, Éd. Planète (s.d.).
DORMANN G. et HENRIQUEZ F., « La jalousie à travers les sociétés humaines », Paris, in *Planète*, Retz, 1971, p. 110-112.
DUGAY C., « Pour une sociologie des rapports hommes-femmes : le lien amoureux », *RFR-DRF*, Montréal, vol. 15, n° 4, déc. 1986, p. 47-50.
DUVIGNAUD J., préface à Jean Charvil, *Histoire et sociologie du strip-tease*, Paris, Éd. Planète, 1969.
DUVIGNAUD J., « Ulysse aimait-il Pénélope ? », in *Sciences humaines* n° 20, août-sept. 1992, p. 52.
FABRE J.-B., *Relations Homme-Femme et Enfant-Adulte dans les Utopies amoureuses*, thèse de doctorat de l'Université de Montréal, 1983, 522 p.
FINE A. et LALANNE M., « Les femmes et l'évolution récente de la nuptialité », *GRIEF*, tome XVI, 1980.

FLAHAULT F., « Ne plus faire qu'un avec l'autre : rêve ou cauchemar ? », in *Paroles d'Amour*, Paris, Syros Alternatives, 1991, p. 289-293.
FLANDRIN J.-L., « La vie sexuelle dans l'ancienne société », *in* Ariès et Béjin, 1982, p. 120-137*.
FOURNIER F., *L'Apparition du sujet amoureux en Occident. Pour une théorie socio-historique*, Montréal, thèse UQAM, déc. 1990.
FOX R.-W., « Le problème de l'amour dans l'histoire et la pensée américaine », *Séance inaugurale*, chaire de Civilisation américaine de la French-American Foundation, Paris, École des hautes études en sciences sociales, 3 nov. 1997, 18 p.
FREUD S., « Contributions à la psychologie de la vie amoureuse », in *La Vie sexuelle*, Paris, PUF, 1969, p. 72.
FREUND J., *Introduction* au livre de Georg Simmel, *Sociologie et épistémologie*, Paris, PUF, 1981.
GAUTIER J.-M., « Amours romantiques, amours frénétiques », *in* Viallaneix et Ehrard, 1980, p. 217*.
GOODE W., « The Theoretical Importance of Love », in *Explorations in social Theory*, New York, 1973, p. 245-260.
GRISONI D., « Du bon usage du "Je t'aime" », *Magazine littéraire*, 1980, n° 163, p. 19.
GUILLAUMIN C., « Questions de différences », *Questions féministes* n° 6, sept. 1979, p. 5-21.
HÉRÉDIA S., « La vie à deux chacun chez soi », *Cosmopolitan*, n° 216, nov. 1991, p. 214-218.
HEUSCH de L., « Les peuples sans amour. Introduction à une ethnographie de l'Amour-Passion », *Arguments*, 1961, p. 1-4.
HURTUBISE R., « Être amoureux et se le dire : à propos des rapports amoureux », *in* « L'individu, l'affectif, le social », *Revue internationale d'action communautaire*, *RIAC*, 1992, n° 67, p. 39.
HURTUBISE R., « L'amour, le soi et la société. Sociologie de la connaissance amoureuse dans les correspondances québécoises (1860-1980) », thèse de doctorat de l'Université de Montréal, janv. 1990.
JEANNIÈRE A., « Du parental au conjugal », in *Sexualité humaine*, Centre d'études Laennec, Lethielleux, 1966, p. 299-316.
JEAY M., « Sur quelques coutumes sexuelles du Moyen Âge », *in* Roy, 1977*.
KAUFMANN J.-C., « Rôles et identité : l'exemple de l'entrée en couple », *Cahiers internationaux de sociologie*, vol. XCVII, 1994, p. 308.
KAUFMANN J.-C., « Vie hors couple, isolement et lien social : figure de l'inscription relationnelle », *Revue française de sociologie* vol. XXXV, 1994, p. 593-617.
KNAPP J.-J. et WHITEHURST R.-N., « Le mariage et les relations

sexuellement ouverts. Données et perspectives », *in* Murstein, 1981, p. 34-39*.
Knibiehler Y., « Les médecins et l'amour conjugal au xixe siècle », *in* Viallaneix et Ehrard, 1980*.
Laïk M., « La grande peur du sexe », in *Fille ou Garçon*, Paris, Denoël, 1976.
Lallemand S., « Familles recomposées. La loi et non l'exception », *in* « Familles bouleversées, Familles recomposées », *Sciences humaines*, n° 7, déc. 1994-janv. 1995.
Lalonde M. et Montour R., « Les rapports amoureux », in *Conjoncture politique au Québec*, n° 3, printemps 1983, p. 91-102.
Le Goff J., « Le refus du plaisir », *in* Ariès et Duby, 1991, p. 177-192*.
Lefaucheur N., « Les familles dites monoparentales », in *La famille : l'état des savoirs*, sous la dir. de F. de Singly, Paris, La Découverte, 1991, p. 67-74.
Lemaire J., « Du Je au Nous, ou du Nous au Je ? Il n'y a pas de sujet tout constitué », *Dialogue*, 4e trim. 1988, p. 72-79.
Lobrot M., « Le mélodrame amoureux », *Sciences humaines*, n° 20, août-sept. 1992, p. 39-42.
Maffesoli M., « Du physique au psychique », *in* Poirier, tome II, 1991, p. 891-927*.
Maffesoli M., « La prostitution comme forme de socialité », *in* « Le sexuel », *Cahiers internationaux de sociologie*, vol. LXXVI, 1984, p. 119-133.
Maffesoli M., « Reliance et triplicité », *Religiologique*, n° 3, UQAM, 1991, p. 29.
Marcuse M., « L'absence de jalousie », *in* Willy et Jamont, 1964, p. 104-110*.
Martin P., « Prévenir la pathologie institutionnelle. 1 + 1 = 3 », *in* « Traces de faires », *Revue de pratique de l'institutionnel*, n° 3, 1987, p. 151-158.
Martuccelli D., « Subjectivité et expérience amoureuse », in *Penser le sujet*, autour d'Alain Touraine, colloque de Cerisy, sous la dir. de F. Dubet et M. Wieviorka, Paris, Fayard, 1995, p. 157-173.
Maugue A., « Les déserteuses », *Autrement*, n° 105, mars 1989, p. 87.
Mendès-Leite R., « "Combien" ou "comment" ? Le multipartenariat sexuel et la gestion des risques de transmission du Sida », *in* « Constructions sexuelles », *Quel Corps ?* n° 47-48-49, avril 1995, p. 70-91.
Michel A., « Fonctions et structures de la famille », *Cahiers internationaux de sociologie*, 1960.
Montandon A., « L'amour dans la peinture romantique allemande », *in* Viallaneix et Ehrard, 1980, p. 69-80*.

MORALI-DANINOS A., « Familles et relations amoureuses, dans l'Antiquité, au 1er millénaire, au Moyen Âge, à la Renaissance, en 1900 », *in* Volcher, 1974, p. 501-514*.
MORIN E., « Le complexe d'amour », *Arguments*, 1961, p. 5-9.
MORIN E., « Le complexe d'amour », in *Paroles d'amour*, Éd. Syros Alternatives, 1991, p. 23-38.
MULDWORF B., « Jalousie », *in* Volcher, 1974, p. 275-279*.
NELLI R., « L'amour courtois », in *Sexualité humaine*, Centre d'études Laennec, Lethielleux, 1966, p. 105-138.
OLSSON Hanna, « La femme, l'amour et le pouvoir », *Nouvelles Questions féministes*, nº 8, hiver 1984, p. 87 à 95.
PÉREZ J., « La femme et l'amour dans l'Espagne du XVIe siècle », *Redondo*, 1985, p. 22*.
PETIT-SKINNER S., « L'homme et la sexualité », *in* Poirier, tome II, 1991, p. 929-971.*
PEYRAUD C., « Les couples non cohabitants : vers une renégociation des rapports hommes-femmes ? », Mémoire de maîtrise de sociologie, sous la dir. de Daniel Welzer-Lang, Toulouse-Le Mirail, 1998.
RAFFIN T., « L'amour romanesque : mythe et réalité d'un mode féminin d'engagement matrimonial », *Dialogue*, nº 96, 1987.
ROSSIAUD J., « Prostitution, jeunesse et société dans les villes du Sud-Est au XVe siècle », *Annales E.S.C.*, mars-avril 1976, p. 289-325.
ROSSIAUD J., « Prostitution, sexualité, société dans les villes françaises au XVe siècle », *in* Ariès et Béjin, 1982, p. 97-119*.
ROSSIAUD J., « La sexualité de l'homme médiéval », *in* « Le sexe et le plaisir en Occident », *L'Histoire*, nº 180, sept. 1994, p. 32-41.
ROUCHE M., « Le corps et le cœur », *in* Ariès et Duby, tome I, 1985, p. 437-465*.
ROUSSEL L. et BOURGUIGNON O., « Générations nouvelles et mariage traditionnel », *Cahiers de l'Ined*, Paris, PUF, 1978.
ROUSSEL L., « Couple, famille et société », *in* collectif Ass. nat. des Assistants de Service social, Paris, Éd. ESF, 1986.
ROUSSEL L., « Le statut social du sentiment amoureux », *Futuribles*, juin 1990, p. 21-28.
ROUSSEL L., « Les types de familles », *in* F. de Singly, *La Famille : l'état des savoirs*, Paris, La Découverte, 1991, p. 83-94.
ROY B., « La problématique de l'accouplement dans un système anti-érotique », in *Le Couple interdit. Entretiens sur le racisme. La dialectique de l'altérité socio-culturelle et la sexualité*, sous la dir. de Léon Poliakov, Mouton, 1980.
SARTRE M., « L'homosexualité dans la Grèce ancienne », in *La Grèce ancienne*, Paris, Seuil, 1986.
SCHÉRER R., « L'homosexualité face à sa banalisation », *in* « Un

sujet inclassable ? », *Cahiers Gai Kitsch Camp*, n° 28, 1995, p. 19-36.

SEGAL A., « À propos de l'attrait des femmes pour les clercs », *in* Roy, 1977*.

SÉMÉDO R., « Le fantasme de la girafe. Contribution à l'imaginaire sexuel et culturel de notre temps », *in* Imaginaires sexuels, *Quel Corps ?* n° 50-51-52, avril 1995, p. 61-74.

SINGLY de F., « L'amour, un bien privé, un mal public ? », *Revue française des affaires sociales*, vol. 42, n° 2, 1988.

SINGLY de F., « L'homme dual », *Le Débat*, n° 61, sept. 1990, p. 138-151.

SINGLY de F., « Fidélité et infidélité », *Sciences humaines*, n° 20, août-sept. 1992.

SINGLY de F., « Les habits neufs de la domination masculine », *in* « Masculin-Féminin », *Esprit*, nov. 1993, n° 11, p. 58.

SOLÉ J., « Les troubadours et l'amour-passion », *in* Ariès et Duby, 1991, p. 95-103*.

STONE L., « Le sexe en Occident (I) », *Commentaires*, n° 37, 1987, p. 99-110.

STONE L., « Le sexe en Occident (II) », *Commentaires*, n° 38, 1987, p. 309-316.

STORA-SANDOR J., préface à Alexandra Kollontaï, *Marxisme et révolution sexuelle*, Paris, Maspero, 1977*.

SWIDERSKI M.-L., « L'amour-Interdit », *in* Viallaneix et Ehrard, 1980, p. 154*.

TACUSSEL P., *L'Avènement de la sociologie. Analyse figurative des structures mentales et historiques de la pensée sociale au XIXe siècle*, thèse d'État, Paris V, Sorbonne, 1993, tomes I et II.

THÉRY I., « Introduction générale : Le temps des recompositions familiales », in *Les Recompositions familiales aujourd'hui*, sous la dir. de M.T. Meulders-Klein et I. Théry, Paris, Nathan, 1993, p. 5.

VANDER GUTHT D., « La religion de l'amour et de la culture conjugale », *Cahiers internationaux de sociologie*, vol. XCVII, 1994, p. 329-353.

VERDIGLIONE A., « Signifiants institutionnels ? », in *La Jouissance et la loi*, Paris, UGE, vol. n° 2, coll. 10/18, 1976, p. 129-162.

VEYNE P., « La famille et l'amour sous le Haut Empire romain », *Annales ESC*, 1978.

VEYNE P., « Les noces du couple romain », *in* Ariès et Duby, 1991, p. 165-176*.

VEYNE P., « Rome, ou l'ordre moral », *in* « Le sexe et le plaisir en Occident », *L'Histoire*, n° 180, sept. 1994, p. 32-41.

VILLENEUVE-GOKALP C., « Vivre en couple chacun chez soi », *Population*, INED, n° 5, sept. 1997, p. 1059-1081.

Wendy et Burt, « Notre mariage ouvert », *in* Murstein, 1981, p. 74-91*.
Wittig M., « La pensée straight », *Questions féministes*, nº 7, 1980, p. 45-53.

TABLE

DEUXIÈME PARTIE

1 + 1 = 2

TROISIÈME PARTIE

1 + 1 = 3

Petite Bibliothèque Payot

Guy Achard, La communication à Rome / **211**
Alfred Adler, Connaissance de l'homme / **26**
Alfred Adler, Le sens de la vie / **47**
Alfred Adler, Le tempérament nerveux / **84**
Alfred Adler, L'enfant difficile / **122**
Alfred Adler, L'éducation des enfants / **390**
Alfred Adler, L'enfant caractériel à l'école / **442**
Theodor W. Adorno, Minima Moralia / **477**
Theodor W. Adorno, Dialectique négative / **478**
Ernest Aeppli, Les rêves et leur interprétation / **64**
Giorgio Agamben, Enfance et histoire / **387**
Régis Airault, Fous de l'Inde / **437**
Franz Alexander, La médecine psychosomatique / **426**
Franz Alexander, Principes de psychanalyse / **444**
Alexandrian, Histoire de la philosophie occulte / **205**
Alexandrian, Histoire de la littérature érotique / **230**
René Alleau, De la nature des symboles / **319**
Anne Ancelin-Schützenberger, Le psychodrame / **394**
Jacques André, Être médecin à Rome / **256**
Gérard Apfeldorfer, Je mange, donc je suis / **140**
Hannah Arendt, Politique et pensée / **289**
Jean-Paul Aron, Le mangeur du XIXe siècle / **8**
Paul-Laurent Assoun, Freud et la femme / **219**
Piera Aulagnier, Un interprète en quête de sens / **43**
Pierre Avril, Essais sur les partis politiques / **41**
David Bakan, Freud et la tradition mystique juive / **395**
Michael Balint, Le défaut fondamental / **44**
Michael Balint, Les voies de la régression / **383**
Ilse Barande, Ferenczi / **270**
Jean-Pierre Barou, L'œil pense / **283**
Charles Baudouin, L'œuvre de Jung / **133**
Jean Bayet, La religion romaine / **360**
Walter Benjamin, Charles Baudelaire / **39**
Pierre Benoit, Le langage de la maladie / **318**
Edmund Bergler, La névrose de base / **382**
Edmund Bergler, Les parents ne sont pas responsables des névroses de leurs enfants / **399**

Eric Berne, Analyse transactionnelle et psychothérapie / **37**
Roger Beteille, La chemise fendue / **288**
Alfred Binet, Le fétichisme dans l'amour / **393**
Sarah Blaffer Hrdy, La femme qui n'évoluait jamais / **425**
Ernst Bloch, La philosophie de la Renaissance / **201**
Alain Blum, Naître, vivre et mourir en URSS/ **489**
Philippe Boulu, La dynamique du cerveau / **124**
François Boureau, Contrôlez votre douleur / **60**
Jean Bourguignon/Charles Houin, Vie d'Arthur Rimbaud / **172**
Régis Boyer, La saga de saint Óláf / **77**
T. Berry Brazelton, Écoutez votre enfant / **74**
T. Berry Brazelton, L'enfant et son médecin / **139**
Jacques Brosse, Mythologie des arbres / **161**
François Burgat, L'islamisme au Maghreb / **241**
Louis-Jean Calvet, Georges Brassens / **129**
Louis-Jean Calvet, Linguistique et colonialisme / **419**
Véronique Campion-Vincent/Jean-Bruno Renard,
Légendes urbaines / **338**
Henri Carré, Sully / **355**
Olivier Carré, Le nationalisme arabe / **285**
Bernard Cathelat, Publicité et société / **83**
Léonce Chaleil, La mémoire du village / **192**
Jean-Pierre Chartier, Introduction à la pensée freudienne / **162**
Jean-Pierre Chartier, Les parents martyrs / **163**
Roger Chartier, Pratiques de la lecture / **167**
Serge Chaumier, La déliaison amoureuse / **493**
Malek Chebel, L'esprit de sérail / **265**
Malek Chebel,
Le livre des séductions, *suivi de* Dix aphorismes sur l'amour / **284**
Malek Chebel, La formation de l'identité politique / **331**
Malek Chebel, Psychanalyse des Mille et Une Nuits / **436**
Malek Chebel, Encyclopédie de l'amour en Islam, tome I / **456**,
tome II / **457**
Léon Chertok, L'hypnose / **10**
Louis Chevalier, Juanito / **213**
Bernard Chevallier / Christophe Pincemaille,
L'impératrice Joséphine / **309**
Victor Chklovski, Le voyage de Marco Polo / **127**
Noam Chomsky, Le langage et la pensée / **31**
George Clare, Dernière valse à Vienne / **345**

Commission « Efficacité de l'État » du xe Plan présidée par
François de Closets, Le pari de la responsabilité / **21**
A. Cohen, Le Talmud / **65**
Peter Collier / David Horowitz, Les Kennedy / **101**
Politique d'Auguste Comte,
Textes choisis et présentés par Juliette Grange / **293**
Politique de Condorcet,
Textes choisis et présentés par Charles Coutel / **281**
Edward Conze, Le bouddhisme / **223**
Le Coran, tome I / **349**, tome II / **350**
Stanley Coren, Comment parler chien / **458**
Joël Cornette, Le roi de guerre / **391**
Egon C. Corti, Élisabeth d'Autriche / **125**
Egon C. Corti,
Vie, mort et résurrection d'Herculanum et de Pompéi / **268**
Bernard Cottret, Calvin / **348**
Youssef Courbage / Philippe Fargues,
Chrétiens et Juifs dans l'Islam arabe et turc / **310**
Jean-Jacques Courtine / Claudine Haroche,
Histoire du visage / **185**
Norman Cousins, Comment je me suis soigné par le rire / **462**
Maurice Croiset, La civilisation de la Grèce antique / **206**
Roger Dadoun, Cent fleurs pour Wilhelm Reich / **359**
Liza C. Dalby, Geisha / **106**
Christian David, L'état amoureux / **36**
Christian David, La bisexualité psychique / **326**
Marie-Madeleine Davy, Encyclopédie des mystiques, tome I / **273,**
tome II / **274,** tome III / **275,** tome IV / **276**
Christophe Dejours, Le corps d'abord / **476**
Hélène Deutsch, Problèmes de l'adolescence / **67**
G. Devroede, Ce que les maux de ventre disent de notre passé / **482**
Paul Diel, Le symbolisme dans la mythologie grecque / **7**
Paul Diel, Éducation et rééducation / **19**
Paul Diel, Le symbolisme dans la Bible / **20**
Paul Diel, Psychologie de la motivation / **66**
Paul Diel, La divinité / **71**
Paul Diel, La peur et l'angoisse / **78**
Paul Diel / Jeanine Solotareff,
Le symbolisme dans l'Évangile de Jean / **200**
Françoise Dolto / J. D. Nasio, L'enfant du miroir / **110**

Eugène Minkowski, Vers une cosmologie / **370**
Marie Moscovici, Il est arrivé quelque chose / **46**
Janine Mossuz-Lavau, Les lois de l'amour / **448**
Georges Mounin, La sémantique / **317**
J. D. Nasio,
Enseignement de 7 concepts cruciaux de la psychanalyse / **111**
J. D. Nasio, Cinq leçons sur la théorie de Jacques Lacan / **203**
J. D. Nasio, L'hystérie / **263**
J. D. Nasio, Le plaisir de lire Freud / **356**
J. D. Nasio, Le silence en psychanalyse / **400**
J. D. Nasio, Le Livre de la douleur et de l'amour / **445**
André Neher, L'identité juive / **198**
André Neher, Prophètes et prophéties / **272**
Jean-Pierre Néraudau, Être enfant à Rome / **295**
Robert Neuburger, L'autre demande / **481**
Rudolf Otto, Le sacré / **218**
Rudolf Otto, Mystique d'Orient et mystique d'Occident / **278**
Marc-Alain Ouaknin,
Concerto pour quatre consonnes sans voyelles / **186**
Marc-Alain Ouaknin, Méditations érotiques / **187**
André Parrot, L'archéologie / **303**
Willy Pasini, La qualité des sentiments / **243**
Willy Pasini, Éloge de l'intimité / **306**
Willy Pasini, Nourriture et amour / **335**
Michel Perrin, Le chemin des Indiens morts / **297**
Michel Pinçon / Monique Pinçon-Charlot, La chasse à courre / **269**
Danielle Porte, Le prêtre à Rome / **255**
Jean Poueigh, Le folklore des pays d'oc / **212**
Paul C. Racamier, Les schizophrènes / **32**
Otto Rank, Le traumatisme de la naissance / **22**
Otto Rank, Don Juan, suivi de Le double / **23**
Jean-Jacques Rassial, L'adolescent et le psychanalyste / **305**
Wilhelm Reich, Écoute, petit homme ! / **29**
Wilhelm Reich, Reich parle de Freud / **343**
Wilhelm Reich, La psychologie de masse du fascisme / **344**
Wilhelm Reich, L'éther, Dieu et le diable / **357**
Wilhelm Reich, L'irruption de la morale sexuelle / **358**
Wilhelm Reich, La superposition cosmique / **368**
Theodor Reik, Le besoin d'avouer / **325**

Claude Revault d'Allonnes, Être, faire, avoir un enfant / **182**
Emmanuel Ringelblum, Chronique du ghetto de Varsovie / **246**
François Rivenc, Introduction à la logique / **14**
Jean-Noël Robert, Les plaisirs à Rome / **197**
Marthe Robert,
La révolution psychanalytique. La vie et l'œuvre de Freud / **2**
Géza Róheim, La panique des dieux / **375**
Jean Ropars, Au pays d'Yvonne / **138**
Jean Ropars, L'amour de la terre / **233**
William Rossi, Érotisme du pied et de la chaussure / **455**
Marie Rouanet, Les enfants du bagne / **214**
Maximilien Rubel, Marx critique du marxisme / **377**
Bertrand Russel, La conquête du bonheur / **411**
Bertrand Russel, La méthode scientifique en philosophie / **423**
Catherine Salles, Lire à Rome / **196**
Catherine Salles, Les bas-fonds de l'Antiquité / **220**
Pierre Sansot, Cahiers d'enfrance / **191**
Pierre Sansot, Jardins publics / **257**
Pierre Sansot, La France sensible / **258**
Pierre Sansot, Les vieux, ça ne devrait jamais devenir vieux / **417**
Pierre Sansot, Le rugby est une fête, le tennis non plus / **420**
Pierre Sansot, Bains d'enfance / **466**
Edward Sapir, Le langage / **416**
John Saul, Les bâtards de Voltaire / **376**
Max Scheler, Nature et forme de la sympathie /**459**
Gershom G. Scholem, La Kabbale et sa symbolique / **12**
Albert Schweitzer, Les grands penseurs de l'Inde / **38**
Marcel Scipion, L'homme qui courait après les fleurs / **249**
Jacques Semelin, Sans armes face à Hitler / **340**
Idries Shah, La magie orientale / **204**
Marc Sherringham, Introduction à la philosophie esthétique / **123**
Jeanine Solotareff, Le symbolisme dans les rêves / **199**
Jérôme Spycket, Clara Haskil / **76**
Constantin Stanislavski, La formation de l'acteur / **42**
Robert Louis Stevenson, Essais sur l'art de la fiction / **98**
Lytton Strachey, La reine Victoria / **126**
Rabindranath Tagore, La maison et le monde / **61**
Paco Ignacio Taibo II, Ernesto Guevara connu aussi
comme le Che, tome I / **401**, tome II / **402**

Composition : Facompo, Lisieux

Achevé d'imprimer en avril 2011
par Normandie Roto Impression s.a.s. à Lonrai 61250
pour le compte des Éditions Payot & Rivages
106, bd Saint-Germain – 75006 Paris
Dépôt légal : février 2004 - N° d'imprimeur : 11-1622

Imprimé en France